北京市哲学社会科学规划办公室
北京市 教 育 委 员 会   资助出版

北京现代物流研究基地
年度报告
（2023）

唐秀丽　编

中国财富出版社有限公司

图书在版编目（CIP）数据

北京现代物流研究基地年度报告. 2023 ／ 唐秀丽编. －－北京：中国财富出版社有限公司，2024. 11. －－ ISBN 978 - 7 - 5047 - 8351 - 6

Ⅰ. F259. 271

中国国家版本馆 CIP 数据核字第 20253U4N33 号

策划编辑	王桂敏	**责任编辑**	郭逸亭	**版权编辑**	武 玥
责任印制	梁 凡	**责任校对**	卓闪闪	**责任发行**	敬 东

出版发行	中国财富出版社有限公司			
社　　址	北京市丰台区南四环西路 188 号 5 区 20 楼		**邮政编码**	100070
电　　话	010 - 52227588 转 2098（发行部）		010 - 52227588 转 321（总编室）	
	010 - 52227566（24 小时读者服务）		010 - 52227588 转 305（质检部）	
网　　址	http：//www. cfpress. com. cn		**排　　版**	宝蕾元
经　　销	新华书店		**印　　刷**	北京九州迅驰传媒文化有限公司
书　　号	ISBN 978 - 7 - 5047 - 8351 - 6/F · 3797			
开　　本	787mm × 1092mm　1/16		**版　　次**	2025 年 4 月第 1 版
印　　张	13. 25		**印　　次**	2025 年 4 月第 1 次印刷
字　　数	282 千字		**定　　价**	168. 00 元

前　言

本报告由北京物资学院北京现代物流研究基地组织研究团队撰写，分为北京市物流发展现状与趋势、北京市应急物流的现状与问题、国内外应急物流发展现状、北京市无接触物流现状与对策建议、北京市应急冷链物流现状与对策、北京市生活必需品应急物流现状与对策、北京市应急物流发展保障措施七个专题，系统总结北京应急物流发展的新情况、新经验，科学展望北京应急物流发展的新前景、新趋势。

作为北京现代物流研究基地的年度报告，本报告在内容上，坚持对北京现代物流业进行连续性的研究，突出反映应急物流发展的新变化、新趋势和新特点；在理论上，明确物流业作为服务业的定位，聚焦北京地区经济与产业政策对物流业的影响以及对物流服务对象即农业、工业、流通业等行业的研究。本报告力求保证针对性、前瞻性，为政府和企业的决策提供参考，拓宽物流研究者及从业者的视野并给予他们启迪。

北京现代物流研究基地作为北京物流特色研究平台，通过开展政府、协会、企业以及高校院所之间的思想交流活动，凝聚共识、探讨问题，为首都经济社会高质量发展服务。本报告就是这一平台建设思路的成果结晶。

本报告由北京物资学院物流学院唐秀丽团队负责撰写，由主报告（第一章）和六个专题报告（第二章至第七章）组成。第一章由北京物资学院物流学院唐秀丽和研究生张策、苏诺、郭译鸿、李筱璇、周欣雨、杨紫晴撰写；第二章由唐秀丽和研究生苏诺、杨紫晴撰写；第三章由唐秀丽和研究生范浩博撰写；第四章由唐秀丽和研究生周俏、王晨、严忠恕、陶秦、胡海新撰写；第五章由唐秀丽和研究生张策、郭译鸿撰写；第六章由唐秀丽和研究生李筱璇、周欣雨撰写；第七章由唐秀丽和研究生范浩博撰写。本报告由唐秀丽统纂和审核定稿。

本报告中难免存在不足，敬请有关方面的专家、学者提出宝贵意见。

北京现代物流研究基地

2025 年 4 月 8 日

目　录

第一章

北京市物流发展现状与趋势

第一节　北京市物流发展经济环境

一、北京市经济发展态势

2023 年是全面贯彻党的二十大精神的开局之年，是新冠疫情防控转段后经济恢复发展的一年。面对内外部各种风险及挑战，在以习近平同志为核心的党中央坚强领导下，北京市坚持以习近平新时代中国特色社会主义思想为指导，全面贯彻党的二十大和二十届二中全会精神，深入贯彻习近平总书记北京重要讲话精神，认真贯彻落实党中央决策部署，坚持稳中求进工作总基调，完整、准确、全面贯彻新发展理念，深化"五子"联动服务和融入新发展格局，着力提信心、强创新、优功能、促协同、抓治理、惠民生，经济整体回升向好，社会民生保障有力，首都高质量发展扎实推进。

（一）经济整体回升向好，主要领域稳中有升

2023 年，北京全市认真贯彻落实党中央、国务院和市委、市政府决策部署，坚持稳中求进工作总基调，完整、准确、全面贯彻新发展理念，坚持"五子"联动服务和融入新发展格局，全力稳增长、抓改革、强创新、保民生、防风险，生产需求逐步改善，民生保障坚实有力，发展质量不断提升，经济保持回升向好态势。

根据地区生产总值统一核算结果，全年实现地区生产总值 43760.7 亿元，按不变价格计算，比 2022 年增长 5.2%（见图 1-1）。分产业看，第一产业实现增加值 105.5 亿元，同比下降 4.6%；第二产业实现增加值 6525.6 亿元，同比增长 0.4%；第三产业实现增加值 37129.6 亿元，同比增长 6.1%。

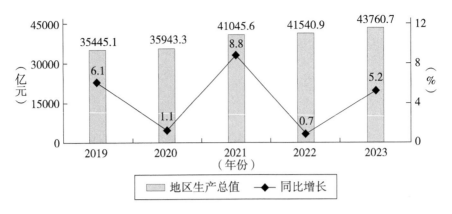

图 1-1　2019—2023 年地区生产总值及增长速度

从生产领域看，服务业稳中向好，全年服务业增加值比 2022 年增长 6.1%，增速持续高于地区生产总值增长水平，是经济恢复的主要动力。信息传输、软件和信息技术服务业及金融业对经济增长的贡献率合计超过 70%；接触性行业明显恢复，交通运输、仓储和邮政业，住宿和餐饮业，文化、体育和娱乐业增加值分别比 2022 年增长 20.3%、21.1% 和 4.3%（见表 1-1）。工业生产止跌回升，全年规模以上工业增加值由一季度下降 7.4% 转为增长 0.4%，其中，装备、电力、汽车行业贡献突出，合计上拉工业增加值增速 4.1 个百分点。

表 1-1　　　　　　　　　　北京市 2023 年地区生产总值

指标	绝对数/亿元	比 2022 年增长/%	比重/%
地区生产总值	43760.7	5.2	100.0
按产业分			
第一产业	105.5	-4.6	0.2
第二产业	6525.6	0.4	14.9
第三产业	37129.6	6.1	84.8
按行业分			
农、林、牧、渔业	106.9	-4.6	0.2
工业	5008.5	0.3	11.4
建筑业	1603.4	0.8	3.7
批发和零售业	3073.1	-0.9	7.0
交通运输、仓储和邮政业	1065.3	20.3	2.4
住宿和餐饮业	453.1	21.1	1.0
信息传输、软件和信息技术服务业	8514.4	13.5	19.5
金融业	8663.1	6.7	19.8

续　表

指标	绝对数/亿元	比2022年增长/%	比重/%
房地产业	2612.0	2.3	6.0
租赁和商务服务业	2710.0	4.0	6.2
科学研究和技术服务业	3630.1	3.4	8.3
水利、环境和公共设施管理业	307.0	1.1	0.7
居民服务、修理和其他服务业	208.2	2.9	0.5
教育	1954.8	0.5	4.5
卫生和社会工作	1290.0	2.1	2.9
文化、体育和娱乐业	836.1	4.3	1.9
公共管理、社会保障和社会组织	1724.8	0.5	3.9

数据来源：《北京市2023年国民经济和社会发展统计公报》。

从需求领域看，全年固定资产投资（不含农户）同比增长4.9%，有效投资支撑增强，反映实物工作量的建安投资和反映企业扩大生产能力的设备购置投资合计占比达到56.2%，比2022年提高0.5个百分点，为近六年来最高水平。消费持续恢复，市场总消费额比2022年增长10.2%，比一季度提高7.4个百分点。其中，服务性消费额在交通、文体娱乐等领域带动下同比增长14.6%，社会消费品零售总额同比增长4.8%，分别高于一季度8.9个和5.5个百分点。线下消费逐步回暖，限额以上百货和购物中心零售额增长16.1%。

（二）农业生产稳中有进，都市农业发展向好

2023年，北京市农业生产结构进一步调整，粮食播种面积和总产量实现双增长，蔬菜生产稳中有进，生猪和家禽养殖规模缩小，水果产量实现增长。设施农业量质齐升，乡村旅游恢复明显，都市农业发展向好。

农林牧渔业分行业产值"三升一降"。2023年全市农林牧渔业总产值延续下降趋势，为252.5亿元，按可比价格计算，比2022年下降4.6%。农业种植业四年来持续增长，产值达135.6亿元，同比增长5.1%；牧业产值为41.9亿元，同比增长5.6%；渔业产值为3.9亿元，同比增长2.3%；2022年百万亩造林收官，导致2023年造林面积比2022年大幅下降，林业产值为65.9亿元，同比下降20.6%。扣除造林因素影响，全市2023年农林牧渔业总产值同比增长5.3%。

农业生产稳中有进。2023年，全市粮食播种面积为134.2万亩（1亩≈666.67平方米），比2022年增长16.6%；产量为47.8万吨，同比增长5.3%。蔬菜及食用菌播种面积为79.5万亩，同比下降0.3%；产量为207.5万吨，同比增长4.3%。生猪出栏32.9

万头，同比增长 2.3%；期末存栏 26.7 万头，同比下降 27.4%。

都市农业发展向好。2023 年，实际利用的设施农业占地面积为 20.5 万亩，比 2022 年增长 2.3%；设施农业产值为 60.4 亿元，同比增长 1.0%（按现行价格计算）。在乡村景点、节庆会展、新消费场景的带动下，全市休闲农业与乡村旅游总收入为 36.2 亿元，同比增长 12.7%；总接待人次为 2210.1 万人次，同比增长 23.6%。

（三）工业规模稳步扩大，高端产品生产增速明显

2023 年实现工业增加值 5008.5 亿元，按不变价格计算，比 2022 年增长 0.3%（见图 1-2）。其中，规模以上工业增加值同比增长 0.4%。在规模以上工业中，电力、热力生产和供应业同比增长 7.9%，五大装备制造业同比增长 10.6%，汽车制造业同比增长 5.2%，计算机、通信和其他电子设备制造业同比下降 0.9%，医药制造业同比下降 21.7%（剔除新冠疫苗生产因素同比下降 4.3%）。规模以上工业实现销售产值 23113.6 亿元，同比增长 2.9%。其中，内销产值 21342.7 亿元，同比增长 3.4%；出口交货值 1770.9 亿元，同比下降 2.5%。高端或新兴领域产品生产中，风力发电机组、液晶显示模组、新能源汽车、医疗仪器设备及器械产量同比分别增长 68.8%、39.2%、35.6% 和 26.7%。

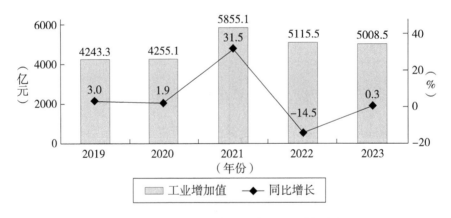

图 1-2 2019—2023 年工业增加值及增长速度

（四）服务业运行总体向好，重点行业支撑作用显著

2023 年，全市服务业实现增加值 3.7 万亿元，占北京地区生产总值（GDP）的 84.8%；按不变价格计算，同比增长 6.1%，高于 GDP 增速 0.9 个百分点，拉动经济增长 5.1 个百分点。重点行业支撑有力，金融、信息行业合计约占服务业增加值的 50%，其中，金融业实现增加值 8663.1 亿元，同比增长 6.7%；信息传输、软件和信息技术服务业实现增加值 8514.4 亿元，同比增长 13.5%；接触性行业明显恢复，交通运输、仓储和邮政业实现增加值1065.3亿元，同比增长20.3%；住宿和餐饮业实现增加值453.1亿元，同比增长21.1%。

二、北京市消费市场现状

（一）消费水平持续上升

2023年，全市市场总消费额比2022年增长10.2%。其中，服务性消费额在交通、文体娱乐等领域带动下同比增长14.6%；实现社会消费品零售总额14462.7亿元，同比增长4.8%。社会消费品零售总额中，按消费形态分，商品零售13148.1亿元，同比增长2.7%，餐饮收入1314.6亿元，同比增长32.5%。按商品用途分，吃、穿、用、烧四类用品分别达到3153.3亿元、780.9亿元、9910.2亿元、618.3亿元，同比分别增长9.4%、18.2%、2.3%、9.1%（见表1-2）。此外，社会消费品零售总额中，限额以上批发和零售业、住宿和餐饮业实现网上零售额5458.2亿元，同比下降2.7%。限额以上批发和零售业中，金银珠宝类、体育娱乐用品类、服装鞋帽针纺织类商品零售额同比分别增长35.0%、29.8%和23.4%，汽车类商品零售额同比增长13.5%，其中，新能源汽车同比增长38.0%。

表1-2　　　　　　　　　2023年社会消费品零售总额

指标	社会消费品零售总额/亿元	比2022年增长/%
总计	14462.7	4.8
按商品用途分		
吃类用品	3153.3	9.4
穿类用品	780.9	18.2
用类用品	9910.2	2.3
烧类用品	618.3	9.1
按消费形态分		
餐饮收入	1314.6	32.5
商品零售	13148.1	2.7

数据来源：《北京市2023年国民经济和社会发展统计公报》。

（二）居民消费价格同比上涨

2023年，全市居民消费价格比2022年上涨0.4%。其中，消费品价格同比下降0.3%，服务价格同比上涨1.2%。八大类商品和服务项目中，其他用品及服务类价格同比上涨4.2%，教育文化娱乐类价格同比上涨2.8%，衣着类价格同比上涨0.6%，居住类价格同比上涨 0.3%，生活用品及服务类价格同比上涨 0.3%，医疗保健类价格同比上涨 0.2%，食品烟酒类价格同比上涨 0.1%，交通通信类价格同比下降 1.7%。12 月，居民消费价格同比下降 0.5%，环比上涨 0.1%。

三、北京市外贸发展现状

（一）北京市外贸承压而上，呈稳步发展态势

2023 年，北京地区（含中央在京单位，下同）进出口约 3.65 万亿元，较 2022 年增长 0.3%，高于全国进出口增速 0.1 个百分点，占全国进出口总值的 8.7%。其中，进口 30466.3 亿元，与 2022 年持平；出口 6000.1 亿元，同比增长 2%（见图 1－3）。北京地区进出口承压而上，规模连续 3 年突破 3 万亿元，再创历史新高。

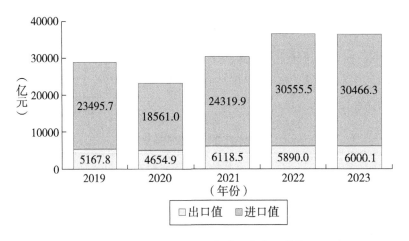

图 1－3　2019—2023 年进口和出口总值

1. 经营主体保持活力，民营企业稳中有进

2023 年，北京地区民营企业进出口 3885.3 亿元，同比增长 28.1%，占地区进出口总值的 10.7%。同期，国有企业进出口 2.68 万亿元，占 73.5%；外商投资企业进出口 5864 亿元，占 15.6%。此外，北京地区排名前 100 的重点企业进出口 3.11 万亿元，同比增长 3.2%，占 85.4%；专精特新"小巨人"企业进出口 160.3 亿元，同比增长 9.2%。

2. 贸易方式得到丰富，保税物流、加工贸易稳中有增

2023 年，北京地区保税物流进出口 2928.7 亿元，同比增长 14%，占地区进出口总值的 8.0%；加工贸易 1569.8 亿元，同比增长 7.7%，占 4.3%。同期，一般贸易 3.14 万亿元，占 86.1%。

3. 贸易伙伴多元共进，对外贸易稳中向好

2023 年，北京地区前五大贸易伙伴分别为欧盟、美国、东盟、巴西、澳大利亚，分

别进出口 3938.9 亿元、2572.9 亿元、2529.3 亿元、2146 亿元、1884.4 亿元。其中，对欧盟、巴西、澳大利亚进出口同比分别增长 3.6%、54.8%、5.8%。

4. 主要进口商品保持稳定，主要出口商品稳中提质

从进口商品结构上看，北京地区前五大进口商品是原油、未锻造金、天然气、农产品、汽车，合计占地区进口总值的 72.6%。其中，原油进口 1.3 万亿元，占地区进口总值的 42.6%；未锻造金进口 3505.3 亿元，同比增长 27%，占 11.5%；天然气进口 2242.8 亿元，占 7.4%；农产品 1857.8 亿元，占 6.1%；汽车进口 1529.1 亿元，占 5%。

从出口商品结构上看，北京地区前五大出口商品是成品油、手机、钢材、集成电路、汽车零配件，合计占地区出口总值的 55%。其中，成品油出口 2153.5 亿元，同比增长 11.1%，占 35.9%；手机出口 582.8 亿元，占 9.7%；钢材出口 199.9 亿元，同比增长 6.1%，占 3.3%；集成电路出口 192 亿元，占 3.2%；汽车零配件出口 170.2 亿元，同比增长 19.6%，占 2.8%。同期，"新三样"产品中，电动载人汽车出口 18.1 亿元，同比增长 12.7%。

（二）外资输出能力增强，科技领域占比大

2023 年新设外资企业 1729 家，比 2022 年增长 22.8%。实际利用外商直接投资 137.1 亿美元，同比下降 21.2%。其中，科学研究和技术服务业 58.1 亿美元，占 42.4%；信息传输、软件和信息技术服务业 32.5 亿美元，占 23.7%；租赁和商务服务业 23.0 亿美元，占 16.8%（见表 1-3）。

表 1-3   **2023 年部分行业实际利用外商直接投资**

行业	金额/万美元	比重/%
总计	1371411	100.0
制造业	39143	2.9
批发和零售业	16748	1.2
交通运输、仓储和邮政业	158	0.01
信息传输、软件和信息技术服务业	324753	23.7
金融业	108383	7.9
房地产业	22815	1.7
租赁和商务服务业	229864	16.8
科学研究和技术服务业	580990	42.4

数据来源：《北京市 2023 年国民经济和社会发展统计公报》。

（三）两区建设步伐加快，推动外贸业务发展

北京市深入推动"两区"建设。在服务业扩大开放的重点行业中，科学研究和技术

服务业，租赁和商务服务业，文化、体育和娱乐业新设外资企业共 1321 家，占全市新设外资企业数量的 76.4%；规模以上信息传输、软件和信息技术服务业，文化、体育和娱乐业，卫生和社会工作外资企业营业收入增长较快，分别比 2022 年增长 53.4%、39.7% 和 34.9%。中国（北京）自由贸易试验区新设外资企业 258 家，占全市新设外资企业数量的 14.9%；自贸试验区规模以上外资企业实现营业收入 2.1 万亿元，比 2022 年增长 6.5%，占全市规模以上外资企业收入的 33.7%；自贸试验区进出口总值 4624.3 亿元，同比增长 2.7%，占地区进出口总值的 12.7%。

四、北京市固定资产投资现状

（一）固定资产总体投资规模持续扩大

2023 年固定资产投资（不含农户）比 2022 年增长 4.9%。其中设备工器具购置投资方面，全市设备工器具购置投资同比增长 24.4%，拉动全市投资增长 3.4 个百分点，信息传输、软件和信息技术服务业设备工器具购置投资同比增长 58.6%，交通运输、仓储和邮政业设备工器具购置投资同比增长 17.2%，制造业设备工器具购置投资同比增长 8.7%；高技术产业投资方面，全市高技术产业投资同比增长 16.2%，其中高技术服务业投资同比增长 36.1%；制造业投资方面，全市制造业投资在连续 3 年较快增长的基础上小幅回落，同比下降 1.6%，规模比 2019 年增长 2.3 倍；基础设施投资方面，基础设施投资同比增长 0.9%，交通运输领域投资同比增长 5.4%，水利管理业投资同比增长 1.2 倍。城市环境治理持续发力，生态保护和环境治理业投资同比增长 1.5 倍。

（二）交通运输业固定资产投资实现回升式增长

2023 年，北京市交通行业固定资产投资实现回升式增长，达到 785.3 亿元，比 2022 年增长 6.3%，公共交通投资仍保持高位，占比为 53.9%，比 2022 年提高 2.2 个百分点。其中，城市轨道交通及相关配套投资额为 346.4 亿元，比 2022 年增长 2.9%，占总投资的 44.1%；公路、城市道路及区级投资 361.9 亿元，比 2022 年增长 1.3%，占总投资额的 46.1%，其中，高速公路投资下降幅度最大，投资额为 86.5 亿元，比 2022 年下降 45.4%。

五、京津冀协同发展环境下的区域经济

2023 年，京津冀三地深入学习贯彻习近平总书记关于京津冀协同发展重要讲话和党的二十大精神，坚持稳中求进工作总基调，落实落细系列稳增长政策措施，加快推进区域协同发展走深走实，区域经济稳步恢复向好，协同发展合力持续增强。

（一）区域经济持续增长，产业优势进一步巩固

一是地区生产总值增速明显提升。2023年京津冀地区生产总值为10.4万亿元，其中北京、天津、河北分别为43760.7亿元、16737.3亿元和43944.1亿元，按不变价格计算，分别比2022年增长5.2%、4.3%和5.5%，增速比2022年分别提高4.5个、3.3个和1.7个百分点。

二是工业生产稳中提速，优势行业"支撑足"。2023年，京津冀三地规模以上工业增加值同比分别增长0.4%、3.7%和6.9%。其中，北京止跌回升，装备、电力、汽车行业合计上拉工业增加值增速4.1个百分点。天津逐季加快，12条重点产业链在链规模以上工业企业增加值占比达到79.8%，比2022年提高1.9个百分点。河北增长较快，装备制造业同比增长8.5%，增速快于规模以上工业1.6个百分点，其中汽车制造业实现两位数增长。

三是服务业提质增效，重点行业"势头好"。2023年，京津冀地区实现服务业增加值7.1万亿元，北京、天津、河北分别为37129.6亿元、10486.2亿元和23042.6亿元，同比分别增长6.1%、4.9%和5.5%，发挥了重要的"稳定器"作用。信息、金融等重点行业表现较好，北京的这两个行业对全市经济增长的贡献率合计超过70%；天津、河北的这两个行业的增加值增速均快于服务业平均水平，其中天津金融业、信息服务业同比分别增长6.0%和5.5%，河北分别增长7.7%和7.3%。

（二）内需逐步改善，结构不断优化升级

1. 投资规模继续扩大，创新投资驱动有力

2023年，北京固定资产投资（不含农户）同比增长4.9%，其中反映企业扩大生产能力的设备购置投资同比增长24.4%；天津受房地产开发投资影响同比下降16.4%，但降幅持续收窄，比前三季度收窄4.4个百分点；河北同比增长6.3%，基础设施投资和制造业投资均实现两位数增长。京津冀三地高技术产业投资保持活跃。北京、天津高技术产业投资同比分别增长16.2%和5.9%，其中，高技术服务业投资同比分别增长36.1%和19.3%；河北高技术产业投资增速高于全部投资18.4个百分点。

2. 消费市场恢复向好，升级类商品和线下消费较快增长

2023年，京津冀三地分别实现社会消费品零售总额14462.7亿元、3820.7亿元和15040.5亿元，同比分别增长4.8%、7.0%和9.6%。升级类商品消费增势较好，三地限额以上批发零售企业中，金银珠宝类、服装鞋帽针纺织类商品零售额均呈两位数增长，新能源汽车表现亮眼，同比分别增长38.0%、41.3%和74.4%。线下消费明显回暖，北京限额以上主要实体零售业态中，百货店和购物中心零售额实现两位数增长，天津、河北限额以上住宿业营业额和餐饮业营业额均同比增长约30%。

（三）协同创新成效明显，产业协作纵深推进

1. 协同创新水平持续提升

推动科技创新与产业融合，助力科技成果在京津冀区域内落地转化。2023 年，北京流向天津、河北技术合同成交额 748.7 亿元，比 2022 年增长 1.1 倍，主要集中在城市建设与社会发展、新能源与高效节能和现代交通领域，河北吸纳北京、天津技术合同成交额成倍增长。深入推进专利转化合作，目前已有 5300 余项专利开放许可技术在京津冀三地共享。截至 2023 年年底，天津滨海—中关村科技园累计注册企业近 5000 家，累计为 1009 家北京来津企业提供科技创新服务；截至 12 月 20 日，雄安新区中关村科技园累计对接企业 2351 家，其中北京企业占比达 70%。

2. 产业协作加速推进

京津冀三地协同编制完成 6 条产业链图谱，启动产业链"织网工程"，生命健康、电力装备产业集群入选国家先进制造业集群名单。搭建产业对接平台，2023 年京津冀产业链供应链大会达成意向签约项目 152 个，意向投资额超千亿元，签约项目覆盖氢能、生物医药、工业互联网、高端工业母机、新能源和智能网联汽车、机器人六大产业链条。通州与北三县一体化发展持续推进，北京通州与河北廊坊北三县项目推介洽谈会已连续举办 5 届，累计签约项目 210 余个，意向投资额超 1500 亿元。

第二节　北京市物流业发展政策及标准

为进一步推动首都高质量发展，把握和应对首都高质量发展面临的机遇和挑战，北京市委、市人民政府办公厅印发的《关于进一步推动首都高质量发展取得新突破的行动方案（2023—2025 年）》，为首都物流业等各类产业的高质量发展提供行动指引。

一是持续强化创新和产业补链强链，推动京津冀协同发展迈上新台阶。更加自觉地把首都发展放到京津冀协同发展战略中考量，充分发挥北京"一核"辐射带动作用，打好疏解整治促提升"组合拳"，推动北京"新两翼"建设取得更大突破，加强协同创新和产业协作，区域创新链、产业链、供应链深度融合，现代化首都都市圈加快构建，引领全国高质量发展的动力源加速构筑。

二是加快提升创新驱动发展的能力和水平，推动世界主要科学中心和全球主要创新高地建设取得新突破。统筹发挥首都教育、科技、人才优势，打造一批世界一流开放共享重大创新载体平台，突破一批关键核心技术"卡脖子"难题，集聚一批具有全球影响力的高水平国际化人才，壮大一批示范引领型科技创新企业雁阵，落地一批支撑全面创新的改革举措，国际科技创新中心基本形成，成为世界科学前沿和新兴产业技术创新策

源地、全球创新要素汇聚地。

三是积极发展高精尖产业，率先构建更具国际竞争力的现代化产业体系取得新进展。把握产业数字化、智能化、绿色化、融合化发展趋势，推动先进制造业竞争力实现整体提升，战略性新兴产业、未来产业持续壮大，产业关键核心技术取得重大突破，数字经济成为发展新动能，推动平台经济规范健康持续发展，服务业优势进一步巩固，科技支撑农业高质量发展能力显著提升，以高精尖产业为代表的实体经济根基更加稳固。

一、物流相关政策

（一）国家物流相关政策

2023 年，国家在物流领域出台了一系列全面且具有前瞻性的政策，旨在推动物流行业的智能化、绿色化、高效化转型。这些政策覆盖了物流基础设施建设、多式联运发展、智慧物流应用、物流安全与便利化以及减税降费等多个方面，为物流行业的持续健康发展提供了有力的政策支撑。具体而言，国家不仅加强了对物流枢纽、骨干冷链物流基地等关键基础设施的建设和升级，还通过命名中欧班列集装箱多式联运信息集成应用示范工程等举措，促进了多式联运的发展，提高了物流效率。同时，智慧物流成为政策关注的重点，国家鼓励新一代信息技术与物流行业深度融合，推动物流数字化、智能化转型。此外，为了提升物流便利性，国家还加强了与境外港口的跨境运输合作，并加快发展沿海和内河港口铁水联运。在物流安全与便利化方面，国家出台了多项措施，如加强道路运输安全生产监管、优化鲜活农产品运输"绿色通道"政策等。为了减轻物流企业负担，国家继续实施了物流企业大宗商品仓储设施用地城镇土地使用税优惠政策。这些政策的实施，不仅有助于提升物流行业的整体竞争力，还将为我国经济的高质量发展提供强有力的支撑（见表 1-4）。

表 1-4 　　　　　　　　　2023 年国家物流相关重点政策

序号	时间	政策文件	印发部门	政策摘要
1	2023 年 10 月 21 日	《中国（新疆）自由贸易试验区总体方案》	国务院	方案旨在通过制度创新，推动新疆自由贸易试验区的发展，加强陆港型国家物流枢纽建设，推动多式联运发展，提升物流效率和服务水平
2	2023 年 10 月 5 日	《关于推动内蒙古高质量发展奋力书写中国式现代化新篇章的意见》	国务院	加强区域协作互动。深化京蒙协作，探索推动内蒙古与北京开展对口合作。加快推进中蒙俄中线铁路升级改造可行性研究，统筹推进"智慧口岸""数字国门"试点建设，提升口岸通关保障能力。提升物流基础设施水平和物流效率

续 表

序号	时间	政策文件	印发部门	政策摘要
3	2023 年 9 月 22 日	《关于命名中欧班列集装箱多式联运信息集成应用示范工程等 19 个项目为"国家多式联运示范工程"的通知》	交通运输部、国家发展改革委	命名了 19 个项目为国家多式联运示范工程，旨在通过示范项目的引领作用，推进我国多式联运高质量发展和交通运输结构调整优化，加快建设交通强国
4	2023 年 10 月 17 日	《关于在上海市创建"丝路电商"合作先行区方案的批复》	国务院	同意在上海市创建"丝路电商"合作先行区，推动电子商务领域对外开放，打造数字经济国际合作新高地，服务共建"一带一路"高质量发展，加强跨境电子商务合作，提升物流便利化水平
5	2023 年 10 月 12 日	《关于公布第四批农村物流服务品牌的通知》	交通运输部办公厅、国家邮政局办公室	充分利用互联网、物联网等信息技术和大数据平台，旨在通过品牌建设推动农村物流服务水平的提升，实现交通物流资源高效集约配置，提升货运物流效率和标准化、专业化、智能化服务能力，促进农村经济发展
6	2023 年 9 月 14 日	《关于征集第二批智能交通先导应用试点项目（自动驾驶和智能建造方向）的通知》	交通运输部办公厅	旨在征集第二批智能交通先导应用试点项目，推动自动驾驶和智能建造技术在交通领域的应用，加快智慧物流建设
7	2023 年 9 月 9 日	《关于推进公路数字化转型 加快智慧公路建设发展的意见》	交通运输部	强调推进公路数字化转型和智慧公路建设，提高公路智慧化水平，为智慧物流提供有力支撑
8	2023 年 7 月 25 日	《关于进一步优化外商投资环境 加大吸引外商投资力度的意见》	国务院	旨在通过优化外商投资环境，依托自由贸易试验区、国家级新区、国家级开发区等各类开放平台，吸引更多外商投资物流等相关领域，推动物流行业的对外开放和高质量发展
9	2023 年 7 月 27 日	《关于印发〈县域商业三年行动计划（2023—2025年）〉的通知》	商务部等 9 部门	旨在推动县域商业发展，发展农村物流共同配送，完善农村物流体系，加强企业供应链建设，提升农村物流服务水平和效率
10	2023 年 8 月 21 日	《关于加快推进多式联运"一单制""一箱制"发展的意见》	交通运输部等 8 部门	强调加快推进多式联运"一单制""一箱制"发展，简化物流流程，提高物流效率和服务水平

续 表

序号	时间	政策文件	印发部门	政策摘要
11	2023 年 3 月 26 日	《关于继续实施物流企业大宗商品仓储设施用地城镇土地使用税优惠政策的公告》	财政部、国家税务总局	旨在通过减税降费政策，减轻物流企业负担，支持物流行业的发展和壮大
12	2023 年 11 月 29 日	《关于印发〈农村寄递物流体系建设三年行动方案（2023—2025 年）〉的通知》	国家邮政局办公室等 7 部门	加快健全县乡村寄递服务网络，全面建设村级寄递物流综合服务站。鼓励多元主体协同发展，支持邮政、快递企业因地制宜选择农村寄递末端合作模式，实现设施共建、资源共享，降低县域寄递成本
13	2023 年 1 月 3 日	《关于支持新能源商品汽车铁路运输服务新能源汽车产业发展的意见》	国家铁路局、工业和信息化部、中国国家铁路集团有限公司	鼓励铁路运输企业开展新能源商品汽车铁路运输业务，规范铁路运输条件，加强铁路运输管理
14	2023 年 3 月 17 日	《关于做好 2023 年国家综合货运枢纽补链强链申报工作的通知》	交通运输部办公厅、财政部办公厅	推动国家综合货运枢纽补链强链城市扩面提质，鼓励跨省联合申报

（二）北京市物流相关政策

2023 年，北京市在物流领域出台了一系列创新且具有前瞻性的政策举措，这些政策以商贸物流的高质量发展为核心，旨在通过科技赋能、模式创新与环境友好等多重维度，全面推动北京物流行业的转型升级。具体而言，北京市人民政府积极响应国家关于物流产业现代化的号召，出台了一系列支持政策，重点鼓励商贸物流企业采用 5G、物联网（IoT）、大数据、云计算以及人工智能（AI）等前沿技术，实现物流作业的自动化、智能化与透明化。这不仅能够有效提升物流效率，降低运营成本，还能极大增强和加快供应链的韧性与响应速度。其中，针对城市运行保障的关键环节，政策特别强调了共同配送、统一配送等创新物流模式的推广与应用。通过整合多方资源，优化配送路径，减少重复运输，这些模式不仅能够有效缓解城市交通压力，还能显著提升物流服务的覆盖面与便捷性，为市民生活提供更加高效、环保的物流解决方案。

同时，鉴于冷链物流在现代商贸流通中的重要性日益凸显，北京市人民政府加大了对冷链物流项目的支持力度，鼓励企业采用先进的冷藏技术、智能监控系统以及环保节能设备，以提升冷链物流的服务质量和效率，保障食品及其他需温控商品的安全与质量，满足消费者对高品质生活的需求。

2023 年北京市的物流相关政策，不仅为物流企业的创新发展提供了强有力的政策支撑，也为构建更加完善、高效、绿色的城市物流体系奠定了坚实基础，助力北京在全球物流版图中占据更加重要的位置（见表 1－5）。

表 1－5　　　　　　　　　　2023 年北京市物流相关重点政策

序号	时间	政策文件	印发部门	政策摘要
1	2023 年 8 月 30 日	《北京市商务局关于申报 2023 年度促进商贸物流发展项目的通知》	北京市商务局	支持商贸物流智能化发展项目，利用 5G、物联网、人工智能、大数据等现代技术提升物流水平；支持服务城市运行保障的商贸物流新模式示范项目，推进商贸物流转型升级；支持冷链物流发展项目，鼓励冷链配送模式多元化创新发展；符合上述支持方向的物流基地内项目优先给予支持，包括基础设施建设和升级改造、智能化、信息化、标准化软件开发及硬件采购等
2	2023 年 4 月 6 日	《关于印发〈北京市全面优化营商环境助力企业高质量发展实施方案〉的通知》	北京市人民政府办公厅	大力提升国际贸易发展环境。发挥机场"双枢纽"国际贸易空中通道作用。加快多式联运发展，建立完善智慧货运综合服务平台，推进铁路、港口、船公司、民航等信息共享，实现运输全程可监测、可追溯。积极争取多式联运"一单制"改革试点，探索推行标准化单证。促进京津冀跨境贸易协同开放发展。不断深化口岸合作和通关监管一体化改革，支持三地海关口岸"提前申报""两步申报"、进口"船边直提"和出"抵港直装"等监管改革
3	2023 年 1 月 17 日	《关于北京市推动先进制造业和现代服务业深度融合发展的实施意见》	北京市发展改革委等 11 部门	促进现代物流和制造业高效融合；推动产业链供应链跨区域布局；引导资源跨区域高效配置和充分流动；畅通国际流通渠道
4	2023 年 9 月 22 日	《关于申报 2023 年北京市支持加强生活必需品流通保供体系建设项目的通知》	北京市商务局	推进大型农产品批发市场规范建设及转型升级，增强生活必需品流通网络保供能力；提高生活必需品流通环节信息化水平；提升生活必需品冷链流通及配送能力

二、物流相关标准

（一）国家物流相关标准

2023 年，国家市场监督管理总局、国家标准化管理委员会发布了一系列与物流相关的国家标准，旨在规范物流行业的发展，提升物流服务的质量和效率。这些标准覆盖了电子商务逆向物流、跨境电子商务海外仓运营管理、托盘术语、快递服务等多个领域。例如，《电子商务逆向物流通用服务规范》（GB/T 43290—2023）规定了电子商务逆向物流的基本要求、服务方案、作业与服务、信息服务、标识与追溯等要求，以改善逆向物流服务质量，提高消费者满意度；《跨境电子商务海外仓运营管理要求》（GB/T 43291—2023）则明确了海外仓服务提供者的基本要求、运营管理和管理保障要求，以规范海外仓运营管理，提升服务质量。此外，《托盘术语》（GB/T 3716—2023）的修订进一步规范了托盘行业用语，提高了托盘标准化水平；《快递服务》系列国家标准则对快递服务的基本术语、组织要求、服务环节等进行了修订和完善，以适应快递业发展的新特点、新业态、新技术需要。2023 年国家发布的物流相关标准，不仅为物流行业的规范化、标准化发展提供了有力支撑，更在提升物流服务质量和效率、推动物流行业转型升级方面发挥了积极作用。这些标准的实施，将助力我国物流行业在新的发展阶段实现更高质量、更可持续的发展（见表 1-6）。

表 1-6 　　　　　　　　 2023 年国家物流相关重点标准

序号	时间	标准编号	标准名称	来源	规定范围
1	2023 年 9 月 7 日	GB/T 30335—2023	《药品物流服务规范》	国家市场监督管理总局、国家标准化管理委员会	规定了药品物流服务的基本要求，以及人员与培训、设施设备、信息系统、仓储、运输与配送、装卸与搬运、货物交接、增值服务、信息管理、风险管理、投诉处理以及服务评价与改进的要求，适用于药品物流服务与管理活动
2	2023 年 9 月 7 日	GB/T 28580—2023	《口岸物流服务质量规范》	国家市场监督管理总局、国家标准化管理委员会	规定了口岸物流服务的总体要求、服务内容及要求、服务质量评价和持续改进，适用于一般货物口岸物流服务和管理
3	2023 年 3 月 17 日	GB/T 42500—2023	《即时配送服务规范》	国家市场监督管理总局、国家标准化管理委员会	规定了即时配送服务的基本规范和要求，包括服务流程、服务质量、安全保障等方面的内容

续　表

序号	时间	标准编号	标准名称	来源	规定范围
4	2023 年 3 月 17 日	GB/T 42501—2023	《逆向物流服务评价指标》	国家市场监督管理总局、国家标准化管理委员会	提出了逆向物流服务评价指标的体系和具体指标，包括服务效率、服务质量、客户满意度等方面的内容
5	2023 年 3 月 17 日	GB/T 42502—2023	《医药物流质量管理审核规范》	国家市场监督管理总局、国家标准化管理委员会	明确了医药物流质量管理审核的标准和流程，旨在提升医药物流的质量管理水平
6	2023 年 3 月 17 日	GB/T 42503—2023	《农产品产地冷链物流服务规范》	国家市场监督管理总局、国家标准化管理委员会	规定了农产品产地冷链物流服务的基本规范和要求，包括服务流程、温度控制、质量保障等方面的内容
7	2023 年 11 月 27 日	GB/T 3716—2023	《托盘术语》	国家市场监督管理总局、国家标准化管理委员会	界定了单元载荷物料搬运用托盘相关的通用术语及平托盘、带有上部构件的托盘、托盘上部构件等术语，适用于托盘及其相关领域的活动
8	2023 年 11 月 27 日	GB/T 43290—2023	《电子商务逆向物流通用服务规范》	国家市场监督管理总局、国家标准化管理委员会	规定了电子商务逆向物流通用服务的基本要求、服务方案、作业与服务、信息服务、标识与追溯、投诉与反馈、服务评价与改进的要求，适用于物流服务方提供的 B2B、B2C 等电子商务模式下的电子商务逆向物流服务
9	2023 年 11 月 27 日	GB/T 43291—2023	《跨境电子商务海外仓运营管理要求》	国家市场监督管理总局、国家标准化管理委员会	旨在规范和提升我国海外仓服务提供者运营管理水平及服务质量
10	2023 年 12 月 28 日	GB/T 27917.1—2023	《快递服务 第 1 部分：基本术语》	国家标准化管理委员会	规定了快递服务的基本术语，适用于快递服务的相关活动
11	2023 年 12 月 28 日	GB/T 27917.2—2023	《快递服务 第 2 部分：组织要求》	国家标准化管理委员会	规定了快递服务组织的要求，包括组织架构、人员配置、设施设备等方面的内容
12	2023 年 12 月 28 日	GB/T 27917.3—2023	《快递服务 第 3 部分：服务环节》	国家标准化管理委员会	规定了快递服务各环节的要求，包括收寄、分拣、运输、投递等环节的标准和流程

续 表

序号	时间	标准编号	标准名称	来源	规定范围
13	2023 年 12 月 1 日	GB/T 42820—2023	《多式联运货物分类与代码》	交通运输部	提出了多式联运货物的分类与代码标准，有助于实现不同运输方式之间的货物无缝衔接
14	2023 年 12 月 1 日	GB/T 42933—2023	《多式联运运载单元标识》	交通运输部	规定了多式联运运载单元的标识方法，提高了货物运输的透明度和可追溯性
15	2023 年 8 月 1 日	WB/T 1134—2023	《物流企业绿色物流评估指标》	国家发展改革委	对物流企业绿色物流水平进行评估，给出了判定结果，涵盖规模、管理、设施设备和包装器具、运营、绿色信息披露与生态共建五个方面
16	2023 年 8 月 1 日	WB/T 1135—2023	《物流企业温室气体排放核算与报告要求》	国家发展改革委	规定了物流企业温室气体排放核算与报告的要求，帮助物流企业科学核算和规范报告自身的温室气体排放

（二）北京物流相关标准

2023 年，北京市在物流领域发布和实施了一系列重要的相关标准，这些标准旨在推动物流行业向规范化、智能化和绿色化方向发展。例如，《北京市道路货物运输综合监管合规手册》等文件，明确了道路货物运输的市场准入条件、运营规则、安全管理制度以及法律责任等方面的要求，为物流企业的合规运营提供了详细指导。同时，随着《物流企业绿色物流评估指标》标准的实施，北京市进一步强调了物流行业的绿色发展，通过评估指标涵盖规模、管理、设施设备和包装器具、运营、绿色信息披露与生态共建五个方面，引导物流企业提升绿色物流水平。此外，国家标准的发布，如 GB/T 27917.1—2023《快递服务　第 1 部分：基本术语》、GB/T 27917.2—2023《快递服务　第 2 部分：组织要求》等，也为快递服务提供了更加规范、科学的指导，促进了快递业的高质量发展。这些标准的制定和实施，不仅有助于提升北京市物流行业的整体服务质量和效率，还为实现物流行业的绿色、可持续发展奠定了坚实基础（见表 1-7）。

表 1-7　　　　　　　　2023 年北京市物流相关重点标准

序号	时间	标准编号	标准名称	发文机构
1	2023 年 12 月 25 日	DB11/T 354—2023	《生活垃圾收集运输管理规范》	北京市市场监督管理局
2	2023 年 12 月 25 日	DB11/T 1263—2023	《清洁生产评价指标体系　交通运输业》	北京市市场监督管理局

序号	时间	标准编号	标准名称	发文机构
3	2023 年 6 月 25 日	DB11/T 1764.10—2023	《用水定额 第 10 部分：仓储》	北京市市场监督管理局

第三节　北京市物流业运行现状

一、北京市物流运行情况

（一）物流业运行总体情况

1. 全国社会物流总额稳定增长，行业整体环境向好

2023 年，我国经济发展有较强韧性与较大潜力。主要领域稳中有升，全年服务业增加值比 2022 年增长 6.1%，高于地区生产总值增长水平，是经济恢复的主要动力，信息服务业、金融业持续支撑带动。工业生产止跌回升，规模以上工业增加值同比增长 0.4%，装备、电力、汽车行业贡献突出。

2023 年全国社会物流总额为 352.4 万亿元，按可比价格计算，同比增长 5.2%，增速比 2022 年提高 1.8 个百分点（见图 1-4）。分季度看，一季度、二季度、三季度、四季度同比分别增长 3.9%、5.4%、4.7% 和 5.4%，呈现前低、中高、后稳的恢复态势，全年回升势头总体向好。

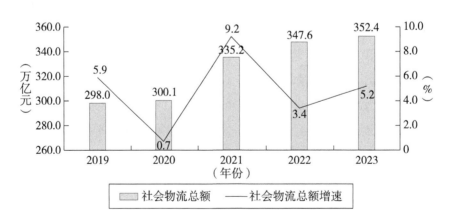

图 1-4　2019—2023 年全国社会物流总额与增长速度

数据来源：中国物流与采购联合会。

从结构看，农产品、工业、消费、进口领域物流需求稳定增长，恢复力度好于 2022 年。第一，农产品物流需求保持良好发展态势。全年粮食总产量 6.95 亿吨，猪牛羊禽肉

产量 0.96 亿吨，创历史新高，同比分别增长 1.3% 和 4.5%。农产品物流总额 5.3 万亿元，同比增长 4.1%，保持良好发展态势。第二，工业品物流需求稳步回升。全年原煤生产 46 亿吨，冶金制造超 33 亿吨，汽车生产超 3000 万辆，化工类产量近 10 亿吨，工业生产规模增速回升。全年工业品物流总额 312.6 万亿元，同比增长 4.6%，增速比 2022 年提高 1.0 个百分点。各季度呈连续回升态势，特别是四季度回升明显，11 月、12 月两个月增长均超过 6%，创年内增速新高。第三，民生消费物流需求稳中向好。全年单位与居民物品物流总额 13.0 万亿元，同比增长 8.2%，增速比 2022 年提高 4.8 个百分点。餐饮、零售等领域回升力度明显加大，餐饮、百货店零售相关物流需求实现由降转升，同比分别增长 20% 和 8.8%；便利店零售相关物流需求同比增长 7.5%，增速有所回升。第四，进口物流需求规模保持较快增长。全年进口物流总额 18.0 万亿元，增速由降转升，同比增长 13.0%，各季度增速均保持在 10% 以上。其中，大宗商品进口物流量进一步扩大。原油、天然气、煤炭等能源产品进口 11.6 亿吨，同比增长 27.2%；铁、铝等金属矿砂进口 14.6 亿吨，同比增长 7.6%。

2. 北京市交通运输、仓储和邮政业受疫情影响显著

2023 年，北京市规模以上交通运输、仓储和邮政业企业数为 821 个，各个企业的平均用工人数为 50.9 万人，收入合计为 9461.6 亿元，利润总额为 655.9 亿元。可以看出，北京市规模以上交通运输、仓储和邮政业企业数呈现不断下降趋势，同时受疫情和企业利润下降趋势影响，交通运输、仓储和邮政业的用工人数减少。但是企业收入增长仍呈上升趋势，交通运输、仓储和邮政业企业利润总额较 2022 年同比增长 137.6%（见表 1-8）。

表 1-8　　　　2019—2023 年北京市交通运输、仓储和邮政业情况

年份	企业数/个	用工人数/万人	收入合计/亿元	利润总额/亿元
2019	930	55.2	4686.2	398.7
2020	900	57.7	6425.6	224.0
2021	848	54.7	8825.8	385.2
2022	833	52.5	8364.5	276.0
2023	821	50.9	9461.6	655.9

3. 北京市物流市场竞争加剧，企业降本增效内驱力增强

北京市物流市场竞争加剧。从市场主体数量来看，北京市物流业务相关企业已达到 1433 家，部分领域市场准入门槛较低，企业数量总体较多。从市场集中度来看，北京市物流企业规模相对较小，注册资本在 200 万元以下的小微型企业有 830 家，占比为 59%，市场集中度依然较低（见图 1-5）。2023 年，50 强物流企业中京邦达贸易有限公司排名第四，但其物流业务收入占北京物流行业业务收入的比例较低。

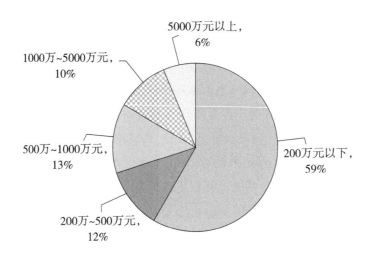

图1-5 北京市物流企业注册资本

数据来源：天眼查。

北京市物流企业继续数字化转型，发展新质生产力。物流企业大力推进数字化建设，通过智能升级物流活动，重塑企业生产运营模式，利用物联网技术实现货物的实时跟踪和监控，提高物流运作的透明度和效率；同时，引入大数据分析技术，优化物流配送路线，降低运输成本。企业通过数字化重构，赋予自身新型生产要素、生产力和生产关系，从业务价值创造向多维度价值创造转变。北京市物流企业注重与其他产业的协同发展，通过一体化供应链解决方案推动现代产业协同进化，形成产业间技术渗透融合新特征、产业内分工协作新格局、平台化产业新生态。

北京市物流企业坚持降本增效。《北京物流专项规划》提出，到2035年，北京市要进一步降低物流成本，社会物流总费用占GDP比例要小于10%；城市流通领域标准化托盘使用率及规模以上连锁超市主要商品统一配送率要超过90%和95%，以满足北京市末端配送需求；第三方（包括第四方）物流服务比重超过60%，重点发展培育第三方物流企业，激发市场活力。顺义区通过"3+7+N"政策，为企业创造了与相关产业深度融合、协同发展的机会，政企结合的发展方式助力物流企业进一步降低运行成本。

（二）出台多项改革措施，优化物流营商环境

根据中国物流与采购联合会的调查，2023年全国物流营商环境总体向好，市场竞争激烈。调查数据显示，对于物流企业当前面临的主要困难，排名前3的依次是市场竞争激烈、经营成本高、市场需求总体不足，分别占78.6%、61.96%和43.24%，需求不足成为当前制约行业发展的重要因素。同时，我国物流企业总体战略趋于保守，被调查企业中有近60%的企业采取保守战略，选择维持现状经营；也有超过25%的企业表示将采取

扩张战略，不到20%的企业选择紧缩战略。被调查企业对于2023年全年收入规模总体预期保持谨慎乐观的态度，有37.96%的企业认为2023年全年收入规模将出现不同程度的增长，30.59%的企业认为收入规模会出现5%~20%的小规模增长；37.44%的企业认为2023年全年收入规模将与2022年大体持平。

2023年，北京市交通部门推进优化营商环境重点任务落实工作，夯实"北京标准""北京效率""北京诚信"三大基础，积极开展提升政务服务效能等专项行动，取得新成效。北京市把优化营商环境作为转变政府职能、推动首都高质量发展的重要抓手，6年发布6版改革方案，先后出台1270多项改革措施。过去5年，北京全市年均新设经营主体约22.6万家，总量达到253.74万家。2023年1月至11月，新设经营主体30.68万家，同比增长20.57%，其中外商投资企业2580家，同比增长10.82%。《关于北京市全面优化营商环境打造"北京服务"的意见》明确提出，以更大力度提升企业、群众获得感和满意度为首要目标，塑造首善标准、国际一流的"北京服务"。

2023年，北京市经济在波动中恢复，稳定因素有所累积，物流运行环境持续改善，行业整体恢复向好。市场需求加快恢复，高端制造、线上消费等新动能领域回升明显。物流供给质量稳步提升，多式联运、航空货运等协同高效物流服务全面发展。单位物流成本稳中有降，产业链循环基本通畅。物流企业降本增效内驱力增强，头部企业战略转型步伐加快，引领行业向规范化、精细化和数字化方向发展。

1. 重视农产品生鲜物流，农村流通高质量发展

交通运输部办公厅、国家发展改革委办公厅、财政部办公厅、农业农村部办公厅联合印发《关于进一步提升鲜活农产品运输"绿色通道"政策服务水平的通知》，进一步提升鲜活农产品运输"绿色通道"政策服务水平，规范车辆查验及政策落实相关工作，重点解决鲜活农产品具体品种识别问题，进一步细化"新鲜""深加工""整车合法"等认定尺度。

中央财办等9部门联合发布《关于推动农村流通高质量发展的指导意见》，要求到2025年，我国农村现代流通体系建设取得阶段性成效，基本建成设施完善、集约共享、安全高效、双向顺畅的农村现代商贸网络、物流网络、产地冷链网络，流通企业数字化转型稳步推进，新业态新模式加快发展，农村消费环境明显改善。到2035年，建成双向协同、高效顺畅的农村现代流通体系，商贸、物流、交通、农业、供销深度融合，农村流通设施和业态深度融入现代流通体系，城乡市场紧密衔接、商品和资源要素流动更加顺畅，工业品"下行"和农产品"上行"形成良性循环。

农村流通不仅是连接城乡经济的纽带，更是实现乡村振兴和共同富裕的关键环节。我国进入新发展阶段，农村流通的发展基础和发展环境发生深刻变化，构建新发展格局、推动城乡融合发展、扩大农村内需、全面推进乡村振兴，迫切需要农村流通更好发挥上联生产、下联市场的桥梁作用，进一步提高我国农业生产和消费的适配性，促进流通畅通和农民收入、农村消费双提升。

2. 重点发展新能源汽车业，建设绿色低碳交通体系

2023 年 1 月 30 日，工业和信息化部等 8 部门印发《关于组织开展公共领域车辆全面电动化先行区试点工作的通知》，要求探索新能源汽车参与电力现货市场的实施路径，完善储放绿色电力交易机制，加大智慧出行、智能绿色物流体系建设，促进智能网联、车网融合等新技术应用，加快新能源汽车与能源、交通等领域融合发展。

2023 年 3 月 17 日，交通运输部办公厅、财政部办公厅发布《关于做好 2023 年国家综合货运枢纽补链强链申报工作的通知》，指出要大力推进重点行业和产品设备节能降碳更新改造。推进实施重点行业、产业园区、城乡建设、公共机构等节能降碳工程。支持重点领域和行业节能降碳改造，推动重要产品设备更新改造，利用中央预算内投资现有资金渠道，对符合条件的给予积极支持。

2023 年 5 月 8 日，生态环境部、工业和信息化部等 5 部门发布《关于实施汽车国六排放标准有关事宜的公告》，自 2023 年 7 月 1 日起，全国范围全面实施国六排放标准 6b 阶段，禁止生产、进口、销售不符合国六排放标准 6b 阶段的汽车。

此外，2023 年 11 月 13 日，工业和信息化部、交通运输部等 8 部门正式印发《关于启动第一批公共领域车辆全面电动化先行区试点的通知》，提出确定北京、深圳、重庆、成都、郑州等 15 个城市为此次试点城市，鼓励探索形成一批可复制可推广的经验和模式，为新能源汽车全面市场化拓展和绿色低碳交通运输体系建设发挥示范带动作用。

二、北京市主要物流资源调研

（一）物流仓储资源基本满足需求

2023 年北京市通用仓库面积为 807.6 万平方米，其中普通仓库 501.4 万平方米，占比为 62.1%，高标仓为 306.2 万平方米，占比为 37.9%，高标仓在通用仓库中占比不断上升。北京市冷库容积为 307.9 万立方米，较 2022 年有所上升。

2023 年北京市仓储需求较为旺盛，通用仓库需求为 152890 万平方米，冷库需求为 4701 立方米，旺盛的需求导致了较高水平的价格和较低的仓库空置率。受较高的地价水平、水电价格和旺盛的需求等因素影响，北京市的仓储平均费用仍然保持在全国较高水平，但总体上有小幅下降，2023 年北京通用仓库平均每月仓储租金为 45.37 元/平方米，在全国排名第二，仅次于上海；冷库租金平均每月为 112.94 元/平方米，全国排名第 2，仅次于深圳。北京市通用仓库空置率为 18.53%，冷库空置率为 8.31%，其中平谷区和密云区的高标仓空置率较高，分别为 44.97% 和 43.57%。

北京市仓储用地供应同比增加。2023年北京市物流供应用地为60万平方米，能有效增加北京市仓储供应。在未来，平谷区项目入市可能拉高北京仓储空置率，长期来说租金水平将有所下降。

（二）冷链资源持续恢复增长

据中关村绿色冷链物流产业联盟（以下简称"中冷联盟"）《全国冷链物流企业分布图》，2020年北京市冷库容量为209万吨，有企业73家，冷链运输车辆有3835辆；2021年，北京市冷库容量为209万吨，增幅程度甚微，企业数量达91家，冷链运输车辆达3374辆，同比下降12%；2022年北京市冷库容量为223万吨，企业数量达102家，全市共有冷链运输车辆3505辆（见表1-9）。

表1-9 　　　　　　　　　2019—2022年北京市冷链资源保有量

年份	2019	2020	2021	2022
冷库库容/万吨	176	209	209	223
企业数/家	62	73	91	102
车辆数/辆	5434	3835	3374	3505

数据来源：中冷联盟《全国冷链物流企业分布图》。

2023年，北京市冷库饱和度为4.92，全国排名第3，仅次于上海和天津，表明北京地区冷链资源过剩，北京市冷链发展趋缓，加之后疫情时期餐饮行业发展受挫，2022年北京规模以上餐饮企业增长率仅为5.25%，低于疫情前增长速度，对北京市冷链产业发展造成了一定程度的影响。

（三）口岸物流资源逐步完善

北京市作为我国重要的空港城市，拥有首都国际机场航空口岸和大兴国际机场航空口岸，其中北京大兴国际机场航空口岸于2019年10月25日正式对外开放。北京首都国际机场位于顺义区，已经形成了以机场为核心，包括空港工业区、天竺出口加工区、空港物流基地等多个功能组团的基础设施，航空类产业、现代服务业、高科技制造业等主导产业异军突起，呈现出向周边辐射发展的强劲态势。北京大兴国际机场为4F级国际机场、世界级航空枢纽、国家发展新动力源，其修建进一步增强了北京的空港经济效应。

陆运方面，北京市还拥有北京西站铁路口岸这一国家批准的正式口岸，以及北京平谷国际陆港、北京丰台货运口岸和北京朝阳口岸。北京平谷国际陆港是北京市继朝阳口岸之后的第二条海运货物进出口通道，实现了天津港与北京国际陆港的直通，畅通了海运货物入京通道。北京市已经形成以北京首都国际机场航空口岸、北京大兴国际机场航空口岸、北京西站铁路口岸为核心，以北京平谷国际陆港、北京丰台货运口岸和北京朝阳口岸为补充的航空、铁路、公路互补的口岸体系。

北京市口岸还提供了一系列的配套服务，包括电子物流信息服务平台，以及保税、仓储等配套服务功能。此外，北京市国际贸易"单一窗口"的建设，完善了口岸信息化服务功能，为进出口企业提供了便利化的服务。

（四）物流基地切实提升城市枢纽能力

根据 2020 年提出的《北京物流专项规划》，北京市物流的功能定位是与首都"四个中心"相匹配，以保障首都城市运行为基础，以提高居民生活品质为核心，以城市配送为主要形式的城市基本服务保障功能。围绕这一功能定位，北京市将着力打造"大型综合物流园区（物流基地）+ 物流中心 + 配送中心 + 末端网点"的"3 +1"城市物流节点网络体系。

《北京物流专项规划》提出，全市现有的四大物流基地已规划物流仓储用地面积约 8.3 平方千米，原则上不再扩大规模，在现有基础上实现更加集约高效和智慧使用。新增西北和西南两个物流基地，每个物流基地的用地面积控制在 1 ～1.5 平方千米。北京的六大物流基地分别是原有的顺义空港物流基地、通州马驹桥物流基地、大兴京南物流基地和平谷马坊物流基地，以及新增的房山窦店和昌平南口两个物流基地（见表 1 - 10）。

表 1 - 10　　　　　　　　北京市六大物流基地及相关介绍

基地名称	介绍
顺义空港物流基地	位于顺义区天竺镇，在北京首都国际机场以北、顺平路北侧，临近 101 国道和北六环路，是公路—航空—口岸国际货运枢纽型物流基地。承担北京市及环渤海地区的国际、国内航空物流功能，并服务天竺工业开发区，是北京市唯一的以航空货运集成其他货运方式的综合型物流基地
通州马驹桥物流基地	位于通州区马驹桥镇，在京津塘高速公路以东、南六环路以北，是海运—公路—口岸国际货运枢纽型物流基地。主要承担北京和环渤海地区的国际、国内海运物流功能，重点服务北京东南方向京津塘经济发展带，服务亦庄经济技术开发区，是北京大宗货物进出境的主要枢纽
大兴京南物流基地	规划占地总面积为 6.71 平方千米，位于大兴新城南部，在京开高速公路、六环路、京九铁路交会处，毗邻京哈、京九、京沪、京广等干线铁路，园区内拥有 26 条铁路专用线、行包专列处理场，整车零担亦可直达，区域内规划道路共计 21 条，是北京唯一具有公路转铁路运输条件的综合物流基地
平谷马坊物流基地	位于平谷区马坊镇，在北京首都国际机场东面，北临京津高速，南靠京哈高速，西接六环，属于海运—公路枢纽型物流基地，主要服务顺义、怀柔、平谷、密云四区，是北京东部发展带的重要物流节点和京津发展走廊上的重要通道

续 表

基地名称	功能介绍
房山窦店物流基地	位于房山区窦店新城组团西北侧，规划用地总面积约1.4平方千米，分两期实施。结合房山区位特点和产业优势，借力北京大兴国际机场、京广铁路，发展空港、铁路、海港、公路多式联运，同时依托京保石发展轴和京雄发展走廊，发挥京西南门户作用。2023年10月，窦店物流基地建设项目进入招标阶段
昌平南口物流基地	位于昌平区南口镇，规划总建筑面积约47.3万平方米，分三期推进，计划于2025年投入使用，其中建设中的清华南口国重基地将成为清华大学主校区以外规模最大、集聚度最高的国家重点实验室科研基地

三、北京市主要物流业态运行情况调研

（一）北京邮政快递业务现状

1. 邮政行业业务收入恢复增长

据《2023年北京市邮政行业发展统计公报》，2023年北京全市邮政行业寄递业务量完成31.98亿件，同比增长11.27%。其中，快递业务量累计完成22.71亿件，同比增长16.1%（见图1-6、表1-11）。

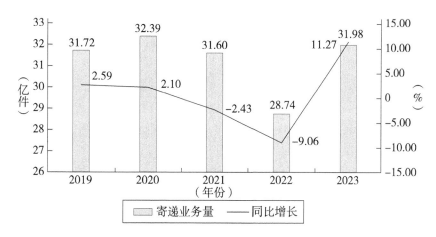

图 1-6　2019—2023 年北京市邮政行业寄递业务量

表 1-11　　　　　2017—2023 年北京市快递行业基本情况

项目	2017年	2018年	2019年	2020年	2021年	2022年	2023年
全年快递业务量/万件	227452.1	220875.6	228716.4	238223.1	221030.0	195628.5	227115.2
取得快递业务经营许可证的企业数量/家	481	484	442	308	181	161	132

续　表

项目	2017 年	2018 年	2019 年	2020 年	2021 年	2022 年	2023 年
末端网点数量/个	4268	4683	3513	4178	4178	3192	4037
快递员人数/人	35538	35451	36460	46768	45813	49103	46132
快递使用电动三轮车数量/辆	34040	35868	36409	44873	42240	43845	47510
年人均使用快件量/件	—	—	106.2	110.6	111.0	89.6	103.9

　　从行业收入来看，2023 年全市邮政行业业务收入（不包括邮政储蓄银行直接营业收入）累计完成 391.72 亿元，同比增长 7.34%（见图 1－7）。其中，快递业务收入累计完成 311 亿元，同比增长 6.67%。快递业务收入占行业总收入的 79.39%，比 2022 年下降了 0.5 个百分点（见图 1－8）。

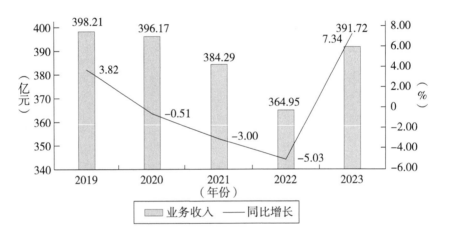

图 1－7　2019—2023 年北京市邮政行业业务收入情况

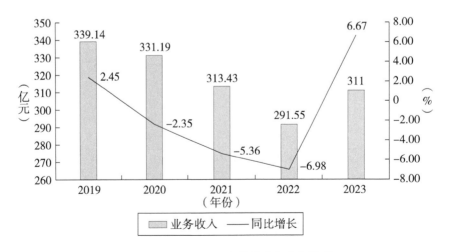

图 1－8　2019—2023 年快递业务收入情况

此外，2023年邮政公司函件业务累计完成10615.34万件，同比下降1.6%；包裹业务累计完成132.25万件，同比增长21.14%；报纸业务累计完成60572.67万份，同比下降2.6%；杂志业务累计完成2294.16万份，同比增长3.67%；汇兑业务累计完成22.52万笔，同比下降7.4%。

2. 北京市各类快递业务量均呈上升态势

2023年，北京市同城快递业务量完成约6.17亿件，同比增长2.97%。从各类快递业务量构成看，2023年北京市快递业务量以异地快递为主。异地快递业务量完成约16.13亿件，同比增长20.93%；国际/港澳台快递业务量完成4088.52万件，同比增长77.65%。同城、异地、国际/港澳台快递业务量分别占全部快递业务量的27.17%、71.03%和1.8%（见图1-9）。

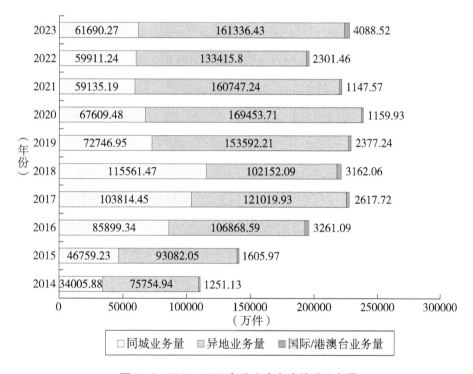

图1-9 2014—2023年北京市各类快递业务量

数据来源：北京市邮政管理局。

3. 基础性建设推动服务水平不断提升

在设施设备方面，全行业拥有各类营业场所5138处，设在农村地区的有497处，其中快递营业场所2823处，设在农村地区的有292处；拥有邮政信筒信箱3756个，邮政报刊亭644处；拥有各类汽车24065辆，其中快递服务汽车21826辆。

在服务网络方面，邮政普遍服务网络条数752条，快递服务网络条数15085条。邮政普遍服务农村投递路线701条，比2022年年底同比增长8.85%，城市投递路线4692条，比 2022 年年底同比下降 2.09%。

在营业网点建设方面，全行业平均每一营业网点服务面积为 3.19 平方千米，平均服务人口为 0.43 万人；邮政公司城区每日平均投递 2 次，农村每周平均投递 9 次；年人均快递使用量为 103.9 件；每百人订有报刊量为 18.06 份；年人均用邮支出 1792 元，其中年人均快递支出 1422.8 元（见图 1 - 10）。

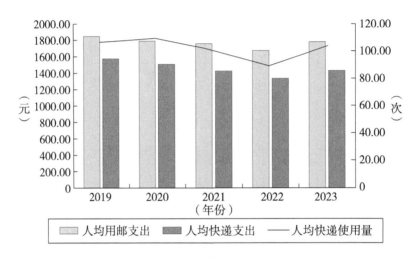

图 1 - 10　2019—2023 年北京市人均用邮支出、快递支出和快递使用量情况

（二）口岸物流体系运行情况

1. 北京市口岸海关监管进出口货物情况

据北京海关数据，2023 年北京地区（含中央在京单位，下同）进出口额为 3.65 万亿元，较 2022 年增长 0.3%，高于全国进出口增速 0.1 个百分点，占全国进出口总值的 8.7%。其中，进口额为 3.05 万亿元，与 2022 年持平；出口额为 6000.1 亿元，同比增长 2%（见图 1 - 11）。北京地区进出口承压而上，规模连续 3 年突破 3 万亿元，再创历史新高。

经营主体保持活力，民营企业稳中有进。2023 年，北京地区民营企业进出口额为 3885.3 亿元，同比增长 28.1%，占地区进出口总值的 10.7%。同期，国有企业进出口额为 2.68 万亿元，占比为 73.5%；外商投资企业进出口额为 5864 亿元，占比为 16.0%。此外，北京地区排名前 100 的重点企业进出口额为 3.11 万亿元，同比增长 3.2%，占比为 85.2%；专精特新"小巨人"企业进出口额为 160.3 亿元，同比增长 9.2%。

据北京市人民政府网披露，北京地区高新技术产品进口额为 3412.8 亿元，同比增长 27%，首次突破 3000 亿元。与构建现代化产业体系密切相关的集成电路、集成电路制造设备、医药材及药品、航空器零配件进口提速，规模均创新高。从出口商品结构上看，

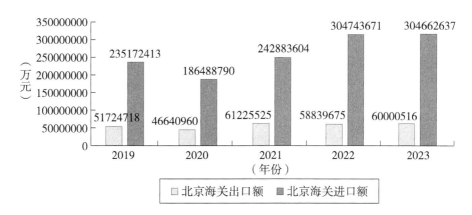

图1-11　2019—2023年北京海关进出口额统计

2023年北京地区前五大出口商品是成品油、手机、钢材、集成电路和汽车零配件，合计占地区出口总值的55%。其中，成品油出口额为2153.5亿元，同比增长11.1%，占比为35.9%；手机出口额为582.8亿元，占比9.7%；钢材出口额为199.9亿元，同比增长6.1%，占比为3.3%；集成电路出口额为192亿元，占比为3.2%；汽车零配件出口额为170.2亿元，同比增长19.6%，占比为2.8%。同期，"新三样"产品中，电动载人汽车出口额为18.1亿元，同比增长12.7%。

2. 北京市现有口岸情况

2023年，北京市现有国家批复的正式口岸2个，其中1个航空口岸，即北京航空口岸（两场：北京首都国际机场、北京大兴国际机场）；1个铁路口岸，即北京西站铁路口岸。还有1个国家口岸办批复的临时开放口岸，即北京平谷国际陆港。另有海关后续监管场所2个，即北京丰台海关监管场所、北京朝阳海关监管场所。海关特殊监管区域2个，即天竺综合保税区和北京大兴国际机场综合保税区。

据北京市统计局数据，2023年1月至11月，北京首都国际机场已累计接待旅客4806.04万人次，累计同比增长310.05%；北京大兴国际机场已累计接待旅客3592.35万人次，累计同比增长278.81%；两场合计接待旅客8398.39万人次，出入境人员达849.62万人次，货物吞吐量121.20万吨。自2023年1月8日优化移民管理政策措施实施以来，全年北京口岸国际航线持续增新加密，旅客出行选择更加多样。

四、北京市物流企业数智化转型

2023年，北京市物流企业呈现转型趋势，大型快运公司纷纷向供应链服务提供商的角色转变。企业业务不断扩展，物流公司的业务范围也不断扩大。除了传统的国内物流业务，经营范围还涉及提供一体化供应链解决方案，面向国际物流市场提供多式联运、冷链物流服务等，为物流公司带来了更多的商机和利润。北京市物流企业智能化程度加深，采用人工智能、大数据等技术进行货物的调度和分配，实现企业降本增效，带动新质生产力发展。

（一）头部快递企业数字化转型趋势明显

北京市快递企业正处于转型时期，很多头部企业从物流服务商转变为供应链一体化服务的提供者。而快递企业的数字化转型不断深入，大数据模型的应用越来越受到企业重视，北京物流与供应链管理协会调研显示，97%的企业认为行业以及自身企业正在向数字化转型，另有95%的企业愿意提供基于数字化的物流服务。

1. 京东物流——基于一体化供应链服务，业务不断拓展

京东物流2023年财报显示，京东物流2023年总营业额为1666.25亿元，同比增长21.3%，继续保持高速增长，2023年经调整后的净利润为27.61亿元，同比增长218.8%。其中，京东物流来自一体化供应链客户的收入为814.7亿元，占比为48.9%，近年来所占比例不断下降，表明京东物流业务不断拓展（见表1－12）；来自外部一体化供应链客户的收入为314亿元，同比增长7.7%。京东物流经营着1600个仓库、超过1.9万个配送站及网点，雇用了近35万名自营配送等操作人员。

表1－12　　　　2021—2023年京东物流营收及一体化供应链收入情况

年份	营业额/亿元	一体化供应链收入/亿元	占比/%
2021	1046.93	710.54	67.9
2022	1374.02	774.36	56.4
2023	1666.25	814.70	48.9

数据来源：京东物流2023年财报。

2023年京东物流除一体化供应链客户收入外，来自快递、快运等其他业务收入为852亿元，这表明京东物流来自外部的收入已经过半，其服务的外部一体化供应链客户达到74714名，每名客户的平均收入达42万元，同比增长15.2%，能够实现这样的增长是因为京东基于其仓库网络的业务拓展和深度合作，为客户的供应链提供了智能化转型服务。目前，京东为快消品、3C（计算机类、通信类和消费类电子产品）、家电家具、汽车、生鲜等行业客户围绕"成本、效率和体验"提供差异化的产品和服务。

2023年第四季度，京东物流抢先上线"国际特快送"服务，提升快递配送时效，升级服务，更好地满足了消费者海外寄件的需求。同年10月，京东物流官宣未来3年的海外布局规划：将建设覆盖全球主要国家的供应链物流网络，构建集海外仓网、国际转运枢纽、海外国家本土的运配网络及跨国干线运输网络于一体的全球供应链网络。

2. 顺丰控股——国际贸易疲软，物流柔性化转型

2023年，顺丰控股股份有限公司（以下简称"顺丰控股"）实现全年营业收入2584.09

亿元,较 2022 年下降 3.39%(见表 1-13);毛利润为 331.36 亿元,同比下降 0.85%。业务方面,时效快递业务营业收入为 1154.6 亿元,占比达 44.7%,收入较 2022 年增长 9.2%;经济快递业务营业收入为 250.5 亿元,同比下降 2%;供应链及国际业务营业收入为 599.8 亿元,同比下降 31.7%;其他模块业务营业收入均有 12% 以上的大幅增长。受全球经济下行影响,美元加息导致全球贸易增速偏低,顺丰国际物流需求出现一定程度放缓,国际空海运价格下跌,第四季度末因运力供给侧受国际关系不稳定影响出现局部线路缩减停运。

表 1-13 顺丰控股 2021—2023 年营业收入情况

年份	营业收入/亿元	同比/%
2023	2584.09	-3.39
2022	2674.90	29.1
2021	2071.87	——

数据来源:顺丰控股 2023 年年度报告。

新兴社交、直播电商和本地生活服务的兴起,新经济行业及新消费场景的快速发展,催生了对高效响应、柔性灵活的供应链需求,"物流快递化"的趋势十分明显,顺丰速运积极向供应链服务商转型,通过"1 到 N"的扩张战略,从中国领先的时效快递服务商快速转型为全球领先的综合物流服务商。

2023 年 11 月底,位于北京大兴国际机场临空经济区的顺丰华北智慧物流总部基地项目竣工交付。项目总建筑面积 17.6 万平方米,主要建设两座智能仓库,分别承担顺丰智慧云仓中心、顺丰智慧增值服务中心和物流科技装备测试中心功能;建设一座全自动分拨中心,作为顺丰华北智慧航空中转中心与陆空多式联运中心;此外,配套建设综合楼和办公楼。未来,将依托北京大兴国际机场,着重打造以陆空多式联运为核心、以顺丰创新科技为支撑的智慧物流产业发展平台。

(二)口岸相关企业持续优化国际供应链

1. 易大宗(北京)供应链管理有限公司——国际物流提供新机遇

易大宗(北京)供应链管理有限公司成立于 1995 年,是一家集采购、运输、仓储、加工及销售于一体的现代化大型企业。2017—2022 年物流营收复合增长 115%,物流分部盈利复合增长 168%,2022 年物流分部盈利 15.9 亿元,已经远远超过传统占 90% 营收的贸易板块(9.8 亿元)。天眼查相关数据显示,2023 年易大宗(北京)供应链管理有限公司总营业收入达 380.9 亿元,同比增长 17.94%;净利润达 20.6 亿元,同比增长 28.71%。作为拥有中蒙、中俄跨境口岸战略性土地储备、先进物流设施的企业之一，该公司凭借优越的物流基础设施、先进的物流管理系统、高效的洗选加工设备，为客户提供高效、精准的仓储、装卸、配送及加工服务；实现物流过程中实时高效的货物信息、仓储信息及其他相关信息的获取、分析及利用，以整合优化物流服务供应链。

2. 中国医药对外贸易有限公司—— 一体化进出口供应链促进各国医药交流

中国医药对外贸易有限公司成立于 1981 年，是中国国际医药卫生有限公司的全资子公司，是国务院国资委直接管理的唯一一家以生命健康为主业的中央企业——中国医药集团有限公司的成员企业，原名为中国医药对外经济技术合作总公司，是原国家医药管理局的直属企业，是中国最早从事医药健康领域国际经营的企业之一。中国医药对外贸易有限公司是中国与世界各国医药界开展贸易合作的重要桥梁，已与全球 100 多个国家和地区的上千家企业建立了密切的合作关系，拥有现代化的保税医药分拨中心和医疗器械仓储物流中心，可提供一体化的进出口供应链管理服务，形成了在医药商业流通服务领域的显著资源优势。面向广大医疗机构，中国医药对外贸易有限公司依托强大的医疗健康产品及服务的资源整合能力，可提供高效、先进、定制化的医疗医技科室整体解决方案以及集采配送、技术保障等多模式的优质服务。

（三）流通领域供应链企业托稳首都保供

北京市结合自身实际情况，重点围绕农产品、快消品、药品、日用电子产品以及餐饮、冷链、物流快递、电子商务等行业领域，按照"市场主导、政策引导、聚焦链条、协同推进"原则，以城市为载体，开展现代供应链体系建设。充分发挥"链主"企业的引导辐射作用和供应链服务商的一体化管理作用，推动供应链各主体各环节设施设备衔接、数据顺畅交互、资源协同共享，促进资源要素跨区域流动和合理配置，整合供应链、发展产业链、提升价值链，加快发展大市场、大物流、大流通，实现供应链提质增效降本。通过流通领域供应链试点项目的实施，推广现代供应链新理念、新技术、新模式，培育一批有影响的供应链重点企业，探索形成一批成熟可复制的经验模式，制定一批行之有效的重要标准，以提高供应链核心竞争力，促进产业转型优化升级和流通领域供给侧结构性改革。

1. 北京新发地农副产品批发市场——稳定供应链保障首都"菜篮子"

北京新发地农副产品批发市场（以下简称"新发地"）经过 30 多年的建设和发展，已经从一个占地 15 亩的小市场，发展为农产品总交易量 1516 万吨、年交易额 1267 亿元的大市场，稳定占有北京 80% 以上的市场份额，是首都名副其实的"大菜篮子"和"大果盘子"，也是平抑首都农产品价格的"稳定器"和应对不时之需的"战略储备库"，以及保障首都日常供应的"护城河"。以北京新发地农副产品批发市场为中心，延长经营链条，构建从生产源头、批发交易到消费终端的垂直产业体系。截至目前，已经在内蒙古自治区、河北省、河南省、安徽省、海南省等农产品主产区投资开设了13家分市场，并围绕分市场建起了300多万亩标准化、规模化、品牌化示范生产基地，形成了首都农产品稳定的供应保障体系。在建设分市场和生产基地的同时，将业务向零售领域延伸，在北京市内居民小区开办便民菜店和生鲜果蔬直通车，将农产品供应链向社区延伸。新发地发挥了物流基础性、先导性作用，加强了公共服务性物流基础设施的建设，完善了高效配送体系，推动了物流企业向供应链服务商转型。通过对专业批发市场的升级改造，形成集交易、分拨、仓储、冷链物流、电子商务等功能于一体的流通服务中心。

2. 鑫方盛数智科技股份有限公司——供应链赋能工业数字化增长

鑫方盛数智科技股份有限公司成立于2005年，是一家以供应链为基础、提供一站式工业品服务的公司，近年来致力于以数字化工业品供应链助力行业发展。2023年在全国供应链创新与应用示范企业中，鑫方盛数智科技股份有限公司上榜，该公司基于数字化核心场景打造全链路数字化体系，围绕解决方案数字化、管理数字化、供应链数字化、交易数字化四个数字化核心场景提高数字化能力，为上下游企业赋能的同时增强其与企业间的协同黏性与消费韧性。该公司建立了SMST数字化管理体系与一站式工业品采购解决方案，凭借在数字化采购领域的专业优势，成功中标中国通号和包钢股份等央企、国企相关采购项目，通过与电商化采购平台的对接、在线下单等方式，简化采购流程，打造全链路数字化采购模式，助力央企、国企提升采购效率，优化供应链结构，降低成本，提高响应速度，增强企业供应链的韧性与完整性。

3. 北京五环顺通供应链管理有限公司——柔性冷链保障首都食品供应

北京五环顺通供应链管理有限公司成立于2001年，隶属北京首农食品集团有限公司，是一家从事专业冷链物流的国有企业。多年来，凭借完善设施、智能技术、创新模式和规范管理，打造专业的供应链企业，现有一厂十二区的场地作为仓储区域，冷运干线遍布全国，致力于创建以智慧创新为引领的北京冷链物流公司和现代供应链服务平台。在第十七批星级冷链物流企业名单中，北京五环顺通供应链管理有限公司被认定为五星级综合服务型企业，依托北京首农食品集团有限公司强大的资源与北京五环顺通供应链管理有限公司的多业态对接能力、柔性拓展能力，致力于建立环北京六环"1小时生活保障圈"、环京津冀"3小时应急保障圈"、环渤海"6小时应急响应圈"三道首都食品安全保障圈和环首都"1小时鲜活农产品流通圈"，切实履行首都食品应急保障和生活服务保障职责。

第四节　北京市通道建设及货物运输现状

一、北京市通道建设现状

（一）北京市货运通道主要类型

1. 公路通道

北京市公路货运通道主要由新 110 国道、京包高速、首都地区环线高速公路（部分规划绕出北京）、承平高速等构成，形成多条放射性廊道和过境货运通道。旨在实现客货分流，缓解八达岭高速等高速公路的交通压力，提高货运效率，同时减少货车对市区的污染和交通影响。

2. 铁路通道

北京市铁路货运通道由多条铁路干线组成，包括京广、京包、京承、丰沙等，连接全国铁路网，承担大量货物的运输任务，是北京市物流体系的重要组成部分。以北京货运中心为核心，开辟货物分拣、库存、装卸车等通道，确保货物快速高效转运。

3. 空港通道

空港通道的核心设施为北京空港物流基地。该基地是北京市唯一的航空—公路国际货运枢纽型物流基地，依托"单一窗口"空港电子货运平台，实现空港物流通关全流程智能编排与"一网通办"，可以大幅提高通关效率。该基地具有速度快、空间跨度大、通达便利的优势，且通过智能化手段可优化通关流程，缩短通关时间，降低通关成本。

4. 水路通道

北京市的水路运输网络由永定河、潮白河、北运河、温榆河以及大清河水系构成。在这些水系中，大运河线路尤为关键，它连接了北京市与南方众多省份，为首都提供了便利的水上交通途径。水路货运通道为北京市提供了另一种运输方式的选择，有助于缓解陆路运输的压力，提高运输效率。同时，水路货运通道也促进了北京市与其他地区的经济交流和合作。

除上述几种类型的货运通道外，北京市还通过优化交通设施、提升服务质量等措施，进一步提升了其他类型货运通道的运输能力和服务水平。通过加强多式联运，构建了多元衔接的货运通道网络；同时，通过推广新能源车辆、建设绿色交通设施等措施，促进了货运通道的绿色发展。

（二）北京市主要货运通道的建设概况

1. 公路货运通道建设

2023 年，京雄高速全线建成通车，为货物运输提供了更加便捷的通道。该高速公路的建设不仅优化了北京市的高速公路网络布局，还提升了货物运输的效率和便捷性；东六环加宽（入地）改造工程作为北京市重点交通建设项目之一，旨在缓解东六环的交通压力，提升货运通道的通行能力。2023 年，该工程持续推进，计划于 2024 年具备通车条件；安立路、北清路、京密路建设和改造是北京市优化路网结构、提升路网密度的重要举措。2023 年，这些项目均取得了显著进展，预计在未来几年内陆续完工通车。

国道 109 新线高速的建设对于完善北京市西部地区的交通网络具有重要意义。2023 年，该项目的建设完成 90% 以上；国道 230 工程是北京市重要的国道建设项目之一，旨在提升国道的通行能力和服务水平。2023 年，该项目持续推进，以为货物运输提供更加可靠的通道。

2. 铁路枢纽货运通道建设

北京市是全国最大的铁路枢纽之一，承担着全国范围内的客货运输任务，是中国铁路路网性客运中心之一。北京铁路枢纽由京沪、京广、京原、丰沙、京包、京通、京承、京哈、大秦等铁路干线及京津城际铁路、京沪高速铁路、京广高速铁路、京哈高速铁路、京雄城际铁路、京包客运专线铁路组成，各干线间通过环线相互连接，形成了环形、放射形铁路枢纽。北京铁路枢纽营业里程 1372.4 千米，以北京、北京西、北京南、北京北、北京朝阳、北京丰台、清河站为主要客运站，承担旅客列车的始发、终到任务；以大红门、百子湾、南观村、巨各庄、沙河、通州、顺义为主要货运站，承担货物运输任务；以丰台西为路网性编组站，以双桥为辅助性编组站，承担货车中转及车辆集散任务。

据中国铁路北京局集团有限公司数据，2023 年北京铁路完成投资 22.7 亿元，比 2022 年下降 50.9%；营业线路里程达到 1372.4 千米，比 2022 年增加 1.4%；客运专线里程达到 355.9 千米，与 2022 年持平；铁路复线率达到 59.4%，电气化率达到 70.9%。

3. 空港货运通道建设

2023 年，北京首都国际机场完成货邮吞吐量 111.59 万吨，比 2022 年同期增加了 12.72 万吨，同比增长 12.9%（见图 1 - 12）。这一增长表明北京首都国际机场的空港货运能力在不断提升，为国内外货物的快速流通提供了有力保障。北京大兴国际机场在货邮吞吐量方面也取得了显著增长。虽然具体数据可能因统计口径和发布时间而有所差异，但整体增长趋势是明显的。北京大兴国际机场作为新兴的国际机场，其空港货运潜力巨大，未来有望成为北京市空港货运的重要增长点。

北京市空港货运的航线网络不断拓展，国际航线数量不断增加。通过与全球主要航空枢纽的连接，北京市的空港货运能够更快捷地到达世界各地，为国际贸易提供便捷通道。除国际航线外，北京市的空港货运还覆盖了国内各大城市。完善的国内航线网络使北京市的空港货运能够更高效地服务于国内市场需求。

北京市在空港区域建设了大规模的仓储设施，以满足日益增长的货物储存需求。这

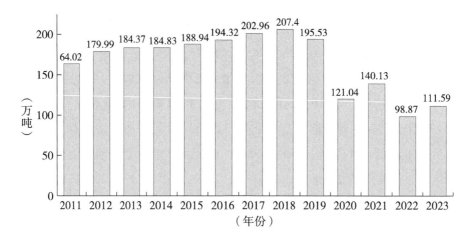

图1－12　2011—2023年北京首都国际机场航班货邮吞吐量

数据来源：根据中国民航局、华经产业研究院数据整理。

些仓储设施不仅具备先进的仓储管理系统和自动化设备，还注重环保和节能，降低了运营成本并减少了对环境的影响。随着空港货运量的增加，北京市在空港区域建设了高效的分拣中心。这些分拣中心配备了先进的分拣设备和系统，能够实现对货物的快速、准确分拣，从而提高物流效率。

4. 水路货运通道建设

北京市通过与周边港口的紧密合作，不断提升水路货运的联通性和便利性，为区域经济发展提供了有力支撑。北京市加强与天津港等周边港口的合作，共同提升水路货运的设施水平和服务质量，通过优化港口布局、完善港口功能，提高了水路货运的吞吐能力和运输效率。通过积极参与周边航道的整治与疏浚工作，确保水路货运的畅通无阻。

未来，北京市将继续加强与周边港口的合作，完善水路货运基础设施建设，提高运输效率和服务质量。同时，将更加注重环保和可持续发展，推动水路货运向绿色、低碳、高效方向发展。此外，还将加强政策引导和支持，为水路货运企业提供更多的发展机遇和市场空间。

二、北京市货物运输现状

（一）北京市货物运输结构

2023年，全市货物运输总量达21272.0万吨，比2022年增长3.7%，其中公路营业性货运量为19399.0万吨，占比为91.2%，比2022年增长4.6%；铁路货物到发量为1737.0万吨，比2022年下降6.6%；航空货邮吞吐量为136.0万吨，比2022年增长21.9%（见表1－14）。

表 1-14　　　　　　　2016—2023 年北京市货物运输综合状况　　　　　　单位：万吨

指标	2016 年	2017 年	2018 年	2019 年	2020 年	2021 年	2022 年	2023 年
公路营业性货运量	19972.0	19374.0	20278.0	22325.0	21789.0	23075.0	18549.0	19399.0
铁路货物到发量	1992.5	1941.5	1925.2	1968.2	1912.4	1959.7	1860.6	1737.0
航空货邮吞吐量	197.1	205.2	209.9	197.8	128.7	158.7	111.6	136.0
合计	22161.6	21520.7	22413.1	24491.0	23830.1	25193.4	20521.2	21272.0

数据来源：北京市交通委员会、中国铁路北京局集团有限公司、首都机场集团有限公司。

从 2016—2023 年三种运输方式的货运量变化来看，公路运输量占比始终在第一位置，平均占比达到 90%。这主要是因为公路建设期短、投资较低，且公路运输能够实现快速运输，能灵活选择行车路线和安排营运时间，具有适应性强的优势。2021 年，由于北京市各项产业逐渐开始恢复营业，货物运输量大幅度增加，公路营业性货运量达到最高峰，为 23075 万吨。2022 年，较多产业发展停滞，全市货物运输总量为 20521.2 万吨，较 2021 年下降 18.5%，其中作为主导运输方式的公路运输，其货物运输量较 2021 年下降 19.6%。直至 2023 年，由于北京市疫情整体得到控制，政府采取了一系列措施支持企业复工复产，北京市生产总值同比增长 5.2%，达到约 4.4 万亿元，呈现强劲的经济复苏势头，全市货物运输总量为 21272.0 万吨，较 2022 年增长 3.7%，其中作为主导运输方式的公路运输的货物运输量较 2022 年增长 4.6%，公路运输量占比仍位居第一，达到 91.2%；铁路运输量占比 8.2%，比 2022 年下降 6.6%；航空运输占比最低，为 0.6%（见图 1-13）。

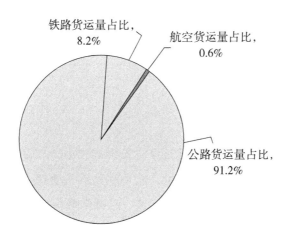

图 1-13　2023 年北京市公路、铁路、航空货运量占比

（二）北京市公路货运量

如表 1-15 所示，2014 年，北京市公路营业性货运量达到近十年来的最高峰，为

25416 万吨。2015 年，固定资产投资、房地产投资下滑导致整体经济环境不佳，出口回落以及制造业恢复缓慢导致货量下滑，油价上涨、工人工资等附加成本增加使运输成本大幅上升，导致当年公路货运量仅有 19044 万吨，较 2014 年下降 25%。随着产业结构的调整，食品业、制造业等快速发展，对公路运输的需求增加，自 2016 年开始，公路货运量整体呈现增长趋势。由于 2022 年疫情严峻，大部分产业均受到较大的影响，公路货运量降至近十年来最低值，仅有 18549 万吨，较 2021 年下降 19.6%。2023 年，疫情得到全面控制，在北京市人民政府的政策支持下，各产业逐渐恢复发展，北京市公路营业性货运量达到 19399 万吨，比 2022 年增长 4.6%；货运周转量约为 256.9 亿吨千米，比 2022 年增长 14.0%。

表 1-15 　　　　　　　　2013—2023 年北京市公路营业性货运基本情况

年份	货运量/万吨	货物周转量/万吨千米	平均运距/千米
2013	24651	1561929	63.4
2014	25416	1651938	65.0
2015	19044	1563562	82.1
2016	19972	1613192	80.8
2017	19374	1592419	82.2
2018	20278	1674068	82.6
2019	22325	2756801	123.5
2020	21789	2656831	121.9
2021	23075	2744131	118.9
2022	18549	2254273	121.5
2023	19399	2569263	132.4

（三）北京市铁路货运量

相较于其他运输方式，铁路运输受防疫政策影响较小，能够保持相对稳定的运输节奏。在疫情期间，铁路口岸运行基本正常，跨境铁路运力变化不大，在一些暴雨洪灾等极端情况下仍能保持安全、快速、准时的运输，且低碳环保。相关数据显示，2023 年北京市铁路货物到发量为 1737.0 万吨，比 2022 年下降 6.6%。其中，货物发送量为 274.1 万吨，比 2022 年下降 16.5%；到达量为 1462.9 万吨，比 2022 年下降 4.5%；货运周转量为 255.5 亿吨千米，比 2022 年下降 6.9%（见图 1-14、图 1-15）。可以看到，北京市的铁路货物到达量始终高于货物发送量，整体发展较为平稳，呈现出增长趋势。这主要是因为北京市作为货物流通的重要节点，具有优越的地理位置、完善的交通网络和发达的物流体系，能够吸引大量的货物在此集散、中转或分发，有较强的消费能力和较大的市场需求。

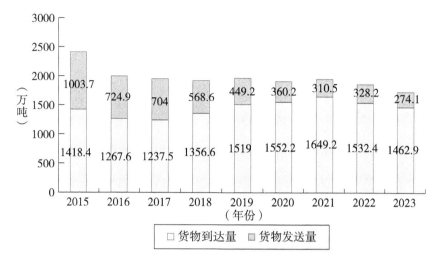

图 1-14 2015—2023 年北京市铁路货物到发量

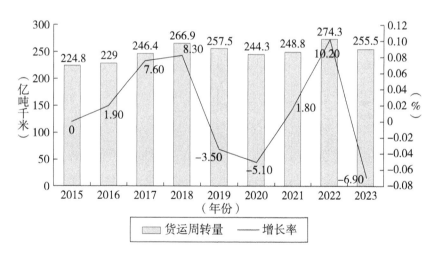

图 1-15 2015—2023 年北京市铁路货运周转量及增长率

数据来源：中国铁路北京局集团有限公司。

（四）北京市航空货邮吞吐量

随着 5G、云计算、大数据、人工智能等技术的不断发展，北京市的数字化转型将进一步加速，北京市的高端制造业将向更加智能化、绿色化、服务化的方向发展。通过技术创新和产业升级，推动制造业与服务业的深度融合，打造具有国际竞争力的产业集群，这为北京市的航空货运带来了新的增长动力。数据显示，2023 年北京航空货邮吞吐总量达到 136.0 万吨，比 2022 年增长 21.9%。其中，货邮发送量为 66.4 万吨，比 2022 年增长 16.3%；到达量为 69.6 万吨，比 2022 年增长 27.7%（见图 1 - 16）。分机场来看，北京首都国际机场货邮吞吐总量为 111.6 万吨，比 2022 年增长 12.8%；北京大兴国际机场货邮吞吐总量为 24.4 万吨，比 2022 年增长 90.6%。

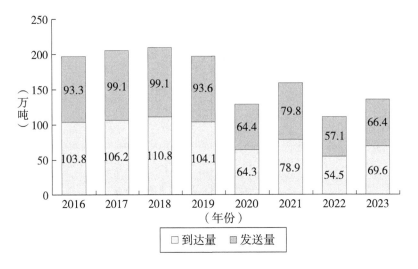

图 1 - 16　2016—2023 年北京市航空货运量

数据来源：首都机场集团有限公司。

（五）北京市口岸及航空"双枢纽"现状

"双枢纽"空港保障能力持续增强。北京首都国际机场已拥有冰鲜水产品、进口肉类等 5 类指定监管场地资质，具备整车进口、全国跨境电商销售医药产品试点、跨境医药电商仓储物流第三方服务资格等完善的口岸服务功能，为国际贸易往来提供了强有力的支撑。北京大兴国际机场进境食用水生动物、进境植物种苗 2 类指定监管场地资质已于 2023 年 2 月获批并投入使用；进境冰鲜水产品、进境水果 2 类指定监管场地立项申请已于 2023 年 3 月获得海关总署批复同意。

口岸监管模式持续优化。一是在北京空港口岸探索开展机坪"直提"创新模式试点，为企业急需通关的货物提供了新的服务通道。二是持续推广天津海港"船边直提""抵港直装"等作业模式，应用率持续攀升。2023 年北京进出口企业在天津港采用"船边直提""抵港直装"作业模式的企业占本市进出口企业总数的 10% 左右，进一步提升了通关时效，使进出口整体通关时间分别比 2017 年压缩 76.14%、91.47%，处于历史最好水平。

口岸信息化服务功能持续完善。一是上线"RCEP 经贸规则一点通"，帮助企业进行最优关税税率筹划，便于企业享受关税优惠政策，提高进出口贸易质量和水平。二是助力京津冀口岸协同发展，推出"京津冀协同服务专区"，企业可登录三地任一"单一窗口"使用服务专区的空运、海运和铁运物流办事功能以及数据应用服务，实现信息共享、数据互联和业务协同。据北京市商务局统计数据，北京国际贸易"单一窗口"已集成标准版 18 大类 781 功能，实现"总对总"对接 28 个国家部委，还建设了 7 大类本地特色应用 31 项子功能，覆盖企业外贸办事、流程跟踪、金融保障、知识获取与数据服务五大核心环节，为进出口企业提供"商流 + 物流 + 通关"的贸易便利化服务。

三、北京市货物运输特点

（一）货物运输以"输入型"为主

北京市作为中国的首都和国际化大都市，其城市定位和功能决定了货物运输的输入性特点。北京市是政治中心、文化中心、国际交往中心和科技创新中心，这些功能都需要大量的外部资源和物资支持。2016—2023 年北京市铁路货物到达量整体呈现增长趋势，远超货物发送量，货物发送量自 2015 年起整体呈现逐年递减趋势，同年的铁路货物到发量的差额最高可达 1188.8 万吨。2023 年，航空货物到达量为 69.6 万吨，比 2022 年增长 27.7%，航空货物发送量整体呈现递减趋势（见图 1 - 17）。随着北京市经济的快速发展和产业结构的不断优化，高端制造业、服务业等产业逐渐成为主导产业。这些产业的发展需要大量的原材料、零部件和消费品等外部物资的输入。同时，北京市的消费市场也非常庞大，吸引了大量的外部商品进入市场，进一步形成了货物运输的输入性特点。

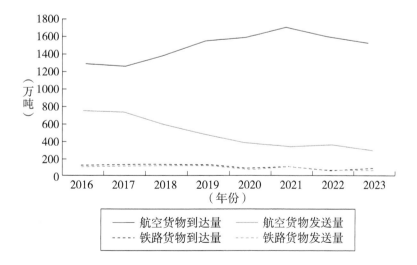

图 1 - 17　2016—2023 年铁路及航空货物到发量发展趋势

数据来源：首都机场集团有限公司、中国铁路北京局集团有限公司。

（二）多式联运发展成绩显著

2023 年，北京市货运多式联运发展成绩显著。北京通过结合公路、铁路等运输方式，形成了高效的综合运输体系。北京市至广州市快速多式联运班列的启动，采用"五定"（固定装车点、运行线、车次、发到时间、运输价格）模式，将运输时速提升至 120 千米/小时，大大缩短了运输时间，由原来的 5～7 天缩短至 33 个小时。同时，北京市积极推进运输结构调整，启动砂石骨料"公转铁"项目，降低了公路运输比例，提高了铁路运输效率，促进了绿色低碳转型。此外，北京市还加强技术革新，利用智能物流平台、大数据分析等技术提升多式联运的效率和服务质量。

依据国务院办公厅印发的《推进多式联运发展优化调整运输结构工作方案（2021—2025 年)》，北京市将加大重点地区的运输结构调整，推动大宗物资"公转铁、公转水"，降低大宗货物中长距离公路运输比例，推进多式联运信息互联共享，健全标准规范，培育多式联运经营主体，提升全过程整合能力。

（三）城市配送占据重要地位

从政府重视和政策红利来看，北京市各级政府始终给予城市配送发展持续的关注和支持，为产业发展提供了良好的外部保障。2018 年印发了《北京市物流业提升三年行动计划（2018—2020 年)》，鼓励城市配送模式的创新应用，并要以城市商贸物流领域为重点，持续推动物流标准化、规范化建设。2019 年北京市人民政府工作报告中提出要落实好城市物流专项规划，推动城市配送仓储智能化、绿色化发展。2019 年，国务院批准了《全面推进北京市服务业扩大开放综合试点工作方案》，明确提出加快推动跨境电子商务综合试验区发展，为跨境电子商务商品配送业务提供了新的发展动力。近年来，北京市也在不断总结城市配送产业的管理经验，战略定位也逐步变得更加科学、系统，由前期简单的大力疏解转变为分类管理，并在 2018 年出台的产业禁限目录中同意发展和建设民生保障类的城市配送产业和设施。2020 年《北京物流专项规划》中明确提出，北京将着力打造"大型综合物流园区（物流基地）＋物流中心＋配送中心"＋"末端网点"的"3＋1"城市物流节点网络体系，确保城市配送的高效性和覆盖面。2022 年《北京市"十四五"时期交通发展建设规划》中指出，要完善城市及农村地区末端配送网络，统筹规划集零售、配送和便民服务等功能于一体的末端配送网点，建设共同配送站、公共取送点、智能快件箱等末端设施，打通城市末端配送"最后一公里"。

从城市物流配送需求来看，消费端"人、货、场"等要素资源的配置形式日益多样，个性化消费需求等也不断提升，社区物流服务、快递物流服务、末端即时物流服务需求持续增长。最近几年，中国电子商务发展迅速，尤其是在北京市，电子商务的业务量呈几何级增长趋势，对仓储和配送的要求更严苛。以快递为例，2023 年北京快递业务量为 227115.2 万件，与 2022 年相比增加了 31486.7 万件，同比增长 16.1%，占全国快递业务量的 1.72%。北京快递业务量月均为 18926.27 万件，与 2022 年相比增加了 2623.89 万件；分月度来看，北京快递业务量于 11 月达到峰值，为 23044.4 万件，与 2022 年同期相比增加了 5493.1 万件；到 2023 年 11 月快递业务量累计为 205408.4 万件，同比增长 15.4%。北京快递业务收入为 311 亿元，与 2022 年相比增加了 19.45 亿元，同比增长 6.7%，占全国快递业务收入的 2.58%。随着电子商务的不断发展，消费需求的逐步上升，快递配送量将更多，且对于配送的服务也会有更高要求。所以，在城市物流配送的最后阶段，面向最终消费者的配送问题依然很大。尤其在重大节日期间，经常发生爆仓、配送不及时等问题。

第五节　北京市物流业发展面临的形势与问题

一、北京市物流业发展面临的风险与挑战

（一）亟须加快培育物流新质生产力，实现物流降本增效

2023 年 9 月 7 日，习近平总书记在哈尔滨主持新时代推动东北全面振兴座谈会时指出：“要积极培育新能源、新材料、先进制造、电子信息等战略性新兴产业，积极培育未来产业，加速形成新质生产力，增强发展新动能。”2024 年 1 月 31 日，习近平总书记在中共中央政治局就扎实推进高质量发展进行的第十一次集体学习时强调，必须加快发展新质生产力，扎实推进高质量发展。物流业正在从规模速度扩张进入质量效率提升的新阶段，迫切需要发展新质生产力，不断满足和创造新的需求。在此背景下，北京市物流业需要主动适应社会主要矛盾的变化，发展新质生产力，实现物流降本增效，驱动物流行业高质量发展，更好地发挥其连接生产和消费、畅通国内大循环的关键支撑作用；需顺应新质生产力的发展需求，采取数字化、智能化及绿色化的发展策略，实现物流行业的全面转型；要从创新物流装备技术、丰富物流领域消费供给、提高现代物流的持续发展能力和全领域循环运行水平三个方面有效发挥现代物流对培育新质生产力的战略支撑和先行牵引功能。

（二）促进现代物流与先进制造业融合，实现高质量发展

为了进一步发展壮大战略性新兴产业，必须积极推动服务业的繁荣发展。这要求现代物流业能够适应现代产业体系对多元化和专业化服务的迫切需求。现代物流业需要深度嵌入产业链和供应链，从而有效地促进实体经济的降本增效。通过这种方式，现代物

流业将能够显著提升其价值创造能力，进而推进产业基础的高级化和产业链的现代化进程。这不仅有助于提高整个产业体系的效率和竞争力，还能为经济的可持续发展提供强有力的支持。

为促进现代物流和先进制造业高效融合，推动产业链拓展延伸、创新链精准适配、供应链安全可靠、价值链高端跃升，为首都高质量发展提供支撑。2023 年 2 月，《北京市发展和改革委员会等 11 部门关于北京市推动先进制造业和现代服务业深度融合发展的实施意见》明确提出，要促进现代物流和制造业高效融合。引导大型流通企业向供应链集成服务商转型，提供专业化、一体化的供应链管理服务。支持物流企业与制造企业协同共建供应链，培育一批具有全球竞争力的物流供应链创新示范企业。提升物流系统智能化、自动化水平，提高物流信息平台运力整合能力，推广应用物流机器人、智能仓储、自动分拣等新型物流技术装备。加强"双枢纽"机场与制造业园区协同，支持航空货运高效保障先进制造业上下游物流需求。

（三）确保首都市场供需平衡，健全现代市场和流通体系

中共中央、国务院印发《扩大内需战略规划纲要（2022—2035 年)》，明确指出健全现代市场和流通体系，促进产需有机衔接。发展现代物流体系。围绕做优服务链条、做强服务功能、做好供应链协同，完善集约高效的现代物流服务体系。促进现代物流业与农业、制造、商贸等融合发展。

北京市作为超大城市，满足内需是其经济保持持续活力和强健的底盘。坚持将扩大内需作为战略基点，加快培育和完善一个完整的内需体系，需要构建一个能够适应城乡居民消费升级需求的现代物流体系。增强供给体系对内需的适配性，能够以高质量的供给来引领、创造和扩大新的需求。这意味着需要不断优化供应链，提高物流效率，确保商品和服务能够快速、高效地到达消费者手中。同时，还需要注重提升产品质量和服务水平，以满足消费者的多样化和个性化需求。这些措施能够更好地激发市场活力，促进经济的持续健康发展。

（四）创新智慧物流模式，建设"多快好省"首都物流高地

《北京市"十四五"时期智慧城市发展行动纲要》明确指出，在"四梁八柱深地基"框架基础上，夯实新型基础设施，推动数据要素有序流动，充分发挥智慧城市建设对政府变革、民生服务、科技创新的带动潜能，统筹推进"民、企、政"融合协调发展的智慧城市 2.0 建设。这对于物流业而言，不仅要求加快布局自动化物流等典型场景的示范应用，也对现代物流的数字化、网络化和智慧化提出了更高的要求。为适应这一趋势，北京市亟须打造一种科技含量高、创新能力强的智慧物流新模式。这种新模式将充分利用

先进的信息技术，如物联网、大数据、云计算和人工智能等，以实现物流过程的智能化和自动化。这种智慧物流新模式可以显著提高物流效率，降低成本，提升服务质量，从而更好地满足市场需求，推动整个物流行业的可持续发展。

（五）发挥国际交往中心优势，打造全球供应链枢纽城市

2020年12月1日，北京市规划和自然资源委员会正式对外公布了《北京物流专项规划》。该规划为北京市中长期物流发展蓝图，明确指出，至2035年北京市将致力于构建一个安全、高效、绿色、共享且智能化的物流体系，以支撑其成为"国际一流的和谐宜居之都"。北京市将重点建设"大型综合物流园区（物流基地）+物流中心+配送中心+末端网点"的"3+1"城市物流节点网络体系，目标是到2035年，进一步降低物流成本，使社会物流总费用占GDP的比率降至10%以下。紧接着，2021年11月，北京市发展改革委发布了《北京市发展和改革委员会关于印发北京市"十四五"时期现代服务业发展规划的通知》，提出了"超大城市流通体系优化行动"，旨在构建一个高效便捷的流通网络，并致力于打造全球供应链枢纽城市，推动流通服务模式的创新与升级。这一系列规划既为北京市未来的物流发展带来了严峻挑战，也提供了前所未有的发展机遇。

二、北京市物流发展存在的问题

（一）运输效率不足与综合成本高

2017年，中共中央、国务院批复《北京城市总体规划（2016—2035年）》，在明确减量发展总体战略的同时，北京市启动"疏解整治促提升"专项行动，大量低效低标、建设无序且不符合国土空间规划的物流设施，成为腾退与疏整促工作的重点关注对象。随着北京"非首都"功能的迁移，北京物流业由内向型聚集转变为外向型疏散，人才、资本、技术和信息等高级生产要素的外溢，给北京物流业带来巨大发展压力。

一是物流需求与供给之间的矛盾日益加剧。随着非首都功能的疏解，众多物流企业及仓库被关闭或迁移，导致北京物流供给能力大幅下降，这直接影响了物流服务的效率和可靠性，许多外地电商因配送时效问题而拒绝接收来自北京的订单，从而加剧了物流服务需求与供给之间的矛盾。二是为应对疏解政策，物流企业需要重建分拣中心和配送体系，这增加了运营成本。同时，招聘新员工和调整业务模式也需要额外投入，导致物流服务成本显著增加。三是物流枢纽地位亦发生变化。北京作为华北地区物流枢纽的地位受到挑战，许多物流企业选择将业务转移到其他城市，如河北有计划建设快递园区和快递枢纽，以承接北京市的物流中转功能，这进一步削弱了北京市的物流枢纽地位。

综上所述，有序疏解非首都功能是北京市的一项重要任务，其中涉及一般低端物流

业态及配套物流设施的疏解转移，相关物流需求会相应收缩和下降。作为特大型城市，由于受空间资源、交通承载、能源环境的现实制约，客观上要求物流业调整发展战略，优化产业结构，创新商业模式，加强区域联动，实现集约式发展。多式联运通过优化运输方式组合，能够提高运输效率，降低整体物流成本，有助于提升北京市在物流网络中的竞争力，缓解成本增加和枢纽地位变动所带来的压力。

（二）设施布局分散及用地紧张

北京市物流设施布局分散及用地紧张问题近年来越发凸显，严重制约城市物流高效运作与可持续发展。在布局分散方面，物流产业涉及多部门管理，各部门管理范畴和视角不同，难以形成统一且具前瞻性的布局规划理念与政策框架，部门间协调联动不畅，阻碍了物流设施布局的系统性构建。商业部门、各区县以及众多企业等多元主体参与物流规划，各自为政，缺乏整体性协调机制，导致物流基地与园区在功能界定、服务辐射范围等核心要素上界限模糊，资源难以精准投放与高效整合，布局混乱低效。小规模运输企业和个体运输户在道路货物运输企业中占比高，平均运力有限，这种分散化市场格局阻碍了规模经济的形成，使物流成本居高不下，削弱了整体竞争力，也间接影响物流设施的布局优化。同时，物流基础设施分散，信息平台建设滞后，企业间信息交互受阻，供应链协同管理难以实现，社会物流资源无法有效整合，降低了物流系统的运行效率与服务质量。传统仓储设施功能单一、设备老化，集装箱拆装箱场所及管理措施缺失，使物流设施的布局无序且低效。

在用地上，北京市基于城市总体规划对城乡建设用地存量进行严格把控，依据《北京城市总体规划（2016年—2035年）》，严格把控城乡建设用地存量，削减建设用地规模，昌平、顺义、房山等区域的工业仓储用地受冲击，物流用地获取空间大幅压缩。中心城区实行严格限制政策，三环路以内严禁新建与扩建物流仓储设施，在疏解一般性制造企业的同时，原有的物流仓储资源越发稀缺，租金成本持续上涨，加重了物流企业运营负担，冲击了中心城区物流配送网络，降低了配送时效性与灵活性。从市场供需来看，全球化与经济转型使物流仓储需求增长，但用地供应严重不足，全国近半数园区受土地资源制约，北京市作为超大型城市，土地资源稀缺性更为突出，物流用地紧张成为制约行业发展的瓶颈。而且，北京市物流用地利用效率低，多数物流设施为单层库，空间利用率有限，亟待通过技术创新与模式转型，向多层库、立体库等集约化、高效化土地利用方式转变，以缓解用地紧张局面，提升土地产出效益，推动物流产业高质量发展。

（三）乡村地区配套设施不完善与功能缺失

从基础设施布局来看，当前北京地区的存量物流基础设施网络呈现出城市地区较为发达而乡村地区相对薄弱的格局。这种不平衡的现状在新发展格局下对产业布局和内需消费的支撑与引领作用显得不够充分，物流服务的供给与需求之间存在一定的不匹配现象，表现为低端服务的供给过剩，中高端服务的供给不足。

升级物流基地配套设施能够提升物流服务的综合能力，完善物流功能，为各类专业物流和民生保障物流提供更好的支持，从而促进物流服务水平的提升，改善物流供需不匹配的状况。

北京市仍需加强县域商业体系建设，通过中央财政资金推进县域商业建设行动，主要聚焦县域商业体系中的市场缺位和薄弱环节，发挥县城和乡镇的枢纽、节点作用，加快补齐基础设施和公共服务短板，辐射带动县域商业整体提升。从基础设施建设类型来看，当前北京市在农村物流、冷链物流、应急物流、航空物流等专业物流和民生保障领域物流体系建设方面仍需进一步完善。这些领域在基础设施建设、技术应用和管理能力等方面仍有较大的提升空间。现代物流在嵌入产业链的过程中，深度和广度仍然不足，供应链服务的保障能力尚未达到理想状态，对畅通国民经济循环的支撑作用还有待进一步增强。

（四）协同合作困难与资源整合不足

此外，行业协同治理水平仍需提升。尽管近年来北京市物流行业在资源整合、信息化建设等方面取得了一定进展，但在跨部门、跨区域的协同合作方面仍存在诸多挑战。

各相关企业与不同层级的政府部门之间尚未构建起完善且流畅的信息交互渠道，如企业运营数据、物流资源分布信息、市场需求动态等未能在一个统一、透明且高效的信息平台上实现实时共享与深度整合。这就导致了在物流运作过程中，企业可能因无法及时获取政府部门的政策导向信息而盲目规划业务布局，政府部门也可能由于缺乏企业层面的精准物流数据而难以制定贴合实际需求的产业扶持政策与监管措施。

由于物流行业涉及工商、交通、税务、海关等多个政府部门的职能管辖范围，不同部门基于自身的管理目标与职责设定所出台的政策往往缺乏有效的协调与衔接机制。这就使物流企业在面对众多政策法规时常常无所适从，需要耗费大量的人力、物力与时间成本去解读与适应不同政策要求，甚至可能因政策之间的冲突与矛盾而陷入运营困境。比如，海关部门为了加强进出口货物监管而制定的严格报关流程与检验检疫标准，可能与商务部门为了促进对外贸易而推行的便利化政策在某些环节上存在操作上的冲突；税务部门关于物流企业税收征管的政策调整若未与交通部门的运输资质管理政策相协调，可能导致部分物流企业在税收合规与运输业务拓展之间难以平衡，影响企业的正常发展与行业整体竞争力的提升。

跨部门、跨区域的资源整合力度远远不足。物流基础设施如仓储中心、物流园区、交通枢纽等的建设与运营往往分属不同的部门或地区管理，缺乏统一的规划与协同运作机制。这使物流资源在区域间分布不均衡，设施之间的衔接与配套不完善，难以形成规模化、集约化的物流运作网络。例如，在京津冀协同发展的大背景下，北京、天津、河北三地的物流资源本应实现优势互补与协同整合，但由于三地在物流规划、基础设施建设标准、运营管理模式等方面存在差异，物流资源的跨区域流动与共享存在诸多障碍，无法充分发挥区域物流一体化的协同效应，从而降低了整个区域物流系统的运作效率与服务质量。

（五）数字化程度不足与成本效益差

北京市物流数字化程度不足，致使成本效益困境呈现多维度的显著特征。在运输环节，由于数字化信息平台的缺失或不完善，物流信息的传递与整合严重受阻。各物流企业之间以及企业与上下游客户之间难以构建起高效的信息共享机制，致使运输资源无法实现精准配置。运输车辆的调度决策往往缺乏实时且全面的数据支持，从而频繁出现空驶与迂回运输等非优化运输路径选择现象。

仓储管理领域深受数字化程度不足的影响。传统仓储模式主导下，仓库空间布局缺乏基于数字化模型与算法的科学规划，货物存储的随机性与无序性较为突出，空间利用率远低于数字化管理下的理想水平。库存管理缺乏精准的数字化监测与预测手段，无法依据市场需求动态变化及时调整库存水平，库存积压与缺货风险并存，这不仅增加了库存持有成本，缺货导致的销售机会丧失以及客户满意度下降等隐性成本亦不容小觑。

从决策层面来看，物流数字化程度低下严重制约了企业决策的科学性与及时性。在缺乏大数据采集、存储与分析能力的情况下，企业难以获取全面、准确且具有时效性的业务数据。运输计划制订、合作伙伴筛选、战略业务调整等关键决策过程更多依赖主观经验与定性判断，而非基于数据驱动的定量分析与模型优化。这种决策模式的缺陷在复杂多变的市场环境中极易引发决策失误或决策滞后，进而导致企业运营效率降低、成本增加以及市场竞争力削弱。

在业务流程方面，数字化技术应用的匮乏致使物流业务流程呈现出高度的人工依赖与纸质化特征。例如，订单处理、报关报检、费用结算等核心流程环节，人工操作较多，不仅效率低下，而且极易产生人为错误与信息传递延误。

从客户服务维度来看，物流数字化程度不足使得货物运输过程的可视化程度极低。客户无法实时、精准地获取货物运输状态、位置及预计到达时间等关键信息，这不仅增加了客户的等待焦虑感，更在实际运营中因信息沟通不畅导致货物交付延迟、错发漏发等问题频发，严重影响客户满意度与忠诚度。

数据的封闭性与不兼容性使物流资源难以在更大范围内实现优化配置与协同共享。

众多中小物流企业因缺乏数字化平台的连接与整合，只能在低水平的分散经营状态下重复建设物流设施与设备，导致资源闲置与浪费现象严重，整个行业的资源利用效率难以提升，规模经济效益无法充分发挥，进一步加剧了企业个体的成本负担与效益困境。

（六）货运交通拥堵与配送模式单一

城市物流配送作为一种社会化流通体制和高效的现代化物流方式，在与城市交通系统产生冲突时，会制约首都物流经济的发展。由于城市物流配送更多的是短距离配送过程，是直接面对消费品的流通，所以也常常被称为"最后一公里流通"，它是众多消费品流通供应链和工业品销售供应链的重要组成部分。针对目前城市物流配送与交通系统的矛盾，如早晚高峰的交通拥挤叠加效应与交通安全恶化现象，北京市出台了相应的交通管制措施，主要内容为限行政策、货运车辆和特殊车辆管控。

由此，在快递运输车辆行驶过程中，若遭遇交通管制，配送时效将不可避免地受到影响。快递企业需要严格遵守交通管制的相关规定，在管制解除前无法继续配送工作，从而导致配送时间延长。在城市实施限行政策的背景下，北京市的物流成本显著上升，对物流行业的发展构成了制约。面对交通管制等不可抗力因素，快递企业应密切关注交通管制的最新动态，并及时调整配送路线和计划，以确保快递物品能够顺利送达。由于配送时效和成本的增加，客户的满意度可能会受影响。

第六节　北京市物流业发展的对策与趋势研判

一、北京市物流发展趋势

（一）培育新质生产力，推动物流高质量发展

政府工作报告中将"大力推进现代化产业体系建设，加快发展新质生产力"列为2024年政府工作首要工作。习近平总书记在二十届中共中央政治局第十一次集体学习时也强调，"发展新质生产力是推动高质量发展的内在要求和重要着力点"。

北京市正在促进物流领域新质生产力的发展，积极推动科技创新与应用，如京东物流利用北斗高精融合定位技术，自主研制智能配送车和监控平台，提升了智能配送车在复杂场景下定位的准确性。同时，北京市鼓励开展物流业关键技术的研发，推广应用绿色物流技术，促进节能减排，提升物流业整体效率。此外，在政策支持与资金投入方面，《北京市物流业调整和振兴实施方案》中提到，将加大科技投入力度，组织实施北京现代物流关键技术支撑专项，开展现代物流关键技术、管理技术和绿色物流技术的研究开发。对于关系民生的城市保障型物流设施、物流公共基础设施、物流产业结构升级以及信息

化、集约化示范等重点项目，北京市加大政策引导和资金支持力度。为发挥物流业对高端创新资源配置的支撑作用，北京市推动物流业与科技创新产业联动发展，增强对中关村国家自主创新示范区供应链一体化服务能力。在电子商务物流发展方面，北京市支持电子商务企业、快递企业加强物流配送网络建设，构建信息化、便捷化、智能化的电子商务物流体系。在人才培养和引进方面，北京市充分发挥首都科技、教育资源优势，加大人才培养和培训的力度，制定物流人才激励政策，引进国内外优秀物流专业人才。

综上所述，北京市物流领域正通过科技创新、绿色物流、政策支持、供应链一体化服务以及电子商务物流发展等多方面举措，积极发展新质生产力，推动物流业向绿色、高效、智能化方向转型升级，进而推动北京市物流高质量发展，以适应新时代的发展趋势。

（二）发展物流数字经济，推进全链条智能升级

《"十四五"现代物流发展规划》指出，要强化物流数字化科技赋能，包括加快物流数字化转型、推进物流智慧化改造以及促进物流网络化升级。智慧物流行业，借助智能软硬件、物联网、大数据等，实现物流的精细化、动态化与可视化管理，提升物流效率。北京经济技术开发区管理委员会发布《关于促进生产性服务业高质量发展的若干措施》，提出将努力打造智慧物流高地，着眼于推进交通运输与物流融合、物流与产业统筹发展，重点提升现代物流业数智化、绿色化水平，引导物流、快递服务融入制造业采购、生产、仓储、分销、配送等环节，有效降低全社会物流成本。北京经济技术开发区将加快智慧物流全链条智能升级，进一步推进行业科技创新成果应用，为物流行业信息化、智能化、低碳化发展注入新活力。物流行业作为经济高速发展的动力引擎，将依托科技创新赋能开启数智化转型新未来。

（三）发展绿色低碳经济，形成绿色低碳供应链

中共中央、国务院出台了《关于加快经济社会发展全面绿色转型的意见》，将推动经济社会发展绿色化、低碳化作为实现高质量发展的关键环节，坚定不移走生态优先、节约集约、绿色低碳发展道路，推动生产方式和生活方式绿色转型。在第十四届全国人民代表大会第二次会议的政府工作报告中提出，要加强生态文明建设，推进绿色低碳发展。要深入践行绿水青山就是金山银山的理念，协同推进降碳、减污、扩绿、增长，建设人与自然和谐共生的美丽中国。大力发展绿色低碳经济，推进产业结构、能源结构、交通运输结构、城乡建设发展绿色转型。落实全面节约战略，加快重点领域节能节水改造。完善支持绿色发展的财税、金融、投资、价格政策和相关市场化机制，推动废弃物循环利用产业发展，促进节能降碳先进技术研发应用，加快形成绿色低碳供应链。建设美丽

中国先行区，打造绿色低碳发展高地。《"十四五"现代物流发展规划》要求将绿色环保理念贯穿现代物流发展全链条，提升物流可持续发展能力。坚持总体国家安全观，提高物流安全治理水平，完善应急物流体系，提高对重大疫情等公共卫生事件、突发事件的应对处置能力，促进产业链供应链稳定。

第五届京津冀物流节也提出，在全球气候变化与可持续发展的背景下，绿色供应链已成为行业发展的必然选择。农产品物流领域也不例外，环保包装、节能减排、碳中和等理念正逐步融入物流实践。通过采用新能源动力、环保材料、优化包装设计、减少包装废弃物等措施，相关企业在保障农产品安全的同时，积极履行社会责任，推动农业生产的绿色转型。

（四）深化区域协同联动，实现京津冀物流协同发展

京津冀协同发展是习近平总书记提出的战略规划。党的二十大报告再次强调，促进区域协调发展。要求深入实施区域协调发展战略，推进京津冀协同发展、长江经济带发展、长三角一体化发展，推动黄河流域生态保护和高质量发展。区域协调发展战略的深入实施，有望带动物流资源向城市群、都市圈和重点区域集聚，这给区域物流带来了重大发展机遇。

《中共北京市委关于制定北京市国民经济和社会发展第十四个五年规划和二〇三五年远景目标的建议》中指出，综合考虑未来发展趋势和条件，坚持战略愿景和战术推动有机结合，坚持目标导向和问题导向有机统一，努力实现京津冀协同发展水平达到明显提升，疏解非首都功能取得更大成效，城市副中心框架基本成型，"轨道上的京津冀"畅通便捷，生态环境联防联控联治机制更加完善，区域创新链、产业链、供应链布局取得突破性进展，推动以首都为核心的世界级城市群主干构架基本形成。

京津冀物流产业协同发展迅速，区域物流市场规模大幅增长。2023 年京津冀物流业增加值达 5643.5 亿元，10 年增长近 2000 亿元。自 2007 年以来，京津冀三地行业组织加强合作，推动建立京津冀物流协同发展机制，轮流组织召开京津冀物流合作发展论坛。同时，北京市正加快打造"轨道上的京津冀"，拓展"半小时通勤圈""一小时交通圈"，如天津城区到大兴机场的津兴城际高铁的建成及运营，显著提升了区域间的通勤效率，这为物流行业的快速发展提供了坚实的交通基础。

（五）拓展国际物流通道，推动物流服务国际化

《"十四五"现代物流发展规划》提出，要"构建国际国内物流大通道"以及"加快国际物流网络化发展"。北京市正在依托空港型国家物流枢纽建设，积极拓展国际物流通道，鼓励中外航司增加运力，构建通达全球的航线网络，以此增强"双枢纽"的国际货

运承载力。同时，推动多式联运发展，通过不同运输方式在基础设施、物流装备、操作规范等方面的对接和统一，优化京津冀区域社会运力配置，提高国际物流效率和竞争力。

结合"一带一路"建设和北京"国际交往中心"的定位，北京市鼓励物流企业"走出去"，与商贸龙头企业共同组建国际物流市场主体，打通国际物流通道，开展跨境物流服务。以北京新机场建设为契机，推进跨境电子商务物流设施建设，支持集约化、高端化、国际化发展模式，促进跨境电子商务与国内市场融合发展。优化物流基地规划布局，提高基地的国际化服务能力，如北京空港物流园区依托北京首都国际机场的航空运输优势，主要提供国际物流服务和货物中转服务。此外，支持有条件的企业设立海外仓，构建跨国境跨关区的国际物流服务体系，以提升企业的国际市场竞争力。

这些措施共同推动了北京市在国际物流领域的发展，旨在提升北京市在国际物流中的竞争力和影响力，构建一个更加高效、绿色、可持续的国际物流体系。

二、北京市物流业高质量发展对策

（一）以多式联运为突破，提升综合货物运输效率

一是加快推进京津冀铁路货运环线建设，强化与天津港、唐山港等的联动发展。加快发展公铁海联运、航空货运，发挥中欧班列和城际班列的优势，优化调整物流运输结构，提高"公铁海航"综合运输效率。支持"一市两场"货运航线发展，统筹规划全货机业务，重点发展中转、冷链、多式联运等特色业务，满足对高端消费品和国际国内快件服务需求，服务建设国际消费中心城市。加快综合货运枢纽多式联运换装设施与集疏运体系建设，统筹转运、保税、邮政快递等功能，提升多式联运效率与物流综合服务水平。推进北京空港、陆港与天津港的融合，加强与唐山港、黄骅港等港口群的对接，用好津冀出海通道，建设安全绿色、畅通高效的货物运输体系。发展集装箱海铁联运，研究开行北京—天津港集装箱铁路班列。合理利用天津港与马坊海铁联运班列，支持具备条件的物流基地和重点企业引入铁路专用线，提升海铁联运发展水平。完善新型一体化联运转运衔接设施规划布局，有效衔接公、铁、水、空多种运输方式，提升陆海空多式联运组织能力。

二是建立健全多式联运经营主体相关制度，完善业务规则，推广标准化多式联运单证。培育多式联运经营主体，发展集装箱公铁、铁水联运，加快推进一单制、一箱制，推广带托盘运输等集装化运输模式，创新打造稳定运行、品牌化的多式联运产品。统一协同各种运输方式规则标准，加强设施衔接、信息共享、标准协同、安检互认。加强统筹协调和要素保障，分层制定专用线建设目录和推进方案，夯实推进铁路延伸至码头、进园区、进厂矿。

三是引导企业创新多式联运全程运输组织模式，加快推进甩挂运输、多式联运等运输试点项目，强化对无车承运试点企业运营情况的跟踪，研究适时扩大无车承运试点范围。同时，全面规范机场、铁路、公路经营性收费。禁止限定经营、强制服务、强行收费行为，清理强制对进出港（场）企业收取的不合理费用以及有关部门依附铁路运输向货主、铁路专用线产权或经营单位、铁路运输企业收取的不合理费用，加强对铁路运输企业收费行为的监管，督促企业落实明码标价制度，规范企业收费行为。

（二）以城郊大仓为载体，推进物流设施集约布局

第一，加快推进城郊大仓试点建设。依托平谷区的京平综合物流枢纽、铁路及农业资源等，试点推进"平急两用"公共基础设施建设，积极打造城郊大仓基地。积极谋划推动现代物流行业向绿色化、数智化、集享化发展，以城郊大仓为载体，积极推进物流仓储设施、分拨配送设施等的集中集约布局，形成产业集聚，以更好地降本增效，更好地为北京超大城市的保供做好服务，同时带动地方经济的发展。探索多方主体共同参与的现代物流产业生态体系建设，为首都建设国家服务业扩大开放综合示范区和自由贸易试验区提供现代化物流支撑。

第二，加快完善城郊大仓基地功能。以平时服务、急时应急、快速转换为导向，补齐城郊大仓基地设施短板和能力缺口，健全应急服务功能，强化平台调度能力，打造外集内配、平急结合、数智共享的城市消费物流组织平台和生活物资应急调配中心。一是增强基本服务功能。加强常温存储、冷藏冷冻、临时中转等仓储能力建设，实现生鲜、冻品、干货等食品和其他生活物资分区域储存。鼓励高标准仓库、自动化立体库、自动分拣等设施建设，配套完善流通加工、统仓共配等功能，加大循环包装等节能环保新技术、新材料应用。畅通城郊大仓基地集疏运网络，加强对接公路、铁路、航空、水运等干线运力的转运设施建设，补齐城市配送设施短板，增强甩挂运输、分拣配送等快速中转能力。二是提升应急保供能力。结合北京市消费特点制定城郊大仓基地重要生活物资储备目录清单，按照重要生活物资保障天数要求动态保持一定数量的生鲜农产品、粮油和其他生活物资库存。建立城郊大仓基地仓储、商贸、配送、运输等重点保供企业名单，建立健全应急调度和指挥系统，开展应急演练，确保紧急状态下城市生活物资流通不断不乱和运行可靠。三是夯实"平急两用"功能。开展基地内仓储、分拣、配送等设施"平急两用"改造提升，合理划分基地功能区域，优化场内动线通道设计，满足紧急状态下仓储、运力等资源快速调度以及开通"绿色通道"、实施闭环管理等需要，保障应急物流通道畅通，为外部应急物资调运接驳、分拣配送等提供有力支撑。四是加强平台化组织能力。充分发挥信息平台数据联通、资源配置、供需匹配等作用，支持物流企业、生活物资经营主体间信息交互与业务整合，提高仓配一体化能力。通过拓展现有信息平台

功能或适当新建方式，强化平台应急功能，有机嵌入城市生活物资应急保供体系，提高基地应急资源统筹管理和调度能力。加强面向消费和应急保供的仓储及流通数据监测，实时掌握生活物资存储配送资源底数，提高生活物资保供实效。

第三，强化城郊大仓基地与重大物流基础设施协同联动。围绕优化完善城市消费物流体系、支持流通经济创新发展，扩大高质量物流服务供给，引领和创造有效需求，共创产业链增值新空间。一是加强城市配送网络集成。发挥城郊大仓基地仓储资源优势，加强城市配送资源集聚整合，打造城市顶层公共仓储配送中心，引导各类快递、电商、城市配送企业依托城郊大仓基地建立共同配送服务网络，提高仓配运行效率。发挥城郊大仓基地城市消费物流组织平台功能，强化与城市末端配送网点、前置仓、超市、社区菜店、便利店等对接合作，构建结构合理、运行集约的城市配送网络体系。二是融入国家骨干物流网络。推进以城郊大仓基地与国家骨干冷链物流基地、服务生活物资流通为主的国家物流枢纽等重大物流基础设施高效衔接。发挥城郊大仓基地专业服务能力强，国家骨干冷链物流基地和国家物流枢纽资源聚集能力强、服务辐射范围广的组合优势，完善"国家骨干冷链物流基地 + 城郊大仓基地"的生活物资物流设施网络，提高城市配送网络与骨干物流通道一体化运行水平，增强城郊大仓基地跨区域、大规模调度生活物资能力。三是推动流通经济创新发展。支持城郊大仓基地发挥集运能力强、配送网络广、物流成本低的优势，加强与批发、零售、商超、电商等经营主体有效对接，扩大城市生活物资流通规模效益，促进商贸流通业提质增效。依托基地物流、商贸资源集聚优势，拓展商品交易、中央厨房、生鲜食材配送等增值服务功能，发展"即时零售 + 前置备货""预制化食品 + 冷链配送"等线上线下融合新模式。利用城郊大仓基地贴近消费市场条件，创新"订单农业 + 直采直供""订单生产 + 统采分销"等供应链组织模式。

（三）以物流基地为核心，升级完善物流配套设施

一是健全城市物流节点网络体系。以增强城市运行保障能力为核心，着力构建"大型综合物流园区（物流基地）+ 物流中心 + 配送中心 + 末端网点"的"3 + 1"城市物流节点网络体系。推动存量综合物流基地用地集约高效利用，加快平谷马坊等6个物流基地规划建设和转型升级，加大政府投资支持力度。合理利用存量土地资源，完善各区综合服务型物流中心、专业类物流中心、配送中心等物流设施规划建设。加强与北三县、天津武清、河北涿州等周边大型物流集散区的协同与衔接。

二是推进冷链设施建设与改造升级。首先，北京市应推进国家骨干冷链物流基地建设，支持建设具有集中采购和配送能力的冷链物流中心。推动冷链物流设施、装备与技术改造升级，支持利用老旧工业厂房改造建设冷链物流基础设施。加强农产品冷链物流配送网络建设，完善连锁企业生鲜配送中心和大型农产品批发市场的冷链配套设施，根

据北京市的农产品生产、消费和流通情况，加强农产品仓储保鲜和冷链物流设施建设，健全农产品冷链物流体系，鼓励物流设施共建共享共用，引导冷链物流基础设施升级。优化冷库的布局，在农产品主产区和消费集中区建设大型冷库，提高冷库的覆盖率和利用率。鼓励采用先进的制冷技术和设备，提高冷库的保鲜效果和能效比。同时，推动老旧冷库的升级改造，提升冷库的整体技术水平。其次，北京市应完善冷链物流运输网络，鼓励物流企业增加冷链物流车辆的配备，提高冷链物流的运输能力和效率。同时，推动新能源冷藏车的应用，降低运输过程中的碳排放。利用大数据、人工智能等技术，对冷链物流运输路线进行优化。通过科学合理的路线规划，减少运输距离和时间，降低运输成本。此外，推动构建城市末端冷链配送设施网络，鼓励利用连锁超市门店、便利店、社区菜店资源，通过安装冷藏柜、冷藏箱、冷藏自提柜等设施，提供"最后一公里"末端冷链配送服务。最后，北京市应加强冷链物流信息化建设，整合冷链物流信息资源，建立冷链物流信息平台，通过平台实现冷链物流信息的实时共享和协同，提高冷链物流的透明度和可追溯性。鼓励物流企业应用物联网技术，对冷链物流运输过程进行实时监控和管理，以确保冷链物流过程中的温度控制和质量安全。

三是完善应急储备设施网络布局。推进一批公共卫生安全应急保障基地建设，利用学校、体育场馆等公共场所地下空间规划建设复合型应急仓储设施。加强粮食储备与应急保障，优化粮食应急加工、发放网点布局，加快北京粮油食品应急保障中心等重大项目建设，构建绿色智能的粮油仓储物流体系。建立京津冀应急物资协同保障机制，支持政府储备物资生产基地、存储设施在津冀蒙等对口帮扶地区布局。

（四）以企业联盟为平台，实现多方主体共同参与

支持龙头企业牵头组建联盟、搭建智慧平台，构建现代供应链体系，促进现代流通与产业链深度融合。发挥物流头部企业的作用，推动产业链供应链的整体优化和整合衔接。支持物流企业与先进制造业企业协同共建供应链，培育一批具有全球竞争力的物流供应链创新示范企业。鼓励批发、零售、物流等领域品牌企业整合供应链资源，构建采购、分销、仓储、配送供应链协同平台，推动上下游、产供销、大中小企业协同发展。提升跨境供应链服务能力，以自贸试验区、综合保税区为重点，加强国际贸易供应链企业聚集，增强国际中转、国际采购、国际配送、转口（离岸）贸易等功能。发挥中央企业对石油、天然气、贵金属、粮食等大宗商品的集配优势，支持搭建电子交易平台，积极争取国际定价权，增强"优进优出"和高效配置资源能力。支持龙头商贸流通企业创建具有充分议价权的国际采购联盟，建设跨国采购中心和连锁分销中心，提升资源集成能力。推动航空货运、邮政快递等领域龙头企业对接国际物流通道，加快境外节点设施布局。

（五）以数字技术为支撑，驱动物流行业降本增效

一是推动物流数智化发展。提高物流实体硬件和物流活动数字化水平，鼓励开展重大物流技术攻关，促进大数据、5G 和北斗卫星导航系统等技术的广泛应用，推动重要物流装备研发应用、智慧物流系统化集成创新，发展"人工智能＋现代物流"。推进传统物流基础设施数字化改造，加快智慧公路、智慧港口、智慧物流枢纽、智慧物流园区等新型设施建设。鼓励发展与平台经济、低空经济、无人驾驶等相结合的物流新模式，健全和优化管理标准规范，支持企业商业化创新应用。促进物流平台经济创新发展，鼓励物流技术创新平台和龙头企业为中小物流企业数智化赋能。试点推动物流业、高端制造业深度融合创新发展，推广无人车、无人船、无人机、无人仓以及无人装卸等技术装备，加强仓配运智能一体化、数字孪生等技术应用，创新规模化应用场景。支持符合条件的物流技术装备研发制造业企业按规定申请认定高新技术企业，依法享受相关税收优惠。

二是加快物流绿色化转型。制定绿色物流重点技术和装备推广目录，支持物流枢纽场站、仓储设施、运输工具等绿色化升级改造。开展绿色物流企业对标达标行动。支持开展物流领域碳排放核算及相关认证工作，构建物流碳排放计算公共服务平台。加大新能源物流车在城市配送、邮政快递等领域的应用力度。研究中重型货车零碳排放技术发展路径。持续推进物流包装绿色化、减量化、可循环。推动建立船用清洁燃料供应保障体系。

三是数字化驱动流通服务创新升级。一方面，培育新兴流通服务业态。加快建设中国（北京）跨境电子商务综合试验区，引导企业加大跨境电商海外仓建设力度，探索推进跨境电商体验消费新模式。推动物流企业加强大数据、人工智能、物联网等信息技术的应用，聚焦运输方式、末端组织、物流装备等领域，积极发展嵌入式物流、仓配一体化物流、第四方综合物流等现代物流服务，培育一批网络型龙头物流企业。另一方面，支持传统流通服务升级。鼓励传统商贸流通数字化、平台化升级，拓展金融、数据等新兴服务功能，逐步向"仓干配""运贸融"等多功能集成商转型。以大宗货物长距离"公转铁""散改集"为导向，加快砂石骨料、商品车、钢材等重点大宗物资交通运输结构优化调整，支持发展铁路和新能源车辆等绿色运输方式，全面提升货物到发绿色运输比重。鼓励农产品批发市场主体运用信息技术手段，由产品集散向产地直采和终端零售环节延伸。

（六）以轨道交通为延伸，探索发展集约城市货运

探索物流配送与城市轨道交通融合发展的新模式，为城市货运的可持续发展注入新动力。利用城市轨道交通非高峰时段富余运力开展快递运输，既能提升轨道交通资源利用效率，又能降低快递货运车辆道路运输需求，有助于缓解交通拥堵问题，降低碳排放，推进城市货运绿色化、集约化转型。一是加快推进北京市交通委员会同北京市邮政管理局进一步利用既有资源，组织北京交通发展研究院、北京大兴国际机场、北京城市铁建轨道交通投资发展有限公司、北京市轨道交通运营管理有限公司、京东物流集团等研究机构及企业之间对供需匹配的研究，保证试点线路进行快递运输业务的可行性。二是保证试点线路运输必须按《北京市轨道交通禁止携带物品目录》严格执行，并结合两条试点线路运输特点，明确不同安检模式。三是确保快递货物全程既不进入地铁乘客付费区，也不进入乘客车厢，在充分利用剩余运力的同时保证客货分离。

（七）以政策标准为保障，促进市场健康规范发展

加强物流行业监管，制定统一的行业标准。加强标准宣传、实施、评价。加强专业术语、装载器具、物流单证、信息数据等重要基础标准的制定与修订。完善数字化、智能化、绿色化等关键领域物流标准以及专业物流标准。加快即时配送、网络货运等新模式新业态标准建设。加强多式联运标准跨部门协同，系统推进各种运输方式、各类设施设备等标准衔接统一。推动市场更加健康、有序发展，形成良性竞争机制，提升北京市物流行业整体运行效率。

加强投资政策支持。支持铁路货运、内河水运、物流枢纽等基础设施建设，重点支持大宗商品物流、冷链物流、铁路物流、农村物流等领域，加快形成现代化物流基础设施体系。提供税收减免、补贴、优惠贷款等政策支持，鼓励企业进行技术创新，提升物流基础设施建设和服务水平。

鼓励加大信贷融资支持力度。发挥各类金融机构作用，创新金融产品和服务，加大对物流企业融资支持力度。鼓励各类金融机构为有效降低全社会物流成本提供长期稳定融资支持。

加强物流仓储用地保障。加大物流仓储用地要素支持力度。依法依规保障国家物流枢纽、国家物流枢纽经济区、临空经济区、临港经济区等的重大物流基础设施和物流仓储设施项目用地、用海、用岸线的合理需求。对企业利用原有土地进行物流基础设施改造升级的，按规定予以支持。推进铁路物流场站设施用地分层立体开发，完善相关配套管理制度。

第二章

‖‖‖‖‖‖‖‖‖‖‖‖‖‖‖‖‖‖‖‖‖‖‖‖‖‖‖‖‖‖‖‖‖‖

北京市应急物流的现状与问题

第一节　北京市应急物流现状

一、北京市应急物流体系建设

北京市作为国家的政治中心和超大城市，其应急物流体系建设已具备较高的成熟度，并在实践中不断完善。在政府主导下，北京市通过整合多方资源、引入先进科技和推动社会协同参与等手段，逐步构建起一套分级管理、统一协调、高效响应、科技赋能的现代化应急物流体系。北京市以增强城市运行保障能力为核心，着力构建"大型综合物流园区（物流基地）＋物流中心＋配送中心＋末端网点"的"3＋1"城市物流节点网络体系。通过"平时"便民服务与"急时"应急保障的双重功能，确保城市在日常和突发情况下物资的高效流通。依托智慧应急物流平台，以大数据、物联网和区块链等技术为支撑，实现物资储备、调度和分发的智能化管理。覆盖市、区、街道（乡镇）的三级仓储网络，以及末端服务节点，具备高效监测预警、快速响应和资源共享的能力，能够在提升应对突发事件的效率和资源调配能力方面发挥重要作用，为保障城市运行安全和社会稳定提供有力支撑。

（一）建立分级管理的应急物流管理模式，实现应急物资的精准调度

北京市以市应急管理局为核心，构建了市、区、街道（乡镇）三级应急管理框架，打造分级负责、统一协调的管理模式。在应急指挥方面，通过全市统一的指挥系统，快速整合政府、企业、军队等多方资源，提升突发事件响应能力。此外，北京市高度重视信息化建设，建立了应急指挥视频会议系统和动态资源数据库，实现了物资和应急资源的实时监控和精准调度。

（二）构建多层次的应急物流组织，加强应急资源的统筹管理

北京市以政府为主导，联合社会多方力量，构建多层次的应急物流组织。市应急管理局在整个体系中发挥着统筹协调作用，负责制定应急预案、资源调度以及指挥决策。政府部门通过明确分工，加强对各类应急资源的统筹管理，充分利用社会企业的物流能力。

在具体实施上，市级政府负责应急物资储备的整体规划和调配，区级政府则负责辖区内的物资配送和应急响应。各大物流公司如顺丰、京东、菜鸟等也参与到这一体系中，提供物流支持与保障。在疫情防控、自然灾害等重大应急事件中，社会组织、志愿者团队以及专业救援队伍的参与也至关重要。通过构建统一协调、分工明确的应急物流组织，北京市能够快速、高效地应对突发事件，确保物资的及时供应与流通。

（三）形成快速响应的应急物流运作模式，确保应急物流高效运转

北京市的应急物流运作模式以高效、协同和快速响应为核心特点，能够在突发事件发生时，快速调动资源，保证应急物资的及时供应。该模式高度依赖科技手段，借助物联网、大数据技术和"一张图"系统实现物资的动态调度和路径优化，提升物流效率。京津冀协同发展背景下，北京市与周边地区建立了跨区域的协作机制，能够实现应急资源的快速共享与联合调度。这种运作模式以平战结合为特点，在常态下按照社会物流网络运行，在紧急情况下能快速集聚资源，应对突发事件，实现高效的物流运转。

（四）构建多级应急物资储备体系，保障应急物资的精准对接

北京市构建了覆盖全市的多级应急物资储备体系，设置了标准化的市、区、街道（乡镇）三级储备库，储备物资包括粮食、防疫物资、防汛设备等，满足不同类型突发事件的应对需求。物资保障不仅依赖政府储备，还引入社会力量，通过与企业合作，利用其物流网络和仓储设施，提升储备和配送能力。借助物联网技术，北京市实现了储备物资的动态管理，确保物资供需的精准对接和高效调配。

二、北京市应急物流运行机制

（一）健全应急预案体系，加强应急物流管理顶层设计

北京市发布了系列应急预案。一是《北京市突发事件救助应急预案（2023年修订）》。该预案详细规定了不同级别的应急响应条件和措施，明确了应急救助的组织机构及职责、灾害预警响应、信息报告、应急救助响应、灾后救助等关键环节。其中，应急救助响应部分详细规定了先期救助、分级响应、响应升级、信息发布和响应终止等程序和要求。

通过该预案的实施，北京市在应对突发事件时能够更加迅速、有效地进行救助工作，最大限度地减少人民群众的生命财产损失，维护社会稳定。二是《北京市突发地质灾害应急预案（2023年修订）》。该预案规定了不同部门在突发地质灾害中的职责和响应措施。例如，规划自然资源部门会同气象、水务、应急等部门联合开展地质灾害研判会商，加强全市地质灾害隐患点监测，实时分析地质灾害风险，及时开展应急调查。三是《丰台区突发环境事件应急预案（2023年修订）》。该预案定义了突发环境事件的级别和响应措施。例如，较大突发环境事件包括因环境污染直接导致3人以上10人以下死亡或10人以上50人以下中毒或重伤等情况，并规定了具体的应急响应措施。

（二）加强应急物流设施建设，推动应急物资增储保供

北京市作为我国的首都和国际化大都市，承担着重要的应急物流任务，拥有丰富的物流基础设施资源，包括仓库、货场、运输装卸设备等。应急物流基础设施和网点的建设为应对突发事件提供了坚实保障，也体现了城市物流体系的高效性与适应性。

1. 建设多层次储备库，保障应急物资供应

北京市应急物资储备地点分布广泛，涵盖了市、区以及街道（乡镇）等多个层级。市级储备库通常位于城市边缘地区，交通便利，便于物资的快速调拨。区级储备点则更加贴近各区县的实际情况，能够根据区域特点进行有针对性的物资储备。社区级储备室则是最基层的储备单位，通常位于社区内部，便于在紧急情况下迅速向居民提供物资支持。其中，市级应急物资储备库为国家安全生产应急救援中心在北京建立了区域性应急救援装备物资储备库（北京库）。该储备库位于丰台区大灰厂路88号，库房面积约700平方米，高18米，储备了城市排洪类、水域救援类、后勤保障类、通信指挥类及库房管理系统5类物资装备。区级应急物资储备库为各区按照规划要求分别建设可保障一定规模人口的物资储备库。部分区如顺义区拥有自建物资储备库房，而其他区可能采取租赁库房、利用民防设施等形式储备救灾物资。西城区已完成一个区级应急物资储备总库和15个街道及社区应急物资储备库的建设，打造了区、街道、社区三级应急救灾物资储备体系。街道（乡镇）级应急物资储备库就是街道（乡镇）层面建设的应急物资储备点，以补充市、区两级应急物资储备库的不足。这些储备点通常根据各街道（乡镇）的居民数量、地形结构、产业结构等特点进行综合物资储备。例如，西城区在15个街道均设立了应急物资储备库，确保了每个街道都能迅速获取所需的应急物资。除了市、区和街道（乡镇）三级应急物资储备，北京市还进行其他形式的应急物资储备，如企业储备、家庭储备等形式。其中，企业储备是除政府储备外，北京市部分企业储备应急物资，以形成政府储备与企业储备互为补充的应急物资储备新格局。家庭储备主要是依据北京市发布的家庭应急物资储备清单，市民家庭储备一定量的应急物资，以提高全社会的应急自救能力。

由此可见，北京市的应急物资储备形成了一个多层次、立体化的网络，涵盖了市、区、街道（乡镇）以及企业和家庭等多个层面，这不仅确保了北京市在突发事件发生时能够迅速、有效地提供应急物资支持，还确保了应急物资能够快速、准确地送达需要的地方。

此外，北京市应急物资储备涵盖多种类型，包括自然灾害救援物资、公共卫生事件防控物资、社会安全事件处置物资等。这些物资种类丰富，包括食品、饮用水、药品、帐篷、救生衣、照明设备、通信设备等，以满足不同类型突发事件的需求。

北京市应急物资储备分为市级救灾物资储备、区级救灾物资储备和防汛物资储备等。其中，市级救灾物资储备了帐篷、棉衣被、睡袋、折叠床、桌凳等实物，总数量达到150余万件（套）。这些物资主要用于应对自然灾害等突发事件，确保受灾群众的基本生活需求。截至2023年年底，市级应急物资储备共1669155件（套/台），其中救灾应急物资1486378件（套/台），防汛抗旱应急物资176882件（套/台），生产安全事故救援应急物资727件（套/台），森林防灭火应急物资2438件（套/台），应急指挥物资2730件（套/台）。区级救灾物资储备按照各区规划要求分别完成保障2000人以上规模的物资储备工作。这些物资由各区根据实际情况进行储备和管理，以确保在突发事件发生时能够迅速响应。防汛物资储备主要是针对防汛工作，北京市梳理了全市抢险舟、救生衣、发电机等15大类防汛物资储备情况。汛前重点加强排水设备的储备管理，落实排水等防汛抢险设备共6120台，包括大型排水设备129台，中型排水设备377台。这些物资为北京市的防汛工作提供了有力支持。针对应急事件，北京市还进行了应急物资储备库建设，市级计划建设1个中心库和6个分库，以确保中心库（含一个分库）储备可保障13万人的物资，另5个分库各储备保障1万人的物资，实现保障18万人的物资储备规模。这一规划体现了北京市对应急物资储备的高度重视和合理规划。

2. 完善物流基础设施"平急两用"功能，推动建设韧性城市

北京市的物流枢纽基础设施建设逐步升级。北京市已经拥有多个物流基地，这些基地不仅能满足日常的物流需求，还在应急物资保障中发挥着重要作用。北京市在现有的四大物流基地，如通州马驹桥物流基地、平谷马坊物流基地等的基础上，新建了房山窦店、昌平南口两大物流基地。这些基地平时主要负责大宗商品的储存、分拣和配送，具备综合物流、冷链储备、应急物资调配等功能，不仅促进了北京市日常物流的高效运转，还能在突发事件中迅速调动资源保障城市供应链的稳定。

同时，北京市积极推进冷链物流基础设施建设，加快冷链物流装备与技术升级，构建布局合理、设施设备先进、功能完善的生鲜食品冷链物流配送服务网络。国务院办公厅印发的《"十四五"冷链物流发展规划》中提到，到2035年全面建成现代冷链物流体系，设施网络、技术装备、服务质量达到世界先进水平。北京市商务局发布通知，明确支持商贸流通领域冷链物流装备与技术升级，发展全程冷链物流服务，并鼓励冷链配送模式多元化创新发展。平谷首都食材共配中心作为平谷马坊国家骨干冷链物流基地的支撑项目，将主要为多家餐饮企业提供贮藏、保鲜、包装和运销等服务，项目建成后蔬菜年周转能力将达3万吨，年配送能力达到5万吨。此外，良乡镇小营农民再就业基地新建标准厂房及配套附属用房建设项目，定位为房山区肉类冷链物流配送中心，将重点服务超市及企事业单位食堂等，项目建成后将直接或间接提供近1000个就业岗位。这些冷链设施的建设不仅增强了日常物流服务能力，也为应急情况下的物资保障提供了坚实的基础，确保了城市供应链的稳定和人民生活品质的提升。

北京市积极推进平急两用设施改造工作。在"平急两用"建设改造过程中先行先试，已经有一批设施投入使用，如京平综合物流枢纽项目，该项目位于平谷区，周边交通发达，具备高速公路、铁路、港口、航空等多种交通方式，日常负责保障北京市生活必需品及建材等大宗物资供应。结合自身功能定位重点提升应急保供能力，在应急情况下，京平综合物流枢纽能发挥重要作用，保障社会安全稳定。党中央、国务院高度重视"平急两用"公共基础设施建设，先后两次在中央政治局会议中提出要在超大特大城市积极稳步推进"平急两用"公共基础设施建设，专门在北京市平谷区组织召开了全国现场会进行动员部署。市委、市政府多次专题研究部署"平急两用"工作，明确聚焦公共卫生和灾后重建两个方向，兼顾多灾种、多场景应急需求，在全市范围合理布局"平急两用"设施。

"平急两用"公共基础设施建设是统筹发展与安全、推进韧性城市建设的重要方面，是全市应急体系和应急能力现代化的重要组成。总体考虑是"系统观念、量力而行、尽力而为、有备无患"，聚焦全面提升疫情防控能力，兼顾防灾减灾应用场景需要，以"平急两用"公共基础设施建设为重要抓手，贯通建、管、用各个环节，着力补齐各类设施短板，打造"功能可转换、空间可承载、发展可持续、经济有支撑、安全有保障"的"平急两用"体系。

具体工作安排可以初步概括为"五个一"：一个方案，研究制定本市"平急两用"公共基础设施建设落实方案，并将其作为此项工作总的抓手和蓝图，明确建设目标、总体布局、重点任务等，为全市"平急两用"工作提供指导；一个试点，支持平谷区先行示范和率先探索，积极创建国家"平急两用"发展先行区，率先打造一批"平急两用"公共基础设施建设样板，形成一批可复制推广的规范标准和政策经验；一个平台，坚持建管结合，研究搭建全市"平急两用"智能信息管理平台，系统推进设施建设向能力提升转化，并将其作为打造智慧城市、韧性城市及实现应急体系能力现代化的重要内容；一批项目，围绕旅游居住设施、医疗应急服务、物流枢纽、高速公路服务区旅居以及多功能公共服务设施5类设施谋划建设一批"平急两用"项目，做好应急能力储备；一组政策，储备政策工具箱，聚焦投融资、规划用地、项目管理等方面研究支持政策，视市场反应和工作推进情况有序释放，分类制定建设标准规范和平急转化预案体系，确保尽快形成应急能力。

此外，北京市末端网点转化为应急节点的能力不断提升。北京市的末端网点涵盖超市、便利店、社区服务站和物流企业的配送终端，形成了一个覆盖广泛、服务多元、管理规范的末端服务网络，为提高城市物流配送效率和应急响应能力奠定了坚实的基础。这些网点平时主要服务于居民日常生活物资的供应，如食品、日用品和药品的销售与配送，为城市居民提供便捷的服务。在发生突发事件时，这些末端网点具备快速转化为应急节点的能力，与应急物资储备库和物流基地形成联动。以新冠疫情期间为例，北京市通过末端网点将应急储备物资迅速分发至社区，为居民提供生活必需品和防疫物资。同时，物流企业通过"无接触配送"等创新模式，利用无人车和智能终端完成特殊物资的精准配送。

3. 形成多元物流通道网络，支撑物资高效调运

北京市的物流通道建设作为应急物流体系的重要支撑，展现出多维度、综合化的发展态势，涉及铁路、公路、航空及多式联运等多个领域。这些通道的建设不仅为日常物流运行提供了高效保障，也为突发事件中的应急物资调配奠定了坚实基础。

在铁路物流通道建设方面，2023年北京市首趟中欧班列开行，为亚欧大陆的国际货运建立了快速连接。平谷马坊成为北京地区首个中欧班列开行基地，为整个首都区域外向型经济发展开辟了快捷高效的国际贸易新通道。平谷区将进一步落实《京平综合物流枢纽产业发展规划（2022年—2027年）》，加快平谷地方铁路场站线改造提升，推动"三站六场"提标扩容，加速与国铁干线联通，形成"H"形铁路枢纽布局，着力构建"通道＋枢纽＋网络"的现代物流体系。建好平谷地方铁路海关监管区，推动通关手续前置，实现报关、查验、保税、物流等通关一体化，促进京平国际陆港与海港、空港"三港"联动，促进公铁海空多式联运，打造北京开放发展的"出海口"。充分发挥中欧班列的桥梁纽带作用，推动周边地区进出口商品向平谷马坊汇聚，打造中欧班列马坊集散中心，畅通内外贸渠道、促进进出口平衡，促进产业链供应链韧性稳定，推动首都现代物流产业高质量发展。

在公路物流通道建设方面，北京市批复了平谷区东撞路等多个道路工程项目，进一步完善了区域物流路网，为应急物资运输提供了便捷高效的通行条件。同时，通过调整首都环线高速公路货运功能，将重型货车绕出城市副中心，不仅缓解了城区交通压力，也提升了区域间物流效率。这些公路通道的完善，使北京市在重大灾害或紧急情况下具备更强的陆路运输能力。

航空物流通道依托北京首都国际机场和北京大兴国际机场，统筹"双枢纽"航空物流功能布局和设施建设，围绕北京首都国际机场提质增效、北京大兴国际机场快速上量，推进北京国际航空货运体系建设，推动提升北京市航空货运国际竞争力。在公共卫生事件或重大灾害发生时，航空通道在高时效物资如疫苗等的运输上发挥了重要作用。同时，临空经济区的建设吸引了大量航空物流企业和仓储公司集聚，为航空应急物流提供了坚实的配套支撑。

在多式联运体系建设方面，《北京市"十四五"时期交通发展建设规划》中明确提出，要构建"轨道上的京津冀"，推进多层级轨道网络建设，实现铁路、公路、航空等多种运输方式的融合发展。同时，北京市还强调要提升交通运输综合服务水平，实现客运"立体换乘"、货运"无缝衔接"，构建多层级一体化综合交通枢纽体系和综合运输服务系统。在应急物流场景中，多式联运模式极大提高了运输的灵活性和效率。海铁联运、公铁联运和陆空联运模式，显著降低了物流成本和时间，为突发事件下的物资高效调运提供了重要保障。

（三）完善应急物流平台建设，保证应急快速响应能力

随着信息技术日新月异的发展，AI、云计算、物联网、大数据等新技术推动应急物流运行机制发生深刻变革。物联网技术的运用能够对应急物流各环节之间的资源进行平衡和调度，实现应急物流管理协同效率的整体提升。《"十四五"国家应急体系规划》指出，"到 2035 年，建立与基本实现现代化相适应的中国特色大国应急体系，全面实现依法应急、科学应急、智慧应急，形成共建共治共享的应急管理新格局"，表明智慧应急物流前景广阔。

1. 北京市应急管理局应急动态平台

根据北京市应急管理局发布的《2023 年应急管理事业发展统计公报》，北京市应急管理局应急动态平台发布各类预警信息 346 条，全市 14 个重点行业领域 164222 家生产经营单位持续开展城市安全风险评估，辨识风险源 603798 项。北京市通过应急管理平台进行风险评估和预警发布，以维护城市安全和提高应急响应能力。

2. 北京市突发公共卫生事件应急指挥平台

为了应对可能发生的突发公共卫生事件，北京市建立了突发公共卫生事件应急指挥平台。该平台旨在提高北京市对突发公共卫生事件的应急响应能力，确保在事件发生时能够迅速、有效地进行指挥和调度。该平台具备 24 小时不间断综合维护服务保障能力，能够完成全年重点时期保障工作，实现 24 小时不间断故障响应。它整合了多个部门和机构的资源，实现了信息共享和协同作战，提高了应急指挥的效率和准确性。2023 年，北京市公开遴选了该平台的运维项目承担单位，负责平台的日常运维和技术支持。北京市通过建设应急指挥平台，构建了一个高效、智能的管理和调度框架，使得在突发事件发生时，能够迅速动员和调配应急物资，保障城市的日常运行和应急需求，从而提升北京

市应急物流管理的现代化水平，确保应急物流系统的高效运行。

3. 北京市应急物资管理信息平台

北京市积极推动应急物资储备管理信息化建设，建立了北京市应急物资管理信息平台。这个平台能够实现应急物资资源的互联互通和"一张图"管理，为应急物资的快速调拨和高效使用提供有力支持。

北京市应急物资储备信息化主要体现在北京市应急物资储备智能监控与预警、数据共享两方面。北京市部分应急物资储备库已经实现了智能监控和预警功能。通过安装传感器、摄像头等设备，能够实时监测库内环境、物资数量和质量等情况。一旦出现异常情况，系统会立即发出预警信息，确保管理人员能够及时采取措施进行处理。北京市建立应急物资监测网络和轮换、补充更新机制，强化对储备物资的动态监管。建立应急物资经费保障多元化工作机制，形成政府补助、单位自筹、社会捐赠相结合的经费保障方式。建立全市统一的应急物资储备信息数据库。北京市还加强了与其他地区和部门的数据共享与协同。通过建立跨区域、跨部门的应急物资保障联动机制，实现了应急物资资源的共享和优化配置。在突发事件发生时，能够迅速调集周边地区的应急物资进行支援。

（四）明确相关部门职责划分，优化应急物资管理机制

一方面，北京市关于应急物资储备进行了相关部门协同与职责划分。市应急管理局、市财政局、市粮食和物资储备局等部门在应急物资储备管理中各司其职、密切配合。市应急管理局主要负责提出市级物资的储备需求和动用决策。市粮食和物资储备局、市财政局等部门编制市级物资储备规划、品种目录和标准，根据需要下达动用指令。市财政局负责安排市级物资购置和更新、管理等相关经费，组织指导有关单位开展全过程预算绩效管理，开展市级物资资产报告制度落实情况的监督检查。市粮食和物资储备局负责市级物资的收储、轮换和日常管理，根据市应急管理局的动用指令按程序组织调出，对相关经费组织实施全过程绩效管理。市粮食和物资储备事务中心负责具体事务性工作。在应急物资储备管理方面，北京市从制定法规政策、划分相关部门责任、制定详细应急物资储备流程和划分监督管理责任等方面进行管理。

另一方面，北京市出台相关法规政策支撑应急物资储备，制定了《北京市市级应急救灾物资储备管理办法》等法规，为应急物资储备管理提供了明确的法律依据和操作指南，明确了应急物资储备的规划、采购、储存、调拨、使用、报废等各个环节的管理要求。为了更合理地制定应急物资储备管理机制，北京市对应急物资实施全生命周期管理，包括采购、入库、保管、出库、回收及报废等环节。其中，采购环节是市粮食和物资储备事务中心根据年度购置计划或紧急购置计划，以及市财政局批复的购置经费预算，按照政府采购规定组织采购。入库环节是按照国家有关规定、相关标准以及采购合同约定

的履约验收方案执行。验收合格后，市粮食和物资储备事务中心及时按照资金管理规定支付市级物资购置经费。保管环节是市粮食和物资储备事务中心按照政府采购规定选择具备仓储设施、物资保管条件的承储单位承储市级物资。承储单位负责市级物资具体日常管理，对市级物资数量、质量和储存安全负责。此外，市应急管理局、市财政局根据自然灾害等突发事件应对工作需要，适时对市级物资管理等情况进行检查。坚持实物储备和能力储备相结合，市各有关部门和单位根据需要与规模大、信誉高、生产能力强的大型企业签订应急物资供应协议，进行能力储备。

（五）动员社会力量参与应急，形成社会应急工作合力

为加强北京市应急管理社会动员能力建设，形成全民预防和应对突发事件合力，以习近平新时代中国特色社会主义思想为指导，深入学习贯彻党的二十大精神，认真落实党中央、国务院决策部署，坚持以人民为中心，坚持安全第一、预防为主，按照市委、市政府指示要求，着眼首都"四个中心"城市战略定位，以推进应急管理社会化建设，打造共建共治共享的应急管理格局为目标，以提升动员协同能力为抓手，以社会力量为支撑，以增强全民应急素养为重点，通过健全应急管理社会动员体系，完善配套机制，发挥各级党委、政府协调作用，动员引领社会力量积极参与应急管理工作，筑牢防灾减灾救灾的人民防线，提升应急管理社会共治效能，为建设国际一流的和谐宜居之都奠定坚实基础。

1. 应急保供企业

2023 年，北京市应急保供企业继续发挥城市生活物资供应的"稳定器"作用，紧密围绕市民日常生活需求，构建起一张覆盖商超、医药、生活生产快消品等多领域的全方位保供网络。这些企业不仅在日常运营中保持高效运转，更在应对突发事件时展现出强大的应急响应能力。通过持续优化供应链体系、加强物资储备、提升物流配送效率，确保了首都市场各类生活必需品供应充足、流通顺畅，为北京市民提供了坚实的生活保障，彰显了企业在社会责任和城市安全中的担当与作为。

（1）商超类应急保供企业

北京市商务局推进大型农产品批发市场规范建设及转型升级，提高农产品批发市场储存、加工、分拣等配套服务能力。同时，增强生活必需品流通网络保供能力，完善生活必需品生产流通、连锁商超、生鲜电商等企业生产加工、仓储设施、配送中心和末端节点的配套设施设备建设。此外，北京市商务局支持建立前置仓，鼓励利用连锁超市门店、便利店、社区菜店等资源，提供"最后一公里"配送服务。例如，盒马鲜生在 2023 年春节期间，提前制订了详细的保供计划，增加了生鲜、冷冻食品等生活必需品的库存量，并通过优化物流配送体系，确保春节期间市民的购物需求得到满足。

（2）医药类应急保供企业

北京市成立了医药物资应急保障专班，加速紧缺药品由生产向批发零售环节流转。药兜（北京）国际医药有限公司作为北京地区唯一同时拥有跨境电商销售医药试点以及仓储物流服务第三方企业"双资质"的公司，开展首都地区紧缺药品专项保供活动，确保药品在 48 小时内发货，触达 50 余万个家庭，解决了一部分用户的紧急用药需求。国药股份作为国药集团北京地区唯一的医药分销平台，也是北京医疗市场份额最大的医药商业公司，全力保障北京市药品物资的供应。

（3）生活生产快消品类应急保供企业

主要负责市民日常生活所需的快速消费品供应，如纸巾、洗护用品等。北京市商务局支持生活必需品生产流通、批发市场、连锁商超、生鲜电商等企业开展信息化建设和改造，提升数字化监测能力，及时掌握肉蛋菜等生活必需品量价情况。同时，鼓励肉蛋菜奶等主要生活必需品产品电子化交易，建立产销对接平台，畅通上下游流通渠道。北京天安农业发展有限公司旗下的小汤山品牌蔬菜以商超、电商、社区社群作为主渠道，在北京市有蔬菜专柜 150 多家、电商平台 20 多家、社区社群 100 多家，触达用户近千万人，拥有稳定的用户近百万人。

2. 社会组织

北京市还完善应急管理社会协同机制，探索构建社会应急力量参与重特大灾害事故救援行动现场协调机制，凝聚应急合力，提升救援实效。健全区域内各类单位常态化沟通协商机制，强化政府部门、企事业单位、群团组织、社会团体和基层群众自治性组织沟通交流，推进社区与社会组织、社会工作者、社区志愿者、社会慈善资源的联动。完善共训共练机制，各区、街道（乡镇）和社区（村）结合实际，建立专业队伍与社会应急力量共训共练任务清单，定期开展洪灾、火灾、地震等场景下的应急演练，提升协同应急能力。

截至 2023 年年底，全市共有市级专业应急救援队伍 27 支，应急救援人员 3229 人。按照主要处置能力划分，承担森林灭火应急救援队伍 2 支、承担城市公共设施救援应急救援队伍 1 支、承担道路抢通应急救援队伍 3 支、承担电力抢通应急救援队伍 1 支、承担防汛排水应急救援队伍 2 支、承担建筑工程事故应急救援队伍 4 支、承担救助保障应急救援队伍 1 支、承担矿山事故应急救援队伍 1 支、承担热力设施抢险应急救援队伍 1 支、承担水域事故应急救援队伍 1 支、承担网络通信应急救援队伍 4 支、承担危险化学品事故应急救援队伍 6 支。截至 2023 年年底，全市共有专业森林消防队 63 支，人员 3133 人；半专业森林消防队 178 支，人员 3842 人；应急森林消防队 14 支，人员 4082 人；群众森林消防队 282 支，人员 13775 人。

全年市应急管理局投入 321.798 万元政府资金加强应急管理社会组织建设，主要用于开展应急管理社会组织建设基础工作，组织 1215 名"应急第一响应人"培训和 1 场社会动员应急演练，开展 17 场应急管理宣传活动，举办京津冀应急管理社会组织交流会，核查 6266 名区、街道（乡镇）、村（社区）三级灾害信息员，普查基层社会应急力量，等等。

3. 志愿者

为了加强应急管理社会动员预案建设北京市将应急管理社会动员预案建设纳入应急预案体系，由市应急管理部门牵头，编制《北京市灾害事故应急管理社会动员专项预案》（以下简称《专项预案》），明确灾害事故应急管理社会动员的组织机构、职责任务、分级响应等事项。相关行业部门在《专项预案》基础上编制本行业领域应急管理社会动员预案，形成全市"1＋N"应急社会动员预案框架。各区应急管理部门，要结合属地实际，有针对性地编制本区应急管理社会动员预案或各类灾害场景下的应急管理社会动员手册。定期组织预案演练，提高应急管理社会动员针对性和实战能力。

截至 2023 年年底，全市在"志愿北京"平台注册的应急志愿者队伍共 6933 支，应急志愿者 147941 人；在市民政局作为独立法人登记且备注"应急志愿服务"的应急志愿服务组织共 16 个，具体是：北京蓝天救援队、北京市大兴区巨匠应急救援志愿服务中心、北京红箭应急救援促进中心、北京市丰台区红箭救援队、北京市平谷区蓝天救援队、北京市大兴区蓝天救援队、北京市爱民红心社会工作服务中心、北京人防浩天志愿者救援队、北京市志援应急救援服务中心、北京白金十分钟时效应急技术研究院、北京市石景山区慈航灾害防护和知识技能普及中心、北京市房山区蓝天救援队、北京市昌平区青空应急救援队、北京市军红救援队、北京蓝豹应急救援队、北京铜牛韧性应急技术服务中心。

全年市应急管理局投入 258 万元政府资金推进全市应急志愿者队伍建设工作，主要用于推进应急志愿者队伍三级体系建设、组织 500 名应急志愿者骨干集中培训和 5 场应急志愿者队伍共训共练、开展 200 余场应急志愿服务基层宣教活动和 3 场"千企万人"安全生产社会监督职工志愿者志愿服务活动、指导 20 余支队伍参与海河"23·7"流域性特大洪水救援等。

（六）增强区域应急物流协同，确保跨省物资调度效率

北京市区域应急物流运行机制，以京津冀地区为战略核心，同时积极拓展与全国其他重点省份的协同合作，构建起一套高效、有序的物流调度体系。这一体系有效提升了区域内的应急响应能力，确保了在面对突发事件时，能够迅速、有效地进行物资调配。

首先，京津冀区域协作采用了高度一体化的运行模式。三地依托救灾物资信息共享平台和指挥中心建立了高效的信息联动机制，能够优化物资储备布局和运输路径。例如，河北的 17 个中转调运站与北京市的高端医疗物资储备、天津港的国际物流枢纽协同配合，在重大灾害发生时快速调拨所需资源。京津物流园是天津港经济技术合作有限公司和北京控股集团有限公司共同投资建设的首个民生类综合性物流园区，是服务京津冀协同发展的重点示范项目。作为承载京津两地口岸协同运营功能的天津港最大冷库群，京津物流园自投产以来，用了不到 4 个月便实现近 6 万吨库容的满仓，为京津冀区域客户提供了冻肉、鱼类、白虾等优质食材及仓储物流服务。2023 年以来，京津物流园延续"冷链为主、多元经营"的思路，持续优化冷链业务，探索创新型业务模式，通过绿色低碳转型和多元功能升级，助力京津冀协同发展。京津物流园未来将充分利用港口综合优势，进一步探索港产城融合发展新路径，发展冷链物流加工产业，提升冷链产业附加值，助力天津港打造中国北方冷链物流基地和环渤海进口冻品交易中心。此外，"应急绿色通道"简化了运输审批流程，确保跨区域运输的优先通行，大幅提高了物流运行效率。

其次，北京市通过跨省协同机制，与重点省份建立了多样化的应急物流合作机制。2021 年河南暴雨期间，北京市与河南省在铁路、公路等物流通道上形成多种运输方式的快速响应，确保防汛物资和医疗物资的精准到位，充分展示了跨区域物流体系的高效运作。与内蒙古自治区的协作主要围绕森林草原防火展开，北京市提供现代化防火设备和指挥平台，支持应急物资的快速分发与部署，形成了防火设备共享、物资调拨预案互通的长期机制，进一步提升了跨区域协调能力。在山西省矿难救援中，北京市快速调拨专业物资并派遣应急队伍，提升了救援效率，确保了灾难发生后的快速恢复。

最后，北京市充分利用社会力量和现代物流企业网络来提升应急物流的运行能力。以京东、顺丰为代表的物流企业，其与政府建立协同机制，依托其覆盖全国的网络和智能调配技术，实现救灾物资的高效运输和动态监控。通过这些技术手段，北京市的应急物流体系在区域协同中具备了高度的灵活性。

综合来看，北京市的应急物流运行机制通过区域协同、科技应用和企业支持，确保了资源调配和动态响应的效应。通过该机制整合各方力量，优化物资的调度和配送，实现了应急物资在突发事件中的快速调配与高效运输。通过信息共享平台、智能物流调度系统和跨区域联动机制，北京市能够根据应急需求迅速调动资源，保证物资的及时配送和物流保障。这一高效的应急物流运行机制有效提升了应急响应能力和资源利用率，为应对各类突发事件提供了坚实的保障。

三、北京市应急物流政策法规与标准

（一）应急物资保障领域政策法规

为提高自然灾害等突发事件应急救助保障能力，规范北京市市级应急救灾物资储备管理，《北京市市级应急救灾物资储备管理办法》于 2023 年 11 月 21 日发布，2023 年 12

月 15 日实施，明确了市级应急救灾储备物资的定义、储备管理职责分工、采购与验收、管理与调用、信息化管理与监督等方面的规定；规定了市应急管理局、市财政局、市粮食和物资储备局等部门在应急物资储备管理中的具体职责和协作机制。

《北京市"十四五"时期应急管理事业发展规划》强调构建与首都灾害特点相适应的应急物资保障体系，健全市、区、街道（乡镇）三级储备体系，鼓励社会和家庭储备，建立政府和社会、实物和产能相结合的储备模式，提升管理现代化水平，并增强京津冀区域协同保障能力，以确保在重大自然灾害和事故灾难发生时，能够迅速有效地提供应急救援和救助。

《关于进一步加强本市应急物资保障体系建设的若干意见》提出了应急物资保障体系建设的 6 个方面的主要任务，共制定 18 条具体举措，以全面提升北京市应急物资保障能力。这 6 个方面包括建立平战结合的应急物资保障工作体制、完善应急物资储备体系、完善政策法规标准预案体系、提升应急物资管理能力、提升应急物资协同保障能力和提升应急物资保障科技创新能力。

《北京市突发事件总体应急预案（2021 年修订）》规定了应急管理、商务、粮食和物资储备及处置主责部门应会同相关部门建立本行业（领域）应急物资的监管、生产、采购、储备、更新、补充、调拨和紧急配送体系，确保突发事件应急所需物资的及时供应。

《北京市突发公共卫生事件应急条例》规定了不同类型的应急物资的储备形式，推动建立有序高效的应急物流体系，确保物资合理调度、快速配送。

（二）应急物资保障领域标准体系

北京市在应急物资保障领域推行了以下规范：一是《救灾物资储备管理规范》，旨在提高自然灾害等突发事件的应急救助保障能力，规范北京市市级应急救灾物资储备管理，提高物资使用效益；二是《应急物资信息采集规范》，规定了应急物资信息数据采集的原则、对象、范围、要素和方式，适用于规范北京市各有关部门及单位的应急物资信息采集、更新、维护及数据库表设计等工作。

第二节　北京市应急物流存在的问题

一、应急物流物资保障体系有待健全

北京市应急物资储备体系在多次突发事件中发挥了重要作用，体现了其显著的优势。北京市应急物资储备种类齐全，数量充足，能够满足各类突发事件的基本需求。同时，储备地点分布广泛，使物资能够快速到达需要的地方，但也存在一些不足之处。部分储

备物资的更新速度较慢，导致一些物资储备过期或损坏，影响了灾害发生时的使用效果。此外，部分社区级储备室的物资储备量有限，尤其是在应对特殊灾害时，部分关键物资如医疗设备、救援物资及应急食品的储备量和品类不够全面，可能无法满足大规模突发事件的需求。因此，应急物流物资保障体系需要从覆盖面和管理机制上进一步完善。

二、应急物流管理体制需要完善

北京市已经建立了初步的应急物流管理框架，且在实际应急响应中能够动用一定的资源。但现行的管理体制仍然存在一些亟待改进的地方，比如多个部门在责任分配上缺乏明确的界定，特别是在应急物流的调度、物资分配等关键环节中，职责划分不清导致协同效率低下；各个部门之间的信息流动不畅，缺乏统一的指挥平台和信息共享机制，导致各类资源未能实现高效配置和调度，造成物流反应迟缓、资源浪费。

三、应急物流信息共享平台亟须完善

尽管北京市已经尝试建立应急物流信息平台，但总体数量和覆盖范围仍远不能满足全面应急响应的需求。目前，北京市内与应急物流相关的信息平台数量有限，且大多数平台功能较为单一，难以满足跨部门、跨领域的协同需求。此外，各平台之间的连接和兼容性差，不同政府部门、企事业单位以及社会组织的应急信息未能有效整合和共享，导致在灾害发生时，信息孤岛现象严重。现有的信息平台往往集中在单一领域，如灾后物资调度或交通保障，缺乏针对全面应急响应的全方位信息支持。信息平台的建设仍处于起步阶段，缺乏面向全市范围的大数据支持和智能化分析能力，无法及时响应大规模突发事件，进一步降低了应急物流的反应效率和协同能力。

四、应急物流法规制度有待完善

北京市在应急物流领域的法规和政策体系已经建立了较为完善的框架，但仍需要不断完善和发展。现有的法律框架并未涵盖所有应急物流环节，缺乏对复杂灾情、跨领域联合应急的具体指导。当前法规主要针对某一类突发事件进行规定，难以应对多灾种、多场景的复杂情况。与此同时，现有法规在执行过程中还存在不够具体、不够细化的问题，导致在实际操作中难以落地执行，影响了应急物流的有效运行。

五、京津冀协同发展政策仍需完善

尽管京津冀区域协同发展战略已经实施多年，但在应急物流领域，三地之间的政策协同机制仍显不足，具体表现为缺乏统一的应急物流协同政策框架，导致在突发事件发生时，三地之间的应急物流响应不够迅速和协调。在应急物流资源调配方面，京津冀区域仍存在资源分散、调配不畅等问题。同时，由于缺乏有效的协同作战机制，在突发事件发生时，三地之间的应急物流队伍难以形成合力。

六、应急物流响应速度仍需提升

尽管北京市在多次应急演练中提升了应急物流的响应能力，但在实际灾害发生时，物流响应仍存在滞后现象。当前，应急物流系统在物资调度和运输工具的准备方面存在一定的短板。特别是在灾害初期，由于物资的储备不足和调配机制不够健全，受灾地区在灾后第一时间未能得到所需物资。尤其是面临大规模、跨区域灾害时，现有的物资分配网络缺乏足够的弹性和协调性，导致救援物资的配送速度低于预期，影响了灾区的及时救援。

第三节　北京市应急物流发展对策

一、健全应急物资储备体系，提升社会应急保障能力

北京市应进一步加强应急物资储备的规划与管理，优化物资储备结构，提高储备物资的更新速度和适应性。同时，还可以加强社区级应急物资储备能力建设，提高基层应急物资保障水平。为确保在灾害发生时能够及时调度到所需物资，北京市应建立更加完善的物资储备体系，涵盖生活物资、医疗救援物资、能源物资等多个方面。具体来说，应当在全市范围内建设更多的应急物资储备中心，并将储备物资分布得更加均匀，优先保障高风险地区和交通瓶颈区域的物资储备。在物资管理上，采用数字化、信息化手段进行精细化管理，确保物资库存的实时更新与管理。特别是重要物资的流通监控，采取二维码、物联网等技术手段对物资进行精准追踪，减少浪费和损失。针对高需求时段，如灾后急救物资，制定优先分配政策，并建立灵活的应急调度机制，确保物资快速准确配送。

完善应急物资及装备社会化保障。鼓励和引导企事业单位、社会组织依托空闲厂房、仓库等储备必要的应急物资，推广家庭应急物资储备。注重发挥物流行业企业的专业优势，做好应急物资储备保障、物流配送等工作。建立健全应急社会物资紧急采购、紧急征用和灾后补偿机制。加强救灾捐赠宣传，有序引导公众按需捐赠救灾物资，进一步充实完善应急社会物资保障。推进应急避难场所建设。开展社会应急装备分布情况调研，盘点可调度的社会应急装备底数。加强社会应急装备统筹，探索建立社会应急装备共享和补偿机制，提升社会应急保障能力。

二、完善应急物流管理体制，提高应急指挥能力

北京市应加快推动应急物流管理体制的优化，建立由市政府主导的统一应急物流指

挥中心，集中协调各部门、企业及社会组织的应急资源和应急物资分配。在管理体制上，需要明确各部门在应急物流中的职能和责任，建立清晰的责任分工和快速反应机制，确保在应急事件发生时，快速启动跨部门协作机制。此外，应当统一制定各区和相关部门的应急预案，避免各自为政，以提高协同效率。同时，针对京津冀区域的应急物流协同问题，应建立统一的区域应急物流指挥系统，制定跨省市的应急物流协同政策框架，以提高三地之间的资源调度和信息共享能力，实现快速响应和高效协作。

三、建设应急物流信息共享平台，提升应急物资调度效率

北京市应加快应急物流信息共享平台的建设，整合现有的政府、企业及社会资源数据，构建一个统一、跨部门的应急物流信息共享平台。具体操作上，可以通过建立一个开放的数据交换接口，使市级政府、各区、各部门和社会组织的数据能够实时共享。平台应包括实时的物资调度、交通信息、物流资源、灾区需求等内容，确保应急物资在调度时能迅速获得准确数据支持。平台应具备大数据分析功能，能够及时对灾害情况进行分析和预测，为决策提供有力依据。并且，平台应定期进行模拟演练，确保在突发灾害发生时能够高效响应。

四、完善应急物流法规体系，确保应急物流顺畅运行

北京市应加快应急物流相关法规和政策的制定和完善，确保应急物流的顺畅运行。一是市政府应出台具体的应急物流操作标准，规定各类物资的储备、调配、配送标准，避免在实际操作中出现混乱或不一致的情况。二是应对社会应急物流力量进行政策引导，鼓励社会企业和组织参与到应急物流建设和应急响应中来。三是应明确各级政府在应急物流中的责任，建立完善的奖惩机制，对应急物流反应迅速、调度有序的单位和个人给予奖励，对存在滞后或失误的部门进行问责。

五、推动京津冀应急物流政策衔接，增强协同保障能力

北京市应加快完善京津冀协同发展政策，高标准高质量建设好北京"新两翼"，培育区域增长极。在雄安新区继续推进重大基础设施项目，完善相关体制机制。着力增强北京城市副中心科技创新、行政办公、商务服务、文化旅游等功能，推动绿色发展，增强北京发展的动力和活力。

为了促进重点区域高质量发展，助力建设以首都为核心的世界级城市群，北京市应制定出台支持天津滨海新区高质量发展的政策措施，继续做好北京通州与河北廊坊北三县一体化高质量发展工作，持续推进张家口首都水源涵养功能区和生态环境支撑区建设，抓好唐山高质量发展方案落实。同时，发挥好京津冀对山东、内蒙古、山西等周边地区

the辐射带动作用。

为了创新协同发展体制机制，推动重点领域协同向规则协同并重转变，应加强产业链供应链协同融合，推动自贸区等开放平台加强制度创新合作，深化市场一体化改革。

北京市应大力推动协同发展，推动京津冀教育资源共享和医联体建设，强化社保、养老等公共服务的政策协同。持续推进三北防护林等重大生态工程建设，让京津冀的天更蓝、水更清。

六、优化应急物流运输网络，提升应急响应能力

北京市应优化应急物流运输网络的布局，确保在大规模灾害发生时，能够迅速启用应急运输通道。具体措施包括在全市范围内规划并建设多个优先运输通道，并在交通枢纽和灾害高风险区域建设应急交通保障点。市政府应与交通管理部门、交通运营商及相关企业建立紧密合作关系，确保在灾害发生时，能够优先调度必要的运输工具，如救援物资运输车辆、专用通行车辆等。加强城市关键节点的应急交通管控，如优先保障应急物资的运输，并通过实时路况监控系统和应急响应平台，快速调整运输路线，确保物资能够迅速送达目的地。

七、强化应急物流队伍建设，提升应急物流专业化水平

北京市应强化应急科技和人才支撑。充分发挥首都科技和专业人才集聚优势，应急管理部门要加强与高校、科研院所的交流合作，加强应急社会动员人才培养和机制研究。建立应急管理社会动员专家智库，发挥专家在政策咨询、标准制定、技术指导、动员协同等方面的作用。加强应急物流队伍的建设，尤其是专业化人才的培养。通过定期培训、演练和模拟灾难情境，增强应急物流人员的实际操作能力和应急应变能力。定期举行全市范围内的大型应急物流演练，模拟真实灾害环境，提高应急物流人员的应变能力。鼓励支持高新企业、科研机构加大研发力度，利用物联网、云计算、大数据等先进信息技术，探索构建智慧应急社会动员网络，为应急管理社会动员工作提供保障和支撑。

第三章

国内外应急物流发展现状

第一节　国外应急物流发展现状

一、国外应急管理

（一）美国应急管理

1. 形成管理高效、权责分明的应急管理模式

针对各种自然灾害，美国建立了较为完备的应急体系，形成了以"行政首长领导，中央协调，地方负责"为特征的应急物流管理模式。在地震、飓风、火山、洪水等可能造成重大伤亡的自然灾害发生时，美国政府就会立即宣布进入联邦紧急状态，并启动应急计划，所有防救灾事务由联邦应急管理署（The Federal Emergency Management Agency，FEMA）实行集权化和专业化管理，统一应对和处置。2003 年 3 月 FEMA 随同其他 22 个联邦机构一起并入 2002 年成立的国土安全部，成为主要分支机构之一。对于各种防救灾工作，美国强调运用先进的高新技术，强调事先预防和模拟演练。同时，针对人口稠密的大都市以及人口稀少地区的灾害，均有不同的预案以及救灾方式。此外，美国的救灾规划还有相应的治安组织体系，该体系平时配合警方承担各种治安任务，在重大灾害发生时转变成紧急救灾体系完成救灾任务。

2. 建设城市社会应急联动中心进行统一调度救援

20 世纪 60 年代，美国开始进行城市社会应急联动中心的建设。至今，应急联动中心（以下简称"911"中心）已遍及美国每一个城市，"911"中心是合并所有与灾害有关的机构组建的，采用警察、消防和急救等部门联合办公的方式处理各类紧急事件。当市民

拨打"911"电话后，由"911"中心的接警员统一接警，迅速反应，调度警察、消防、医疗急救等部门进行处置，或多个部门联合行动，使市民在短时间内能得到快速的救援服务。

3. 依托联邦应急管理署完善危机管理体系

美国经过多年经营，建立了完善的危机管理体系。这套体系通过法治化的手段，将完备的危机应对计划、高效的核心协调机构、全面的危机应对网络和成熟的社会应对能力包容在内。美国的危机反应系统由《联邦反应计划》规定，明确地阐明了27个不同的联邦部门在不同的灾难情况下所负的责任。联邦应急管理署负责协调各地区对危机的反应，各专项领域的危机反应则由专门的机构负责管理。《联邦反应计划》将危机反应分为12个领域，即交通、通信、公共设施及工程、消防、信息与规划、公众救护、资源支持、卫生与医疗服务、城市搜寻与救援、危险物品、食品和能源。

4. 利用国家突发事件管理系统实现应急管理标准化

美国大多数应急管理工作均是在地方和州一级进行的。国土安全部对设备、组织结构和术语进行标准化，以针对全国范围内不同规模的灾害事故采取更好的应对与防范措施。国家突发事件管理系统（National Incident Management System，NIMS）是一套可由地方、州、联邦应急管理人员以及私营部门和非政府组织使用的规则和方法。NIMS旨在更好地改善国家对应急事件的响应，其目标是建立一个能够在灾难发生时更有效地分配资源并促进不同团体和机构间合作的系统。过去，在美国发生大规模灾难事件时缺乏协调和指挥，并且不同团体在沟通时使用不同的术语也导致了混乱，NIMS试图解决这些问题。为实现这一目标，联邦应急管理署制定了NIMS系统。NIMS指导各级政府、非政府组织和私营部门共同致力于预防事故发生、响应事故、减轻事故造成的影响等。NIMS向整个社区相关者提供通用的术语、系统和流程，以实现国家应急准备系统（National Emergency Preparedness System，NEPS）中描述的功能。NIMS系统包括突发事件指挥系统（Incident Command System，ICS）、多机构协调系统（Multiagency Coordination System，MCS）以及联合信息系统（Joint Information System，JIC）。

（二）日本应急管理

1. 形成"中央、地方、基层"三级应急管理模式

日本由于特殊的地理位置以及地质条件，经常遭受地震、台风等自然灾害的侵袭。因此，日本政府形成了以"行政首脑指挥，综合机构协调联络，中央会议制定对策，地方政府具体实施"为特征的应急管理模式。日本的防救灾体系分为三级管理，包括中央国土厅救灾局、地方都道府以及市、乡、镇。各级政府防灾管理部门职责任务明确，人员机构健全，工作内容完善，工作程序明确。每级组织都会定期举行防灾汇报，并制定

防救灾计划，包括防灾基础计划、防灾业务计划、地域防灾计划等。

2. 设置三级防灾中心保障各区应急行动指挥

日本按行政系统分别设置中央防灾会议（国家级）、都道府县防灾会议（省部级）和市町村防灾会议（基层），一旦灾害发生，这些"会议"单位作为应急反应机构自动转换为同一级的灾害对策总部（中心）。如日本东京都防灾中心成立于 1991 年，位于东京都政府办公大楼内，是全区综合防灾行动指挥部，其机构包括：灾害对策本部，由东京都知事和消防、警察等单位领导组成；防灾中心联络室，负责与各类灾害预防、救助部门联络；通信室，负责保障各种通信系统；指挥情报室负责收集各类灾害情报，传达本部减灾决策指令；夜间防灾联络室，负责夜间和休息日值班警戒任务。

3. 依据各项法律法规提升灾害应急指挥水平

在预防和应对灾害方面，日本坚持"立法先行"，建立了完善的应急管理法律体系，颁布了《灾害救助法》和《灾害对策基本法》。《灾害对策基本法》对防灾理念、目的、防灾组织体系、防灾规划、灾害预防、灾害应急对策、灾后修复、财政金融措施、灾害紧急事态等事项作了明确规定，是日本防灾抗灾的根本法，有"抗灾宪法"之称。在《灾害对策基本法》基础上，日本还颁布了《河川法》《海岸法》《防沙法》等法律法规。各都、道、府、县（省级）都制定了《防灾对策基本条例》等地方性法规。一系列法律法规的颁布实施，显著提高了日本依法应对各种灾害的水平。为了确保法律责任落实到位，日本要求各级政府在制订的具体防灾计划（预案）、防灾基本计划、防灾业务计划和地域防灾计划中，细化上下级政府、政府各部门、社会团体和公民的防灾职责、任务，明确相互之间的运行机制，并定期进行训练，以有效增强应急计划的针对性和可操作性。

（三）欧盟应急管理

1. 利用卫星通信手段支持地面应急指挥管理

欧盟 e – Risk 系统是一个基于卫星通信的网络基础架构，为其成员国实现跨国、跨专业、跨警种高效及时地处理突发公共事件和自然灾害提供支持服务，于 2000 年建成。在重大事故发生后，救援人员常遇到通信系统被破坏、信道严重堵塞等情况，导致无法与指挥中心和专家小组及时联系。基于这种情况，e – Risk 系统可以利用卫星通信和其他通信手段来支持对突发公共事件的管理。考虑到救灾和处理突发紧急事件必须分秒必争，救援人员通常利用"伽利略"卫星定位技术，结合地面指挥调度系统和地理信息系统，对事故现场进行精确定位，以在最短的时间内到达事发现场，开展救援和处置工作。而利用其他通信手段则表现在应急管理通信系统集成了有线语音系统、无线语音系统、宽带卫星系统、数据网络系统、视频系统等多个系统，再配合应急管理和处置调度软件的使用，指挥中心、相关联动单位、专家小组和现场救援人员才能够快速取得联系，并在短时间内解决问题。

2. 建立应急预防、响应与评估的三阶段管理体系

欧盟 e‐Risk 系统的应急管理包括突发事件发生前、发生中、发生后三个方面：在事件发生前，系统通过收集和处理影像资料等，开展风险预防工作；在事件发生中，通过收集和发布来自现场的图片等，在救援小组、专家小组和指挥中心之间建立起语音、图像、数据的同步链路，通过各部门的"协同作战"，开展现场救援；在事件发生后，对突发事件的发生和处置情况进行分析，对有关数据库进行更新，并制定新一轮的预案。

二、国外应急物流管理

（一）美国应急物流管理

1. 设置应急物流专门机构应对国内灾害事件

在国内救灾方面，联邦应急管理署设有物流管理的专门单位，平时主要负责救灾物资的管理储备、预测各级各类救灾物资需求、规划救灾物资配送路线以及救灾物流中心设置等工作。当灾害发生时，物流管理单位便会迅速转入联邦紧急反应状态，根据需要接受和发放各类救灾物资。美国法律规定，应急行动的指挥权属于地方政府，仅在地方政府提出援助请求时，上级政府才会调用相应资源予以增援，但并不接替当地政府对这些资源的处置和指挥权限；当地方政府的应急能力和资源不足时，由州一级政府向地方政府提供支持；当州一级政府的应急能力和资源不足时，由联邦政府提供支持。一旦发生重特大灾害，绝大部分联邦救援经费来自联邦应急管理署负责管理的"总统灾害救助基金"。

2. 建立对外灾害援助办公室实施国际性救助

在国际救灾方面，美国设有对外灾害援助办公室（Office of US Foreign Disaster Assistance，OFDA），负责处理各种紧急事务。目前，OFDA 在世界范围内设有 7 个应急仓库，这些仓库紧靠机场、海港，存储基本的救灾物资，如毯子、塑料薄膜、水箱、帐篷、手套、钢盔、防尘面具等，一旦某个地区发生重大自然灾害，OFDA 就会从距离最近的仓库调拨救援物资送至灾区。

（二）日本应急物流管理

1. 建立完善的应急物资管理方案和储备体系

日本制定了完善的应急物资管理方案。一是制定灾害运输替代方案，事前规划陆、海、空运输路径。二是编制救灾物流作业流程手册，明确救灾物资的运输以及其他分工合作等事项。三是预先规划避难所，平时可作他用，一旦发生灾害，立即转成灾民避难

所，并可作为救援物资发放点。

日本建立了完善的物资储备体系。一方面，包括中央政府、地方政府和企业等多个层级的储备库，基本形成了从国家到家庭各个层面的储备体系，确保了应急物资的充足供应。另一方面，根据救灾物资性质分送不同的仓库，对社会捐赠灾区的必需物资，经过交叉转运站（Cross‑Docking）分类后直送往灾民点，社会捐赠的非必需物资或超过灾区需要的物资则送到储存仓库，留待日后使用。

2. 利用现代商业物流实施应急物资分阶段管理

日本应急物流体系注重政府与企业之间的紧密合作。通过政策扶持和市场化运作，以及充分利用现代商业物流优势，日本第三方物流在应急物流中占比超70%，已形成高效的应急物流网络。日本对救灾物资进行分阶段管理，将救灾物资的配送工作分为三个阶段。第一阶段由政府行政单位负责，包括救援物资的收集、存放和运输；配送中心24小时作业。要求军队协助进行交通管制，保证紧急物品的运输。第二阶段由物流公司负责（根据政府要求采取较主动的方式进行配送），选择车站等4个配送中心，重点关注配送效率；委托物流公司进行专业配送、存储管理；配送中心的配送频率控制在每天不超过50辆次；选择2个地点作为储存性仓库。第三阶段仍由物流公司负责（但采取较为被动的方式，即依据订单进行配送），配送中心减少到2个；委托物流公司进行专业配送、存储管理；配送中心的配送频率控制在每天2辆次。日本的救灾物资管理已经充分利用了现代商业物流的发展成果。

3. 注重完善物流层面的灾害预防和应急演练体系

日本已经建立起了包括应急物流在内的一整套完整的救灾体系，且非常重视提高公众的防灾意识。在每年的"防灾日"都要举行由日本首相和各有关大臣参加的防灾演习，通过全民的防灾演练，一是提高国民的防灾意识，二是检验中央及地方政府有关机构救灾、救护、消防能力。

（三）德国应急物流管理

欧洲非常重视应急管理体系建设，具有较为完备的法律法规和制度，如英国制定的《民防法》《社会应急法》，法国制定的《地震救援法》《人民团体组织法》《自然灾害处置预案》，德国制定的《交通保障法》《民事保护新战略》，芬兰制定的《救援法》，以及瑞士制定的《联邦民防法》等。

在应急救援管理机构方面，欧洲各国基本形成了较完善的中央、地方两级应急管理体系，大部分欧洲国家由内政部负责应急管理和处置。由于欧洲国家对突发事件处置的教育和培训非常重视，目前已经逐渐形成完整的应急救援培训和教育制度，建立了完善的紧急救援管理机制，具备强大的应急处置能力，整体应急管理水平处于世界前列。下面以德国为例进行介绍。

1. 形成分权化和多元化相结合的应急物流管理体系

德国拥有一套较为完备的灾害预防及控制体系。德国的灾害预防和救治工作实行分权化和多元化管理，在应急物流管理中由多个担负不同任务的机构共同参与和协作。最高协调部门是公民保护与灾害救治办公室，隶属联邦内政部。在发生疫情以及水灾、火灾等自然灾害时，消防队、警察、联邦国防军、民间组织以及志愿组织等各司其职、齐心协力，最大限度地减少损失。对于救灾物流，德国是建立民防专业队伍较早的国家，全国除约有 6 万人专门从事民防工作外，还有约 150 万名消防救护和医疗救护、技术救援志愿人员。这支庞大的民防队伍均接受过一定的专业技术训练，并按地区组成抢救队、消防队、维修队、卫生队、空中救护队。德国技术援助网络等专业机构可以为救灾物资的运送和供应等提供专业知识和先进技术装备，并在救灾物流中发挥重要作用。

2. 发挥公益性组织的社会力量以满足应急需求

德国有一家非营利性的国际人道主义组织，即德国健康促进会，其致力于长期支持健康计划，并在紧急情况下迅速作出响应，在救灾物流管理中也发挥了极其重要的作用。据了解，该组织每年通过水路、公路、航空向世界 80 多个国家和地区配送超过 300 万千克的供给品，并利用计算机捐赠管理系统，保持产品的高效率移动。一旦需求被确定，供给品会被迅速运送到指定地点。同时，一旦有灾难通知，德国健康促进会就会立即启用网络通信资源，收集灾难的性质、范围等信息，并迅速将救灾物品配送到指定救助地点。

3. 依托信息化技术搭建智慧应急物流管理平台

德国应急物流信息化水平极高，政府部门通过物联网、云计算、GPS 等技术对物资进行实时监控，德国健康促进会也会启动网络通信资源收集灾难信息，利用计算机捐赠管理系统迅速将救灾物品配送到指定地点。通过信息化的控制模式，德国物流系统可以在灾情发生的第一时间响应，调拨物资运达灾区。

三、国外应急物流典型案例

（一）美国"桑迪"飓风应急物流运作案例

1. 美国"桑迪"飓风简介及损失情况

2012 年 10 月 29 日，飓风"桑迪"在美国新泽西州大西洋城附近沿海登陆，共造成 100 余人死亡，一度有 18 个州超过 820 万个住户和商家停电，1.95 万架次航班取消，纽约、华盛顿与费城三大城市交通中断，美国大选中断，石油冶炼公司 Motiva 的 30 万加仑柴油因储油设施破裂而泄漏，数百台银行自动取款机（ATM）无法运作，纽约市及新泽西州的约半数加油站关闭。飓风"桑迪"带来的经济损失可能高达 500 亿美元,仅次于 2005 年"卡特里娜"飓风造成的 1080 亿美元经济损失,远远超过飓风给美国造成经济损失的多年平均值（142.2 亿美元）,成为美国历史上最严重的自然灾害之一。总的来看,在"桑迪"飓风中死亡 132 人,相较于"卡特里娜"飓风的 1833 人有大幅度的减少。

2. 美国"桑迪"飓风应急物流分析

（1）积极组织预防工作,最大限度降低灾后损失

与"卡特里娜"飓风相比,面对"桑迪"飓风的来临,美国从联邦政府到州、地方政府都做了相当充足的准备。为了防止出现"卡特里娜"飓风救灾过程中出现的食品、药品短缺等情况,政府要求居民自己准备至少 3 天的食物和水,同时 FEMA 储备了大量食物、水和药品以备急需。美国总统签署紧急声明,让数个预计受影响的州可以申请联邦援助以进行额外的应急准备来应对"桑迪"飓风。另外,为了防止灾后无法及时救援和避免灾后出现无政府状态,美国军方提前部署了超过 85000 名国民警卫队成员、140 架直升机、75 艘橡皮艇、3125 辆水陆两用车辆、43 台大型水处理设备、3535 台发电机和 726 台废墟清理设备,美国军方国家后勤局也加倍储备燃料来满足应急发电所需。前期及时彻底的疏散、大量的物资储备、大批军人和先进机械化设备的部署,为后期灾后的救援、社会治安的维护和次生灾难的减少打下了坚实的基础。

（2）府际沟通整合信息,充分调配应急救灾资源

"桑迪"飓风来袭前,FEMA 持续关注其动向并与佛罗里达州和其他可能受影响的东海岸各州的地方政府进行密切合作以应对可能发生的灾难。随后,南卡罗来纳州、北卡罗来纳州、弗吉尼亚州、马里兰州,以及华盛顿特区的东海岸各州相继宣布进入紧急状态,将只能由州政府使用的资源调配给地方政府,同时放松可能阻碍快速应急的各种管制,以增强地方政府利用应急资源的能力。美国国防部长和马里兰州、新罕布什尔州、纽约州、新泽西州、马萨诸塞州等各州州长共同任命双重指挥官来同时领导联邦和州国民警卫队,以防止出现"卡特里娜"飓风来临时,联邦和州各自为政、一盘散沙的情况。这项任命也使指挥官们能更有效地整合防务资源,提高应急能力。得益于这种全国性的纵向和横向的信息整合和资源整合,美国政府灾前准备充分,灾后行动非常迅速且目标一致。

飓风发生后,超过 1900 名 FEMA 工作人员为救灾提供各种支持,9 个联邦搜救小组进入受灾区域营救,同时还有 6 个小组待命,14 个事态援助小组和 12 名联络官分赴灾区以保证满足灾区需求;FEMA 避难中心提供超过 500 万升的饮用水、300 万人次的伙食、90 万条毛毯和 10 万件帐篷;得益于良好的府际沟通和组织,救灾行动有序展开,从而避免了"卡特里娜"飓风发生时出现的人为衍生灾害。

（3）重视灾民心理疏导,利用社交网络安抚群众

一方面,美国总统第一时间就接连宣布数个可能受影响的州处于紧急状态,并可向

联邦政府申请援助。灾后，警察和国民警卫队第一时间出现在街道上，这些措施保证了有效的疏散和救灾效果，不会出现"卡特里娜"飓风时大批灾民被困的情况。另一方面，美国政府充分利用社交网络迅速传播的特性来组织应急准备和救灾，安抚灾民情绪。FE-MA在包括推特、脸书等大规模社交媒体上都建立了官方账号，持续提供防灾、救灾的各种信息，极大地稳定了灾民的情绪。例如，FEMA在"桑迪"飓风期间持续监控推特，观察有没有谣言，有没有新情况发生；美国红十字会在救灾时组织了一个23人的小队，持续监控超过250万条与"桑迪"飓风有关的信息，并及时获取社区居民的需求。此外，官方对谣言及时快速的反应，有效地阻止了虚假信息的传播，安抚了群众，阻止了进一步的人为衍生灾害。

3. 美国"桑迪"飓风应急物流经验借鉴

（1）建立标准统一的应急管理系统

一方面，美国建立了覆盖联邦、州及地方层面的应急管理指挥协调体系。在联邦层面，1979年成立的FEMA是联邦政府应急管理的核心协调决策机构。2003年，FEMA并入国土安全部，职责范围涵盖地震、飓风等各种自然灾害，以及环境、卫生甚至核领域的各种突发公共事件，全面负责应急准备、预防、监测、响应、救援和灾后恢复工作，对庞大的社会应急资源进行系统管理、科学配置，使其在统一的指令和安排下高效有序地运转，以有效应对突发事件。另一方面，美国建立了国家突发事件管理系统。通过这一系统，美国在应对突发事件过程中实现了各标准在联邦、州和地方之间的通用和兼容，建立了一套适用于整个系统的概念、原则、术语和技术，使系统不会在使用中因出现歧义而停止运转。由于突发事件的规模、严重性不同，需要这一系统介入的程度也不同，应在避免过分动员、造成浪费的同时，避免动员不足，影响应对应急事件。

为了实现对突发事件的有效应对，我国近年来也加快了突发事件应急预案体系建设，各个行业、各个部门、各个层级基本实现了应急预案零的突破，突发事件应急预案体系建设已初具雏形。例如，民政部门积极建立完善的自然灾害应急救助预案体系，上至民政部、下至街道（乡镇）、村（居）委会，基本建成了"横向到边、纵向到底"的预案体系。客观地说，我国预案体系建设在一定程度上仍存在实际针对性不足、指标体系差异性大、资源整合力度小、现实指导性差等缺陷。如对同一个自然灾害，不同部门根据不同的预案体系启动各自的应急预案，客观导致多头启动、启动级别不一，部门各自为政现象，在一定程度上影响了突发事件的应对效率。

综上所述，我国应结合实际，在深入调研的基础上，尽快建立突发事件管理系统，以更好地统一突发事件的应对标准，整合各类社会资源，提高应对效率。

（2）完善突发事件应对指挥体系

美国国土安全部将突发事件指挥系统细化为处置、计划、后勤物流、财务行政四个部分，联邦、州、县（郡）、市各级的应急指挥系统都按照这一模式设立，构成了上下衔接、运转有效的指挥体系。美国应急管理的核心是"专业应急"，即应急管理中各个角色必须具备相应的专业能力，而政府领导主要负责政策、策略以及涉及全局的重大决策。政府对应急队伍的各个职位、各个级别都设定相应的培训要求和考核、资格认定机制。美国应急管理规定，第三级及以上的突发事件应急必须由有相应资质的管理人员指挥。因此，政府建立了专门的应急管理团队，发生突发事件时按照美国应急管理指挥体系标准化的组织结构部署到各级应急指挥岗位。在这种指挥体制下，基层政府在处理突发事件时权力大、责任也很大，权力与责任很好地结合在一起。美国是联邦制国家，三权分立，州权强大，行政管理体制与我国存在很大区别，我国不能简单照抄照搬。

我国的行政体制属于单一制，中央对地方实行一元化领导，在应对突发事件方面便于全盘指挥、统一调度所有资源，因而比联邦制具有更大的优越性。《中华人民共和国突发事件应对法》宏观规定了我国突发事件应对指挥机制，这基本沿用了我国现有行政管理体制的事权管理原则，没有确定独特的应急管理系统，它往往要动用整个行政资源应对一个突发事件，但容易造成对其他行政职责的冲击，影响突发事件应对的效率和效益，还可能导致突发事件应对成本居高不下。在我国应对突发事件的实践中，当一个较大的突发事件发生时，多个层级的党委、政府同时介入，多个部门同时启动应急程序，表面上看各个层级、各个部门都在应对突发事件，似乎每个层级、每个部门都对应对突发事件负有责任，派员赶赴突发事件现场成为一种态度，这既造成了行政资源的巨大浪费，又导致参与部门众多，但不清楚到底哪个单位、哪个部门真正直接负责，多头介入、多头指挥也使基层政府无所适从、难以应付。

在完善我国突发事件应急指挥体系方面，应着重从以下几个方面发力：一是避免政策真空。我国突发事件应对职能分属于公安、国土、卫生、安监、水利、地震、民政、农业、气象等多个部门，要注意厘清各个部门的职责，避免出现政策真空。如在突发事件应急救助方面，民政部门负责自然灾害救助，而社会安全事件、公共卫生事件、事故灾难中的应急救助职能却付之阙如。要对现行突发事件应对体系进行系统分析，进一步完善政策体系，加大协调整合力度，增强应对突发事件的整体合力。二是突出基层政府在突发事件应对中的作用。应当对基层政府在突发事件中的作用、职能作出更加明晰的规定，并赋予其相应的权力和手段。当突发事件规模较大时，需要上级的帮助和支持，但不能以牺牲基层在突发事件应对过程中的主体地位为代价。三是强化依法应对突发事件的意识。突发事件的发生，极可能对现有的社会秩序造成较大冲击，在这种情况下，既要强调突发事件的特殊性，又要注重依法应对突发事件，不论突发事件起因、规模、复杂性如何，都应在法律的框架内去调节矛盾、处理纠纷、防控风险。四是进一步明确政府的责任。要借鉴美国建立的有限责任政府理念，明确界定政府在突发事件中的责任，在切实落实救助政策的前提下，对私有财产遭到破坏的，要明确重建的主体是个人，政府不能承担无限责任，既要防止不作为，也要防止乱作为。

（3）树立防救并举的新理念

美国十分重视防灾减灾宣传教育，已完成了从单纯性事后应急向防救并举的转变。美国人观念中公共安全与每个人的日常生活息息相关，因此培养公民的安全意识、提高自我救援和自我保护的技术和技能，成为美国应急管理部门的重要职责。可以说，防灾减灾已经深入美国人的生活细节中，成为美国社会管理运行过程中不可分割的一部分。

我国在应对突发事件中可借鉴美国的经验，把突发事件预防纳入重要议事日程，真正做到未雨绸缪，防患于未然。一是加强灾害监测预警。要从过去重事后处置轻事前预防，向实现预防、处置、善后全过程管理转变，培养各级政府的危机意识，增强风险意识，加大防灾减灾投入，加强重点领域监测预警系统建设，提高突发事件监测预警能力。如"桑迪"飓风登陆前几天，美国大多数电视台都调整了播出节目，全方位播报飓风警报、防范知识等，引导大众科学、理智、有序地应对飓风灾害，效果十分明显。二是更加重视防灾减灾工作。有效地开展防灾减灾工作，可以最大限度地减少灾害发生的风险。要重视建筑物防震防灾能力，将建筑物抗震标准作为验收的强制标准，对现有建筑物是否符合防灾减灾要求进行排查，提前消除灾害隐患，以最大限度地减少或避免灾害损失。三是创新防灾减灾宣传教育形式。组织开展多形式、多层次、群众喜闻乐见的宣传教育活动，制作防灾减灾宣传资料向公众免费发放，在电视、网络等媒体上播放防灾减灾公益宣传片，帮助公众了解自救互救基本知识和技能。尤其要注重扩大防灾减灾宣传教育的覆盖面，切实提高宣传实效。四是加强减灾救灾能力建设。切实加大投入，大力加强突发事件应急指挥体系、应急物资储备体系、救灾应急设施建设，全方位提升应急能力。要进一步强化专家队伍在减灾救灾工作中的独特作用，加强减灾救灾队伍的培训，增强应急预案的实用性、科学性和针对性。

（4）切实发挥民间组织对应急管理的作用

社会力量是政府救援力量的有益补充。美国各级政府构建了全社会共同参与的综合应急管理体系，应急系统通常由政府部门和社会主体共同构成，包括政府机构、非政府组织、工商企业、新闻媒体、社会公众等主体。值得注意的是，在众多的民间组织、社会组织中，绝大部分成员是志愿者，专职工作人员只占很小比例，志愿者通过民间组织这一平台发挥了重要作用。

在我国突发事件应对实践中，对民间善举、志愿者及相关组织缺乏制度性规范，"强政府、弱社会"的应急格局没有根本改变。政府在应急管理中善于动用一切公共资源全力处置，虽然短期内可产生立竿见影的效果，但成本高、负担重、压力大。虽已开始培育各类志愿者队伍，但缺乏有关志愿者队伍的权利、义务、保障等方面的法律规定，一且出现志愿者伤亡或其他创伤，难以界定责任，志愿者也不清楚自己到底能得到何种保障。各种公益组织在突发事件应对中尚未确立自己的角色定位，更多地从事一些拾遗补阙性的工作，发挥作用有限。

在我国目前的发展阶段，完全依靠政府来应对突发事件不现实，应通过充分调动慈善机构、社会团体、公民个人等民间力量参与突发事件应对处理工作，弥补政府力量不足，帮助灾区最大限度地减轻灾害损失和恢复生产生活秩序。一是引入市场化手段。拓宽应急资金筹集渠道，借助保险、金融力量，形成立体融资格局。如大力发展政策性农房保险，建立巨灾风险分担机制，提高保障水平。二是大力培育志愿者队伍。逐步健全志愿服务的相关法律制度，进一步明确民间组织在突发事件应对中的作用，不断拓展民间组织发挥作用的空间，引导民间组织积极参与突发事件应对过程中应急救助、灾后重建、心理援助等工作。加大专业培训力度，切实提高志愿者队伍的专业化水平。三是积极开展慈善捐赠。应群策群力，努力挖掘社会各阶层蕴藏的巨大慈善捐赠潜力。应创新思路方式，既可捐款，又可捐物；既可捐赠项目，又可捐赠技术，进一步健全各种社会力量的合作机制和社会力量动员机制，使社会力量在突发事件应对中发挥更大的作用。

（二）日本熊本地震应急物流运作案例

1. 日本熊本地震简介及损失情况

2016年4月14日，日本熊本县和大分县发生里氏6.4级地震，此外共发生震度里氏1级以上余震1888次，造成了重大的人员伤亡和经济损失。据统计，地震导致228人死亡，2753人受伤，避难民众约18.4万人，房屋损毁约20万户。为应对灾害，熊本县共计开设了855个避难所。

地震发生当日，日本内阁在首相官邸紧急组建应急管理团队，设立非常灾害对策本部，着手准备对熊本受灾地区的推式供应工作。熊本县各市（区）町村也立即启动储备物资，开展自救活动。2016年4月16日，由于避难民众的数量达到18万人，仅依靠熊本县的储备物资已无法满足需求，于是熊本县政府向中央政府请求紧急实施推式供应，这也是推式供应机制首次实际应用于灾害救援活动。

2. 日本熊本地震应急物流分析

（1）依托民间物流设施建设应急物资据点

在熊本县制定的灾害应急预案中，原本将熊本产业展示场设定为广域应急物资据点。但在地震发生后，该设施因受灾无法投入使用，后续又考虑了熊本县厅及大学体育场馆等替代方案，但由于这些设施都达不到物流作业所要求的建筑标准，最终决定选择民间物流设施作为应急物资据点。鉴于当地余震不断，在综合考虑设施规模、场地条件等因素后，最后选择位于佐贺县鸟栖市的日本通运鸟栖流通中心作为接收中央政府推式供应的广域应急物资据点，并在熊本县内设置 36 个二级应急物资据点负责末端物资输送。由于日本通运鸟栖流通中心的物资调运量超过最大负荷，后又陆续增设了日本通运箱崎物流中心和东部物流中心、宅急便福冈久山物流中心、福冈市中央青果批发市场等应急物资据点。这些应急物资据点都位于受灾地熊本县以外的区域，可以有效避免受灾地路网中断带来的不利影响，能够更快速、高效地接收各地支援物资。各地的支援物资先送到这些广域应急物资据点，经过统一分类处理后再分拨输送到受灾地的二级应急物资据点或避难所。

（2）政企民协同完成应急物资运输与配送

在应急物资输送方面，熊本县的灾害应急预案原定从物资供应地到广域应急物资据点间的干线输送由中央政府负责，广域应急物资据点到二级应急物资据点的输送由熊本县负责，末端环节的"最后一公里"输送由各市（区）町村自行负责管理。在物资运输方面，设定了由自卫队运送物资和利用民间物流企业输送物资两个备选方案。最初，日本政府将应急物资输送任务委派给自卫队，但自卫队毕竟不是专业物流组织，物资输送作业中多次出现输送延迟以及组织管理混乱等问题，最终还是决定以日本通运、宅急便等专业物流组织为主实施物资输送，自卫队只负责部分市（区）町村应急物资据点到避难所的末端物资输送作业。在具体的物资输送业务分工上，食品类的应急物资输送由日本通运负责，主要将集中到鸟栖流通中心的物资经由日本通运在熊本的中转站点输送至各市（区）町村的末端应急物资据点或避难所。而食品以外的生活物资主要由宅急便负责，通过宅急便的福冈久山物流中心输送至各市（区）町村的末端应急物资据点或避难所。

（3）创新性应用云平台传递应急物流信息

在熊本地震的物资供应活动中，首次以云平台替代传统的以电话和传真为主的信息传递方式，有效提升了信息传递和共享的效率。通过在各避难所配备手持智能平板终端将受灾信息、物资需求种类、数量等信息上传到云平台进行共享，解决了以往物资供应中常出现的供需不匹配问题，提升了物资供应、调拨作业的准确率。在实际应用过程中，先由避难所或市（区）町村的负责人员将各自负责区域的物资需求信息进行汇总，通过智能平板终端上传到云平台系统进行共享。广域应急物资据点整理分析各避难所上传的物资需求信息，并以此为依据开展调拨作业。信息共享的内容主要包括灾害应急相关各主体主要联系人、物资信息、应急物资据点信息、物资供应状况等，但由于该系统实际投入运营的时间较短，物资列表包含的物资类别主要有食品、服装、卫生用品等 14 个大类 139 个品目，在发送物资需求信息时，只能在系统下拉菜单中选择已录入系统的物资，并输入相应的需求量进行申报，对于尚未录入系统的其他物资，暂时无法通过该系统进行申报，只能在特记事项栏中进行单独标注，由系统管理员结合具体情况来进行特别处理。因此，该系统在使用范围上有一定的局限性。

（4）熊本地震推式供应中的应急物流协同

在日本熊本县46个各级地方自治体中，有40个自治体签订了合计779个各类灾害应急合作协定。其中，与物资调运、供应相关的协定共计218个（包括与其他自治体的合作协定70个，与民间工商业企业、物流企业和其他服务业企业签订的合作协定148个）。地震发生后，熊本县立刻启动应急管理机制，成立灾害对策本部，开始实施灾害救援工作。在物资供应方面，也在第一时间启动了与上述相关企业的协同机制，迅速开展物资调拨、应急物资据点选择和运营、物资输送等相关作业。

在中央政府层面，日本政府成立非常灾害对策本部，并于当日向熊本县派出现地先遣团队。现地先遣团队在熊本县厅设立非常灾害现地对策本部，负责与熊本县灾害对策本部协同处理灾害救援相关事宜。同时，在东京的非常灾害对策本部事务局设置了物资调拨、输送班，由内阁、防卫省、厚生劳动省、国土交通省、经济产业省、农林水产省、资源能源厅、消防厅、日本通运和宅急便等各方派出的40名成员构成，负责主导实施对熊本地震灾区的推式供应活动。推式供应是日本政府基于"3·11"日本大地震的经验教训总结出来的新型应急物资供应机制。推式供应中的物资输送主要由国土交通省负责主导推进，国土交通省通过与各地运输协会等物流行业组织建立协同机制，将具体物资输送业务委派给相关物流企业。在各类物资供应来源方面，主要由相关省厅负责主导推进，如农林水产省负责食品类物资的供应，经济产业省负责其他生活必需品类物资的供应。

以食品为例，当熊本县各市（区）町村的物资储备出现供应不足时，可以直接向非常灾害对策本部提出物资支援申请。非常灾害对策本部事务局物资调拨、输送班根据灾情分析，制订物资调拨计划并传达给农林水产省，农林水产省通过食品行业协会组织联系相关食品供应企业，确定具体物资种类和数量，形成支援物资报告汇报给非常灾害对策本部。在确定食品供应计划后，非常灾害对策本部通过国土交通省联系物流协会，确定负责运输的物流企业，正式开展推式物资输送作业。在熊本地震的推式供应活动中，2016年4月16日至19日，根据推测受灾人数10万人的需求规模，共计输送食品90万份；4月20日至22日，又输送了食品95万份；至5月6日，合计供应总量达263万份，这充分体现了推式供应的救援效果。

受灾情况逐渐好转后，日本政府和熊本县开始采用物资调配、调整会议模式，协同实施更精准的物资供应行动。同时，物资输送也从推式供应向拉式供应转换。应急物资供应行动转为以熊本县为主进行全盘管理，熊本地震物资供应基本告一段落。

3. 日本熊本地震应急物流经验给我国的启示

（1）整合社会物流资源，优化应急资源配置

我国在建设应急物流体系的过程中，应大力推动各地应急管理部门和基层行政组织与物资供应企业、物流企业等相关主体签订应急物流合作协议，有效整合社会物流资源，

优化应急物流资源配置，不断完善应急物流体系建设，强化应急救援行动中的物资供应保障能力。

（2）构建高效协同机制，促进应急多元主体参与

构建高效应急物流协同机制，鼓励应急物流相关主体开展协同合作。应急物流协同机制缺失已经成为灾害救援、物资供应工作的主要影响因素。而解决这个问题的关键是处理好灾害应急物流相关主体间的职责关系，推动各主体职能优化协同，构建灾害应急相关主体间的高效协同机制。这需要从制度保障、协同组织机制构建、协作流程的标准化和规范化、常态化应急物流协同演练等方面着手，排除阻碍因素干扰，有效提升应急物流协同效率。2022年2月，国务院印发《"十四五"国家应急体系规划》，强调"优化应急协同机制强化""部门协同"，充分发挥应急管理部门的综合优势和各相关部门的专业优势，从事故预防、灾害防治、信息发布、抢险救援、环境监测、物资保障、恢复重建、维护稳定等方面全面提升应急管理综合能力。这需要改变传统应急管理中政府独揽的状况，充分发挥"有形之手""无形之手"和"志愿之手"的作用，加强应急协同规范建设，促进灾害应急多元主体参与局面的形成。

（3）推进信息平台建设，建设智慧应急系统

应大力推进应急物流信息化建设，构建应急物流信息共享平台，实现应急物流相关主体间的信息衔接，有效保障应急救援活动中的信息传递和共享，消除物资供需信息不对称的现象。在此基础上，进一步积极利用人工智能、云计算、大数据、区块链等新技术实现科技赋能，提升应急物流体系的预警能力、研判能力、监控能力、决策能力和执行能力，建设智慧化的应急物流信息系统。

（4）完善应急物流法规，提升灾害应对能力

从相关法律和规范建设方面着手，完善应急物流保障制度。当前我国出台的相关法规主要以应急管理的综合性法规为主，应急物流方面的法规不够完善，无法为应急物流协同作业提供制度保障。一方面，在国家应急相关法律法规中，应增加应急物流的相关内容，明确应急物流作业所涉及的责任、权利和义务关系；另一方面，应通过政产学研协同合作，制定应急物流相关规章制度，不断提升应急物流体系的灾害应对和支援能力。

第二节　国内应急物流发展现状

一、应急物流体系建设进入快车道

（一）体制机制不断完善优化

在国务院未设置应急管理部之前，我国应急管理的最高行政管理机构是2005年设立

的国务院应急管理办公室，负责指挥和协调各省（自治区、直辖市）的应急办以及各部委局的应急组织机构。各省（自治区、直辖市）的应急办指挥属下的各市、区的应急办，并协调不同城市或区域的相关应急部门。

2018 年，专门负责应急管理体系的应急管理部成立后，国务院办公厅应急管理职责划入应急管理部，不再保留国务院应急管理办公室。应急管理"一案三制"（预案，法制、体制和机制）的框架和内容基本建立。各级政府应急管理部门相继成立，建立起从中央到地方分级负责的国家应急管理体制，并建立四级应急响应及信息发布、预案预警等机制。在中央层面，将分散在民政部的救灾、安全生产、消防等部门的应急物资保障职能整合，由应急管理部归口负责，并调整建立了应急物资储备购置计划、物资采购储备管理、动用轮换、回收回补等一系列制度；同时，建立健全"中央—省—市—县—乡"五级应急物资储备机制以及从中央应急物资储备库到省、市、县三级政府应急物资储备库网络。

应急响应机制启动后，各级政府相应建立跨部门的指挥机构、工作专班等应急指挥机制，对包括交通运输、应急物资保障等应急抢险救援工作进行统一指挥调度；建立多部门协同、军地联动保障和企业、社会组织、志愿者等社会力量参与机制，加强对重特大灾害事故应急物资的调运管理，应急救灾期间开通运输绿色通道，提高应急物资保障效能。

2018 年，应急管理部成立后开始探索建立应急管理体系，但重大公共卫生事件仍由国家卫健委主导，而应急物流方面的职能则分散在国家发展改革委、交通运输部等各部门身上。2020 年 1 月，国务院建立了国务院联防联控机制。在应急运输及物流方面设立物流保障工作组，物流保障工作组由交通运输部与工业和信息化部、海关总署、公安部等部门和单位联合组建，统筹公路、铁路、航空、水运、邮政等多渠道应急物流。后调整为国务院联防联控机制综合组交通管控与运输保障专班。

（二）计划规划加快落地落实

自"十四五"规划发布以来，中央和各地政府应急产业支持政策措施密集出台，为应急产业包括应急物流发展提供了良好的外部环境，为应急物流体系建设提供了基本遵循，明确了目标要求。抓好抓实应急物流一系列方针政策和决策部署有效落地成为重中之重。

其一，多部门不断颁布多项应急物流政策。一是交通运输部等 4 部门发布《关于进一步提升鲜活农产品运输"绿色通道"政策服务水平的通知》，规范了车辆查验及政策落实相关工作，为应急条件下物流"绿色通道"提供了政策借鉴。二是应急管理部等 4 部门联合印发《"十四五"应急物资保障规划》，提出了"十四五"时期应急物资保障体系建设五个方面的主要任务和六个重点建设工程项目。其中主要任务包括：完善应急物资保障体制机制法制、提升应急物资实物储备能力、提高应急物资产能保障能力、强化应急物资调拨能力、加强应急物资保障信息化建设。三是交通运输部等5部门联合印发《推进铁水联运高质量发展行动方案（2023—2025年）》，铁水联运高质量发展步入快车道，为应急物流高效运行奠定了基础。2023年8月，国家发展改革委会同自然资源部、交通运输部、商务部、国家市场监管总局印发《关于布局建设现代流通战略支点城市的通知》，提出建设24个综合型、29个复合型和49个功能型流通支点城市，明确依托流通支点城市，打造若干设施高效联通、产销深度衔接、分工密切协作的骨干流通走廊，形成内畅外联现代流通网络，为应急物流的发展与运转奠定了坚实的基础。

其二，各地注重强化应急物流体系建设。从不同维度规划部署应急物流体系建设任务，加大政策引领力度，推动应急物流体系建设规划落地落实。如重庆市口岸和物流办公室、重庆市邮政管理局等9部门联合印发《重庆市推进应急物流体系建设三年行动计划（2023—2025年)》，提出到2025年基本形成应急物流通道畅行高效、设施功能明确、装备技术智能、队伍响应快速、信息传达及时、运行响应精准的应急物流体系；充分利用铁路、公路、航空、水路、邮政、仓储配送等的社会物流资源，聚焦自然灾害、重大突发事件、重大卫生事件等突发事件下的应急物资保障需要，建立一个政府统筹、企业运营、平战一体、全社会共同参与的应急物流体系。甘肃、新疆、青海、西藏四省（区）签订《四省（区）公路保通保畅合作框架协议》，推动建立路网保通保畅协同联动机制，共同构建路网运营服务、交通执法、养护管理、应急救援等多维度协同管理体系，全面提升区域路网保通保畅能力。

（三）法规标准建设有力推进

2023年，随着全面依法治国方略在国家应急管理各方面事业中的贯彻推进，应急治理立法修法、技术标准建设继续推进，应急物流事业的法治化、标准化、规范化不断取得进展。

2023年，国家粮食和物资储备局、应急管理部、财政部联合印发《中央应急抢险救灾物资储备管理暂行办法》。以《中华人民共和国防洪法》《中央应急抢险救灾物资储备管理暂行办法》《中华人民共和国防汛条例》《中华人民共和国抗旱条例》《自然灾害救助条例》《森林防火条例》《草原防火条例》等法律法规，以及《国家突发公共事件总体应急预案》等为支撑的涵盖应急物流在内的国家应急管理法规预案体系基本建立。

2023年3月17日，国家市场监督管理总局、国家标准化管理委员会发布了《即时配送服务规范》（GB/T 42500—2023）、《逆向物流服务评价指标》（GB/T 42501—2023）、《医药物流质量管理审核规范》（GB/T 42502—2023）、《农产品产地冷链物流服务规范》（GB/T 42503—2023）等物流领域国家标准。同年7月7日，国家发展改革委发布《企业应急物流服务能力评估指标》（WB/T 1133—2023）行业标准，自 8 月 1 日起正式实施。同年 8 月 21 日，由中国物流与采购联合会提出，中国物流与采购联合会团体标准化技术委员会归口的《突发公共卫生事件应急物资中转站服务能力与运营管理要求》团体标准（项目计划编号 2023－TB－003）向社会公开征求意见。

同时，中国物流与采购联合会应急物流专业委员会携手广西物流与采购联合会、重庆市国防与应急物流技术创新战略联盟，分别在第七届中国—东盟物流合作论坛、重庆市国防与应急物流技术创新战略联盟年会上，开展了《企业应急物流服务能力评估指标》（WB/T 1133—2023）行业标准宣贯和解读。《应急物流仓储设施设备配置规范》（WB/T 1072—2018）和《应急物流服务成本构成与核算》（WB/T 1099—2018）行业标准复审工作按期开展。

（四）应急基础设施日益完善

十余年来，国家发展改革委、自然资源部、交通运输部、国家邮政局等多个部门陆续部署开展国家示范物流园区、国家物流枢纽、国家骨干冷链物流基地、国家邮政快递枢纽建设，以及国家综合货运枢纽强链补链支持城市、多式联运示范工程、现代流通战略支点城市等工作，大力加强交通物流基础设施网络建设。截至 2023 年年底，累计纳入名单的有国家示范物流园区 100 个、国家物流枢纽 125 个、国家骨干冷链物流基地 66 个、国家综合货运枢纽强链补链支持城市 25 个、国家多式联运示范工程 116 个、现代流通战略支点城市 102 个。2022 年，亚洲第一个、世界第四个专业货运机场——鄂州花湖国际机场正式建成并开航运营。此外，智慧物流基础设施建设发力，智慧物流园区、智慧港口、智能仓储基地、数字仓库等一批新基建投入使用，促进"通道＋枢纽＋网络"的物流基础设施网络体系加快布局建设，为应急物流提供了重要基础设施节点的支撑。与此同时，应急管理部推进 6 个国家区域应急救援中心工程建设，集应急物资储备供应、应急救援装备集配等功能于一体，成为立体化、现代化应急物流网络重要节点。

2023 年中央经济工作会议提到加快推进"平急两用"公共基础设施建设。中央和各省区市积极推进"平急两用"公共基础设施建设，国家发展改革委、住房城乡建设部、国家卫生健康委等部门要求，在"平急两用"公共基础设施建设中超大特大城市要发挥引领示范作用。随着铁、水、公、空、管等交通基础设施，以及"平急两用"综合物流枢纽、园区、城郊大仓、公路港，应急物流基地、应急物资中转站等应急物流设施的大力建设，中国应急物流基础设施网络进入加速发展期。

目前，北京市、长沙市、杭州市等超大、特大城市从实施方案编制、项目建设等方面，积极推进城郊大仓基地这一类型的"平急两用"物流基础设施建设。北京市平谷区作为国家"平急两用"先行发展区，重点围绕"吃、住、行、医、集中承载"五大应用场景，积极推进具有时代特色、首都特征、平谷特点的"平急两用"公共基础设施建设的探索实践，重点打造"平急两用"农副产品保供基地。其中，依托京平综合物流枢纽铁路及农业资源，通过强化应急保供功能，并充分发挥其"近城而不进城""外联内通"的区位优势，创建了城市周边的大型仓储中心。

杭州市深入贯彻实施国务院办公厅《关于积极稳步推进超大特大城市"平急两用"公共基础设施建设的指导意见》，依托城郊大仓项目这一重要举措，提升城市应急保障能力、完善现代流通领域体系。一是浙江省杭州市陆续出台《杭州市级"平急两用"城郊大仓建设财政补助资金管理办法》《杭州市城郊大仓基地"平急两用"设计指南（试行）》等一系列配套政策和设计指南，为杭州市"平急两用"物流设施建设提供切实可行的政策保障和技术支撑。二是2023年8月以来，杭州市发展改革委牵头组建市级工作专班，以专班协作叠加重点项目管理双机制为抓手，加大工作调度力度。面对国土空间规划受限、交通市政配套薄弱，以及土地获得方式、建设规模经济性等各类问题，专题协调，市、区两级部门协同发力，逐一破解，推动了全国首个新建的"平急两用"城郊大仓项目（东郊仓配一体化中心项目）的建设工作。东郊仓配一体化中心项目是以"高标准、高品质、高利用率"三高标准建设的新型城郊大仓，项目按标准规范嵌入"平急两用"功能，深度融合前沿数字技术与智能硬件可快速实现平急转换，确保日常运营的流畅与紧急物资调度的迅速响应。杭州市正全力打造全省乃至全国范围内"平急两用"设施的标杆，争创国家骨干冷链物流基地，建成后将有效补齐杭州城东在生活物资物流仓储上的短板，有力增强杭州城市保供能力，完善长三角区域物流枢纽体系。"平急两用"仓储物流设施案例见表3-1。

表3-1　　　　　　　　　　"平急两用"仓储物流设施案例

项目名称	平急转换机制
北京市京平综合物流枢纽	"平时"发挥枢纽作用，"急时"将物流仓储设施按需转化为"战时基础保供仓"，依托内外联动的多式联运网络、功能完备的冷链中心、高效的集疏运体系，联动京津冀各节点集货分拨，强化应急物流服务响应，持续保障首都物资稳定供应
浙江省杭州市"平急两用"东郊仓配一体化中心	"平时"可服务城市的仓储中转，"急时"可快速改造为医药类应急物资仓储中转站
湖南省株洲市农副产品批发交易物流中心	"平时"主要服务生鲜食材等城市生活物资中转分拨，解决长株潭地区果蔬、水产、畜禽等物资的供应。"急时"可快速改造为应急物资和生活物资中转调运站、接驳点或分拨场地

二、各级政府应急物资储备与调运能力不断提升

党中央、国务院历来高度重视应急物资保障体系建设。应急物资保障工作的发展是

一个渐进过程，与国民经济和社会发展历程密切相关。改革开放后，我国根据灾害事故特征和应急工作需要，设立了中央及地方各级应急物资储备库，建立了应急物资采购和储备制度，有力应对了一系列重特大灾害事故。2018年，应急管理部成立后，我国积极统筹推进应急物资保障体系建设并在救灾时统一调度，有力有序有效开展灾害事故抢险救援救灾，应急物资保障能力和水平不断提升。

（一）应急物资保障制度初步建立

我国初步建立了分类别、分部门的应急物资保障管理体制，出台了《中华人民共和国突发事件应对法》《中华人民共和国防汛条例》《中华人民共和国抗旱条例》《森林防火条例》《草原防火条例》《自然灾害救助条例》《中央应急抢险救灾物资储备管理暂行办法》《中央防汛抗旱物资储备管理办法》等相关法律法规、政策文件，形成了以《国家突发公共事件总体应急预案》和《国家自然灾害救助应急预案》等专项预案为支撑的预案体系，初步构建了应急物资定期采购储备、重特大灾害后紧急调用和应急补充采购、部门协同配合、军地应急联动、省际应急援助等工作机制。

（二）应急物资储备网络基本形成

我国建立了辐射全国的中央应急物资储备库，推进了地方应急物资储备库建设。一方面，中央层面有国家森林草原防灭火物资储备库；中央防汛抗旱物资储备库；大震应急救灾物资储备库；区域性安全生产应急救援物资储备库；国家综合性消防救援队伍应急物资储备库（包括消防救援队伍应急物资储备库、森林消防队伍应急物资储备库）；中央生活类救灾物资储备库。另一方面，省、市、县三级政府不断推进应急物资储备库建设，基本形成了"中央—省—市—县—乡"五级应急物资储备网络。

（三）应急物资储备基础不断夯实

我国应急物资储备规模大幅增加，物资储备品种不断丰富，并根据需要及时调整和补充。目前，中央层面储备有国家森林草原防灭火物资、中央防汛抗旱物资、大震应急救灾物资、安全生产应急救援物资、国家综合性消防救援队伍应急物资、中央生活类救灾物资等应急物资。地方各级政府根据当地经济社会发展水平、灾害事故特点及应对能力，储备有大量地方应急物资。

（四）应急物资储备模式日趋完备

各类应急物资实行分级负责、分级储备，中央和地方按照事权划分承担储备职责，中央主要以实物形式储备应对需由国家层面启动应急响应的重特大灾害事故的应急物资。

地方根据当地经济社会发展水平，结合区域灾害事故特点和应急需求，在实物储备的基础上，开展企业协议代储、产能储备等多种方式的应急物资储备。目前，基本形成了以实物储备为基础、协议储备和产能储备相结合，以政府储备为主、社会储备为辅的应急物资储备模式。

（五）应急物资调运能力逐步提升

我国加强了对重特大灾害事故应急物资的调运管理，推动建立了多部门协同、军地联动保障和企业、社会组织、志愿者等社会力量参与机制，探索提升应急物资储备网络化、信息化、智能化管理水平。各代储单位和储备库严格执行 24 小时应急值守制度，应急救灾期间开通运输绿色通道，提高了应急物资保障效能。

三、各类突发事件下应急物流实践保障有力高效

（一）重大公共卫生事件下应急物流保通保畅措施健全

我国充分发挥了区域统筹协调机制作用，鼓励地方建立跨区域、跨部门的应对重大公共卫生事件物流保通保畅工作机制，完善了决策报批流程和信息发布机制。同时，加快完善了物流通道和物流枢纽、冷链基地、物流园区、边境口岸等环节的检验检疫、疫情阻断管理机制和分类分级应对操作规范，保证了发生重大公共卫生事件时有效阻断疫情扩散、确保物流通道畅通，保障了防疫物资、生活物资以及工业原材料、农业生产资料等供应，维护了正常生产生活秩序和产业链供应链安全。

1. 建立交通运输通道保通保畅工作机制

第一，各地区和有关部门建立了省站三级调度、路警联动、区域协调的保通保畅工作机制。加强了路网监测调度，及时解决路网阻断堵塞等问题，确保交通主干线畅通。严禁擅自阻断或关闭高速公路、普通公路、航道船闸。不得擅自关停高速公路服务区、港口码头、铁路车站和航空机场，或擅自停止国际航行船舶船员换班。确需关停或停止的，应报经省级联防联控机制（领导小组、指挥部）批准后方可实施。关停航空机场涉及跨省航班或国际航班运行的，应按规定报国务院有关部门或国务院审批。要提前向社会公布关停信息，关停后要积极采取措施尽快恢复。高速公路服务区关停期间，要继续保留加油等基本公共服务功能。

第二，根据现实需要科学合理设置了防疫检查点并及时通报设置情况。高速公路防疫检查点应设在收费站外广场及以外区域，具备条件的地方要配套设置充足的货车专用通道、休息区。严禁在普通公路同一区段同一方向、同一航道设置 2 个（含）以上防疫检查点；严禁擅自阻断或关闭高速公路、普通公路；严禁防控措施简单化、"一刀切"。

要进一步优化完善部省站三级联动调度机制，加强对重要通道、易拥堵收费站、重要服务区的运行监测，及时开展疏导调度，保障路网畅通。

2. 优化重点物资运输车辆通行管控措施

我国建立了统一规范的通行证制度。根据重点物资运输需求，建立健全重点物资运输车辆通行证制度，交通运输部要会同有关部门指导各地做到统一格式、全国互认。按照全国统一式样制发重点物资运输车辆通行证（以下简称"通行证"），并畅通办理渠道，明确办理条件、程序、范围、渠道和时效，确保办理便捷。启用通行证地区的收发货单位可根据物资类别，向所在地发展改革、工业和信息化、公安、交通运输、商务、农业农村等部门提出申请，由省级各相关部门按照轻重缓急、注重时效、安全便利的原则核发省级联防联控机制统一监制的通行证。通行证要实行"一车一证一线路"，司乘人员、车辆、运输线路应与通行证信息保持一致，有效期由各省级联防联控机制确定，有效期内车辆可多次往返。对于持有通行证跨省份进出涉疫地区的车辆，各地要保障顺畅通行，有条件的地区要设立专用通道保障快速通行。运输起讫地均未建立通行证制度的，无须办理通行证。各省级交通专班在省级联防联控机制工作框架下，积极会同相关部门依托信息化手段，推动实现通行证网上办理、线上线下便捷发放。要充分发挥区域统筹协调机制作用，加快推进京津冀、长三角、珠三角、东北三省、成渝等重点区域货运物流保通保畅协同联动。

此外，还将邮政、快递作为民生重点，切实保障邮政、快递车辆通行；指导电商平台和快递企业提高作业场地精准防控水平；通过增设无接触投递设施，防止出现邮件快件积压等情况。

3. 设立物资中转调运站实施应急闭环管理

依托物流园区（枢纽场站、快递园区）、高速公路服务区等，设立启用物资中转调运站、接驳点或分拨场地，并及时向社会公告；对需要跨省域设立的，相邻省份要给予支持。物资中转站点原则上应设立在较低风险区域，实行闭环管理，做到车辆严消毒、人员不接触、作业不交叉。对进出全域封闭城市内物资中转站点的货车司乘人员，实行通信行程卡"白名单"管理模式，经地市级以上联防联控机制（领导小组、指挥部）审核确认后，不记录在相应时段的通信行程信息，返回后能严格落实健康监测和核酸检测等疫情防控措施的，原则上无须隔离。

4. 加强物流从业人员应急服务相关保障

各地区完善各项应急物流服务与设施建设，充分满足物流从业人员应急需求。原则上防疫检查点都应就近配套设置充足的检疫点，在车流量较大的高速公路服务区加密设置检疫点。鼓励有条件的地区为货车司机、船员等交通运输业从业人员提供免费检测服务。为因疫情滞留在封闭区域、防疫检查点、公路服务区等地的货车司乘人员、船员提供餐饮、如厕等基本生活服务，确保各项服务措施及时有效落实。研究制定保障铁路、港口、机场、航运等作业人员上岗的措施，并为其通勤提供必要保障。

（二）突发自然灾害事件下应急物资调运能力显著提升

2023 年，突发洪涝、地震等自然灾害相互叠加，对我国应急物流不断提出新的需求和严峻挑战。针对华北、黄淮、东北等地出现极端降雨等灾害，习近平总书记多次对防汛救灾工作做出重要指示，要求进一步提升我国防灾减灾救灾能力。面对突发的灾情，应急物流及时响应，迅即启动，重点应对 6 月底 7 月初重庆暴雨洪涝和地质灾害、7 月底 8 月初京津冀地区暴雨洪涝灾害、8 月初东北地区暴雨洪涝灾害、9 月中旬江苏盐城等地风雹灾害、12 月甘肃积石山 6.2 级地震等突发事件。2023 年 12 月，中央经济工作会议强调，必须坚持高质量发展和高水平安全良性互动，以高质量发展促进高水平安全，以高水平安全保障高质量发展，发展和安全要动态平衡、相得益彰，要求在应急物流领域，积极开展国家交通物流"生命线"分级分类规划，提高关键应急物流基础设施建设标准，建立国家综合立体应急物流网络时空大数据系统，多方协同完善应急物资保障体系建设等，全面提升应急物流保障能力，有效完成民生所需、生产所求、行业所盼。应急物流在全年保通畅、保稳定中发挥了重要作用，展现了十足的韧性，通过应急措施创新和转运模式调整，有力保障了民生需求和抢险救灾任务顺利完成。

1. 洪涝灾害下区域应急保障能力增强

2023 年 7 月底 8 月初，特大暴雨突袭京津冀地区，引发海河上游 60 年来最大洪水灾害，即海河"23·7"流域性特大洪水，对京津冀物流体系造成了局部重大冲击。与雨洪前（7 月 17 日）相比，雨洪中（7 月 31 日）京津冀发出物流量和到达物流量分别下降了71.3% 和 62.3%，应急物流在承受巨大的压力下高效运作，有力支撑了防汛抢险和民生保障任务。与雨洪中（7 月 31 日）相比，雨洪后（8 月 14 日）京津冀发出物流量和到达物流量分别上升了 238.0% 和 157.8%，绝大部分区县应急物流系统韧性较好，91 个区县的物流恢复时间在 3 天以内，但雨洪冲击对于不同区县的影响出现分化。在高频高损灾害冲击进入"新常态"的背景下，应急物流的气候包容性和供应链韧性成为重要特征，要确保事先能力储备、事中抵抗冲击、事后快速恢复。

灾害发生后，各行业全力保障京津冀区域应急物资运输"生命线"。国家电网从天津、冀北、山西、山东、湖北、河南、辽宁、蒙东、陕西、甘肃 10 个省市的单位抽调骨干力量组建支援团队，携带应急发电车、小型发电机等装备物资支援北京、河北，全力打通抗洪抢险救灾"生命线"。顺丰捐赠 1000 万元，并紧急调拨 20 台救援车辆，装载 60 余吨矿泉水和食品等急需物资，优先解决灾区的物资紧缺问题和居民的生活安置需求，为灾后重建提供帮扶与支持。京东集团捐赠 3000 万元物资，为河北涿州、阜平以及北京房山、门头沟等多地提供方便食品、饮水设备、米面粮油、消毒用品、照明设备、衣物等生产生活物资，京东物流开放周边10余个仓源支援涿州受灾图书商家就近转仓分仓。

2. 重大地震下政企联动保证快速响应

2023年12月，甘肃临夏州积石山县发生6.2级地震。财政部、应急管理部紧急向甘肃、青海两省预拨中央自然灾害救灾资金2亿元。国家防灾减灾救灾委员会、应急管理部会同国家粮食和物资储备局，在前期已向甘肃灾区调拨4.25万件中央救灾物资的基础上，向甘肃省紧急增调第二批4.75万件中央救灾物资，包括棉帐篷2500顶、棉大衣（防寒服）2万件、棉被5000床、折叠床5000张、防潮垫1.5万张、场地照明设备30台；紧急向青海省调拨2.15万件中央救灾物资，包括棉帐篷1500顶、棉大衣5000件、棉被5000床、折叠床5000张、场地照明设备20台。截至2023年12月19日9时，累计向甘肃、青海两省地震灾区调拨中央救灾物资11.15万件，全力支持灾区做好受灾群众临时安置和生活救助工作。交通运输部启动Ⅱ级应急响应，当地政府相关部门和邮政部门应急响应，全国物流行业企业紧急驰援。

物流行业企业主动承担物资调运主体责任，全力满足应急物资民生需求。如中国物流集团第一时间发出通知，要求所属企业心系灾区，全力以赴配合国家和地方有关方面开展抗震救灾工作，履行好中央企业社会责任。中储智运成立应急响应专班，组成抗震救灾救援小组，调取平台数据为25家平台合作企业和15名司机提供慰问和帮助，同时开通24小时灾区服务专线为受困"卡友"解难纾困，协调平台对运输应急捐赠物资的车辆进行运费减免。京东集团第一时间成立应急响应专班，快速启动应急救援预案，从多个就近仓库中紧急调拨饮用水、食品、御寒衣物等物资，以专人专车方式运往灾区，京东物流也积极帮助有关捐赠机构运送救灾物资。顺丰集团、顺丰公益基金会密切关注当地受灾情况，紧急启动应急响应机制，向地震灾区提供救援，将棉衣、帐篷、炉子、被褥等灾区急需物资第一时间运往灾区一线，并临时增加"无锡—兰州"全货机航班，为运输物资提供便捷的空中通道。阿里巴巴迅速启动应急机制，联合公羊救援队、蓝天救援队等救援力量展开救援行动，捐赠的首批帐篷、棉衣等物资跟随救援队紧急运往灾区。菜鸟迅速启动应急机制，联合中国红十字基金会等机构，第一时间开展应急物资运输等工作，并开通地震救援应急保供运输通道，以及提供应急物资采购服务。极兔速递积极参与地震后的社会救助行动，于12月19日下午完成棉被、棉鞋等抗寒保暖用品和纯净水、食品及急救医用包等首批紧急救助物资采购，同时，储备救灾车辆并在各分拨中心开通救灾物资运输通道。此外，申通、中通、圆通、韵达等物流企业，紧急采购救灾物资驰援灾区，永昌、飞腾物流等企业对发往灾区的救援物资提供免运费服务。

第三节　国内外应急物流对比及经验借鉴

一、对比分析

美国、日本、德国等的应急物流行业的发展模式各具特色，但都强调了政府引导与市场参与相结合、法规体系完善与信息化技术应用以及国际合作与交流的重要性。相较之下，中国的应急物流仍需要从建立常态化应急物流管理机构、完善应急物流专业法规、健全应急物流标准体系等方面着手。同时亟须利用信息化手段对救援物资储备及运输做到长期统筹，实现信息公开透明，打通我国各部门、各地区应急物资供给的信息系统，实现应急信息共享，这样才能实现应急物资物流通畅，做到调得出、用得上。国内外应急物流特点对比分析见表 3-2。

表 3-2　　　　　　　　　　国内外应急物流特点对比分析

对比维度	国外应急物流	国内应急物流
应急物流管理机构设置	设置了应急物流专门机构	应急物流保障工作分散在国家发展改革委、交通运输部、工业和信息化部、海关总署、公安部等部门和单位
政策法规体系建设	制定了较完备的应急物流法律体系，对应急物流的各个环节和相关主体的职责都有较为明确的规定	出台了一系列政策文件和法律法规，为应急物流法规标准的制定提供了坚实的政策基础
应急物流标准制定	成立了与应急物流管理有关的标准化技术委员会或标准化工作组	国家和行业层面发布了多项标准，在应急物流标准体系建设上取得显著进展
政府和市场参与程度	以政府引导和市场参与相结合保障应急物资供应	政府在应急物流中发挥主导作用，鼓励和引导物流企业、社会组织等多元参与应急物流
应急物资储备与调配	建立了较为完善的应急物资储备体系，能够快速合理调配	应急物资储备主要由政府部门负责，应用科学技术实现快速、精准调配
应急物流补偿机制	应急资源征用补偿机制相对完善，依法保障被征用方的合法权益	逐步健全平急转换和社会资源应急征用经济补偿机制，明确补偿的范围、标准和程序等
信息化手段应用	高度重视信息化技术在应急物流中的应用	大力推进应急物流的信息化建设

（一）应急物流管理体制建设对比

国外通常由政府首脑担任最高领导者，负责组建国家层面的管理机构，实施统一协调管理。这种做法有助于树立权威、高效调动资源，并确保有效应对各类紧急情况。此外，美国、日本等国家还设立了中枢机构，构建了立体化、网络化的应急物流管理体系，注重地方管理体制与中央管理体制的紧密对接，能显著提升紧急状态下社会整体联动响应能力。对于我国而言，应急物流涉及多个部门和领域，通过建立跨部门协同机制，实现了资源的高效整合和调配，构建了中央、省、市、县、乡五级应急物流网络，形成了立体化的应急物流体系。通过在全国重点区域布局应急物流枢纽，强化多式联运能力，实现了公路、铁路、水运、航空等多种运输方式的无缝衔接。这种多层次、立体化的物流网络，极大地提升了应急物流的保障能力。从中央到地方各级政府应急管理部门成立以来，国家统一的应急管理新体制逐步建立，逐步形成统一指挥、专常兼备、反应灵敏、上下联动、平战结合的中国特色应急管理体制和工作机制。

（二）应急物流法规标准制定对比

各国都通过实施法律法规和政策文件来推动应急物流管理的标准化进程。美国已经形成以联邦法、联邦条例、行政命令、规程和标准为主体的较完备的法律体系。美国的《全国紧急状态法》不但明确了政府在指挥系统、危机处理和全民动员等方面的职能定位，而且对公共部门如警察、消防、气象、医疗和军方等的责权做了具体的规范，同时明确了企业和个人在应急物流中的职责和义务。这些法规为应急物流的顺畅运作提供了法律保障。日本实行立法先行，依托《灾害对策基本法》先后颁布了 200 多部具有强制性的标准化法律法规文件。除此之外，日本还高度重视业务连续性等基础通用性标准的制定，已发布的基础通用性标准达 30 多项。德国为了明确各级政府在公民保护方面的具体职责，联邦政府及各州政府相继出台了《灾难保护法》《救护法》《公民保护法》等多部法律，这些法律法规的出台为德国应急救援工作打下了坚实的法律基础。此外，德国还非常注重应急物流的标准化建设，通过制定统一的标准规范，确保应急物资在储备、运输、分发等各个环节都能够按照统一的标准进行操作，从而显著提高应急物流的效率和协同性。随着我国《中华人民共和国突发事件应对法》的最新修订颁布，连同《中央应急抢险救灾物资储备管理暂行办法》《突发事件应急预案管理办法》《国家自然灾害救助应急预案》等在内，我国的国家治理体系应急管理领域的法律法规框架基本建立。在政策支持方面，中国政府高度重视应急物流体系建设，出台了一系列政策文件和法律法规，为应急物流法规和标准的制定提供了坚实的政策基础。例如，《中华人民共和国突发事件应对法》《中华人民共和国国防动员法》等法律法规明确了应急物流的职责分工、运行机制和应急响应流程。《交通运输"十四五"立法规划》提出积极推进交通运输法立法进程，将应急物流作为重要内容纳入，进一步完善了应急物流的法律框架。在综合协调与资源整合能力上，中国在应急物流法规和标准制定中，注重多部门、多领域的协调合作。交通运输部统筹规划铁路、公路、水路、民航及邮政行业发展，全面推进综合交通运输体系建设，为应急物流法规和标准的制定和实施提供了有力支持。这种综合协调能力使应急物流法规能够更好地适应不同运输方式和行业需求，从而提升法规的适用性和可操作性。在应急物流标准体系建设上取得显著进展，国家和行业层面发布了多项标准，如《应急物流术语》《应急物资储备库建设标准》等。这些标准涵盖了应急物流的设施建设、物资储备、运输配送等多个方面，为应急物流的规范化管理提供了技术支撑。在行业协同建设水平上不断提升，中国各地政府结合本地实际情况，出台了一系列地方性政策法规，推动应急物流行业的发展。行业协会和企业也积极参与标准制定，形成了国家、地方和行业协同推进的良好局面。这种多层次、多主体的协同机制，使应急物流法规和标准能够更好地适应不同地区和行业的实际需求。此外，中国注重实践经验与应急能力的积累。中国在应对各类突发事件中积累了丰富的应急物流实践经验，这些经验为法规、标准的制定和完善提供了重要参考。例如，在地震、洪水、台风等自然灾害以及公共卫生事件的应对中，中国不断完善应急物流预案，细化法规内容，明确责任义务，提升了应急物流的科学性和实用性。

（三）应急物流社会力量参与对比

在欧美主要发达国家和地区，非政府组织及民众力量在应急救援中的参与极为普遍。以美国为例，为应对突发事件，广泛动员社会力量共同参与，构建了一个全社会共同参与的综合应急管理体系。在此体系下，非政府组织、社区居民以及志愿者队伍，在救灾、应急物资运输等过程中均发挥了重要作用，成为政府主导力量的重要补充。德国志愿者服务体系极为发达，志愿者被视为应急救援的主力军，为专业救援队伍提供了坚实的后盾。据统计，德国8200万人口中，有2300万名志愿者从事各种类型的服务，其中专门从事灾难救援的志愿者就多达180万人。这支庞大的民防队伍都接受过专业的技术训练，并按地区划分组成了抢救队、消防队、维修队、卫生队以及空中救护队等。日本在应急物流方面则充分利用了现代商业物流的发展成果，通过推动缔结各种官民应急物流合作协定，成功将大量民间物流设施纳入应急物流体系。同时，还充分利用物流公司进行应急物资的配送与储存管理，有效提升了应急物流的效率。国外这种公私合作模式展现出广阔的应用与推广前景，能够通过高效整合社会资本与技术资源，显著提升应急物流的运作效率与可持续性。各国政府正采取政策引导、资金支持等多种措施，积极调动企业、社会组织以及志愿者群体的积极性与参与度，构建多方协同的工作平台与信息共享机制，确保各方沟通顺畅、协作紧密，携手推进应急物流体系的持续优化与完善。

对于我国而言，突发事件应急物资保障对应急物流提出了极高要求，各级政府应急管理相关部门需要具备高度的社会责任感、相应的实力和资质，预有准备、随时能用的企业物流队伍需要迅速投入应急物流保障中。一方面，我国社会物流资源整合能力不断增强，拥有丰富的社会物流资源，包括中央直属的大型国有运输企业和民营物流巨头。例如，中国国家铁路集团有限公司、中国邮政集团有限公司、中国远洋海运集团有限公司等国有企业具备强大的运输和物流保障能力。同时，以顺丰速运有限公司、京东物流集团为代表的民营物流企业，凭借其先进的技术、广泛的网络和高效的管理，积极参与应急物流体系建设。另一方面，我国社会力量在应急物流中广泛应用了大数据、人工智能、5G、无人机配送、智能机器人等先进技术，极大地提升了应急物流的响应速度和专业化运作水平。例如，菜鸟网络科技有限公司构建了立体的应急物流体系，疫情期间多次承担新冠疫苗国际转运和抗疫物资配送任务；顺丰速运有限公司与应急管理部签订协议，利用航空、铁路、公路联运手段，保障应急物资快速运达灾区；京东物流集团形成了覆盖全国的三级应急响应体系，能够在突发事件中快速调配资源，通过智慧物流设备和技术，如无人机配送、智能分拣系统等，进一步提高了应急物流的效率。因此，我国应急物流形成了政府主导型、企业主导型和社会参与型等多种服务模式。政府通过政策引导和资源整合，发挥核心作用；物流企业依靠市场运作和专业化能力，提供高效支持；公益组织和志愿者则积极参与，为受灾群众提供必要帮助。这种多元化的参与模式充分发挥了各方优势，形成了强大的应急物流保障能力。

（四）应急物流信息技术应用对比

世界各国尤其是发达国家，都高度重视运用先进信息技术提升对突发灾难与事故的应急处理能力。各国正利用大数据分析和人工智能预测技术，提前识别潜在风险，并据此优化应急物流预案，以确保在灾害发生时能够迅速响应、精准调配各类资源。此外，无人机、无人驾驶车辆等自动化运输工具的应用，不仅能显著提升应急物流的配送效率，还能进一步增强其灵活性并扩大覆盖范围，以更好地应对各类突发事件。以美国为例，联邦应急管理署构建了国家突发事件管理系统、联邦应急管理信息系统以及网络应急管理系统等，实现各系统间的协同高效运作。美国还设立了灾害急救通信项目、电子工作任务系统、应急物流公共信息平台等专项系统，这些系统能实时传递应急响应与需求信息，助力政府更高效地调配应急资源。针对应急物流需求，日本政府开发了物资调拨与输送调整支援系统。该系统自2020年投入使用后，基本实现了各都府道县、市（区）町村应急物资据点以及避难所之间在应急物资需求、调拨、输送等方面的信息共享，显著提升了灾害初期的快速响应能力。德国则建立了民防综合指挥保障中心，该中心不仅能提供人员、设备和技术知识等各类民防服务资源，还能确保预防和解决突发事件的各方之间信息交流畅通，为参与预防和应对突发事件的各机构、社会团体及企业提供协助，实现各方的协调整合与优势互补。

中国应急物流行业借鉴国际先进经验，在应急物流技术应用方面，通过先进技术的广泛应用、智能化设备的创新、政策支持、信息共享、网络优化等多方面的努力，形成了强大的技术优势，为应急物流体系的高效运行提供了有力保障。首先，国家对推动应急物流行业技术应用的支持力度不断加大，出台了一系列政策法规来规范行业发展。这些政策旨在利用技术发展来提高应急物流的响应速度和服务质量，加强行业监管和风险防范。例如，《"十四五"应急物资保障规划》明确提出要发展智能化、自动化的应急物流技术，推动关键技术装备的自主可控。其次，中国应急物流行业已广泛应用大数据、云计算、物联网、人工智能等先进技术，极大地提升了应急物流的信息化和智能化水平。例如，通过大数据分析可以精准预测应急物资的需求量和分布情况，优化物资调配。物联网技术实现了应急物资运输状态和位置信息的实时监控，确保物资供应的可视化和可追溯。利用云计算技术对全国应急物资调运通道和车辆组织进行动态模拟，提高了应急物资的车货匹配效率。这种信息共享机制不仅提升了应急响应的精准度和时效性，还促进了应急物流各环节的高效衔接。此外，智能化物流设备的广泛应用是中国应急物流技术应用的重要亮点。例如，无人机配送、自动化仓储和智能分拣系统等技术，显著提高了应急物流的响应速度和专业化运作能力。京东物流集团通过构建干线—支线—末端"三级无人机＋通航物流"体系，在支线物流无人机和末端快递配送方面取得了重大突破。

（五）应急物流社会补偿机制对比

美国的应急物流补偿模式是以发达的资本市场为根基，以私人部门为主体，以保险公司、慈善机构、金融机构等为辅的补偿模式。美国的法律补偿模式中重点考虑了应急物流补偿机制中参与主体的利益，通过立法的形式确立了应急物资的产权，以合同的形式保障了参与者的利益。细化了各个环节的补偿主体、范围、标准和准则并且具有强制性，使得救援的后续工作能又快又好地进行，减少了国家、企业、社会团体和民众之间的矛盾，一方面，减少了突发条件下应急物资的准备时间，鼓励大量的民间资本参与到应急物流的保障体系中，使政府可以腾出手来专心从事应急物流的管理工作；另一方面，美国发达的金融市场又能通过保险、证券、债券等的形式将应急物流中补偿的成本分散到金融市场中。采用这样的模式政府负担的成本是最低的，但该模式依赖于发达的金融市场，一旦金融市场出现波动，会造成一系列不良的连锁反应。

日本的政府保险合作补偿机制主要是指由政府和保险公司共同承担补偿金的模式。与美国不同，日本将补偿价格与市场价格联系起来，并按照市场价，即签订书面合同时的市场价格来确定。日本的政府保险合作模式，将受灾民众的损失通过保险的形式分担出去，在一定程度上降低了政府所要承担的成本，并且由于其补偿的成本由市场经济来调节，能够较好地解决"公平补偿"的问题，大大减少了应急物流保障体系参与者之间的矛盾，但是在没有其他多元主体分担政府的财政压力下，容易造成通货膨胀，且不利于应急事件后的经济恢复。

中国在应急物流补偿机制方面，通过多方面的努力，形成了具有中国特色的应急物流补偿机制，为应急物流体系的高效运行提供了有力保障。一是加强了政策支持和制度保障。中国政府高度重视应急物流补偿机制的建设，通过政策引导和法规完善，为应急物流补偿提供了明确的制度保障。例如，《"十四五"国家应急体系规划》明确提出要制定运输资源调运、征用、灾后补偿等配套政策，完善调运经费结算方式。此外，国务院办公厅印发的《"十四五"现代物流发展规划》也强调要健全平急转换和经济补偿机制。二是明确了补偿主体与标准。中国在应急物流补偿机制中，明确了补偿主体和补偿标准，确保参与应急物流的社会力量能够得到合理的经济补偿。例如，国务院发展研究中心研究指出，可根据应急物流征用前和征用后两个阶段进行差异化补偿。三是积极探索多元化的补偿模式，以提高社会资本的参与度。一方面，政府通过财政补贴、税收优惠等方式，鼓励企业参与应急物资储备和运输；另一方面，引导"基金"与"保险"作为应急物流补偿的主要模式，充分发挥市场机制在资源配置中的作用。四是发展平战结合的运营模式。中国应急物流补偿机制注重"平战结合"，即在平时通过市场化运作降低成本，战时通过政府主导快速响应。这种模式不仅提高了应急物流的效率，还降低了企业的运营风险。例如，通过与物流企业签订应急救助协议，明确在突发事件发生时企业的责任和义务，并给予一定的资金支持，保障其工作积极性。

二、经验借鉴

（一）建立常态化应急物流管理机构

秉持总体国家安全观的指导思想，我国需加强应急管理体制的整体设计，明确中央层面的最高应急管理领导机构，在加强应急管理体系平急结合、平战结合制度设计的基础上，建立以应急管理部为核心的应急指挥调度系统。一旦发生突发事件，该调度系统能够立即启动应急响应机制，评估事件性质、规模和影响范围，确定应急物资的需求种类和数量，并实现各类资源的高效调配，促进应急物流主体之间的协同与合作，以有效应对各类突发公共事件。

（二）构建高效应急物流协同机制

我国应改变传统应急管理中政府独揽的状况，充分发挥"有形之手""无形之手"和"志愿之手"的作用，加强应急协同机制建设，促进灾害应急多元主体参与局面的形成。

具体而言，应采取以下措施：一是构建联合调度机制。在突发事件发生时，由应急物流调度部门统一指挥，根据物资需求和运输能力进行联合调度。通过优化运输路线、整合运输资源，确保应急物资能够被迅速、准确地送达灾区，以满足应急响应的紧迫需求。二是构建长效合作机制。政府应通过政策扶持、税收优惠等方式，鼓励企业积极参与应急物流体系建设。推动各地应急管理部门和基层行政组织与物资供应企业、物流企业等相关主体签订应急物流合作协议，以有效整合社会物流资源，优化应急物流资源配置，并强化应急救援行动中的物资供应保障能力。三是构建多元化的补偿机制。政府应发挥主导作用，提高资本市场的参与水平，引导"基金"与"保险"作为应急物流补偿的主要模式。可以借鉴美国的经验，加强金融保险对应急工作的支持，以减轻政府在应急财政支出方面的压力，确保应急物流体系的可持续运行。四是完善应急物资储备机制。实现应急物资储备多样化，充分调动社会力量、社会资源和市场力量，采取行政机制与市场相结合的形式，实现政府储备与社会储备、集中储备与分散储备、生产技术储备与实物储备的有机结合，以提高应急物资储备的效率和响应速度。

（三）持续完善应急物流法规与标准

当前，我国出台的应急管理相关法规主要以综合性法规为主，而针对应急物流方面的法规尚不完善，难以为应急物流协同作业提供充分的制度保障。鉴于此，我们可以借鉴日本的经验，在国家应急相关法律法规中，增加有关应急物流的具体内容，明确应急物流作业中所涉及的责任、权利和义务关系，进一步完善我国的应急物流保障制度。此外，通过政产学研协同合作，制定一系列关键标准，包括主要物资的储存及配送标准、基础设施使用标准、救援人员执行工作标准，以及应急物流信息系统的数据交换、信息共享等标准。通过标准化建设，提升应急物流的规范化和专业化水平，确保应急物资能够高效流转和精准送达，以不断提升应急物流体系的灾害应对和支援能力。

（四）推进应急物流技术应用与平台建设

一方面，通过物联网技术的运用，实现应急物资的实时追踪和智能调度，同时利用大数据技术对应急物流数据进行深度挖掘和分析，以提高应急响应的精准度和时效性。同时加强人工智能、边缘计算、区块链等技术在应急物流领域的应用研究，以提升应急流体系的预警能力、研判能力、监控能力、决策能力和执行能力，从而推动应急物流体系的智能化升级。另一方面，利用现代信息技术手段，建立全国统一的应急物流信息平台，实现应急物资需求供给、运输等信息的实时共享和智能调度，以有效保障应急救援活动中的信息传递和共享，消除物资供需信息不对称的现象。同时，平台应具备数据分析、预测预警等功能，为应急物流决策提供科学依据。

（五）多措并举提升社会基层应急力量

其一，要认识到应急管理部门自身在灾害防范和应急管理中能力和资源的有限性、统筹组织方面的优势，以及充分发挥广大公民和社区公众主体力量的重要性，逐步转变过去单一风险、单纯应急、仅靠政府的传统理念，培育塑造全灾害风险、全过程应急、全社会参与的灾害风险防范理念，尤其是加强广大公民日常对灾害风险应对的科普、告知，使每个人都能成为应急管理的有效力量。

其二，要通过多种措施共同提升社区的防灾减灾能力：一是利用乡镇居民委员会等社区管理的优势，有效整合社区与基层各种力量，构建社区灾害应急救援体系并在全国范围内进行推广实施。二是政府要在法律、财政、设备、技术等方面为基层应急力量提供物质保障，确保其能够有效应对各类灾害事件。三是做好顶层设计，建立以政府专业消防救援队伍为核心，以各类社区防灾组织等社会力量为辅助的基层应急管理体系。

（六）优化完善应急物流协同联动机制

跨部门、跨区域、跨行业协同高效联动是确保应急管理有效的重要举措，也是世界各国应急管理都要面临的问题。美国 FEMA 虽隶属国土安全部，但应急抢险救援时可代表总统协调各方，具备多部门多行业统筹协调能力。目前，我国虽组建了应急管理部，其职责包括承担国家应对特别重大灾害指挥部工作，但由于其同各行业部门同为国务院组成部门，综合统筹多部门多行业协同联动应急的能力略显不足。因此，可在国家层面将国务院抗震救灾指挥部、国家森林草原防灭火指挥部、国家防灾减灾救灾委员会等议事机构合并，或改制为应急管理委员会，使其具备更高的部门协同、区域协同、军地协同能力，面向全灾种、大应急，以更高层级的机制优化完善多部门跨区域协同联动，切实提高资源整合和协同应急物流能力和水平。

（七）强化应急物流人才保障机制

借鉴国外应急物流发展的成功经验并结合我国实际情况进行创新和完善，从以下三方面不断提升我国应急物流人才保障的能力：一是加强高素质的师资队伍建设，建立层级化、标准化的培训体系，组建专业化师资队伍，开发模块化、科学化的课程体系，培养具备专业知识和技能的应急物流人才；二是积极引入社会力量提升专业实践性，通过定期组织应急物流实战演练和模拟训练，提高应急物流人才的应对能力和协同作战能力；三是对于专业救援人员，建立系统完善的职业培训体系以及任职资质认证考核体系和制度。同时，定期举办应急物流培训班和研讨会，提升现有从业人员的专业素养和实战能力。

第四章

北京市无接触物流现状与对策建议

无接触物流对突发公共卫生事件背景下北京市内的日常保供起到了重要作用。北京市从各类交通运输作业环节、交通工具和人员消杀、增设无接触物流设施、无接触末端配送等方面做出了规定，稳妥保障人民日常生活需求。北京市人民政府、物流行业协会、物流企业等持续协同推进发展这一未来"新城配"物流模式，以提高城市配送效率，降低物流成本，提高个性化柔性化服务能力，实现低碳绿色物流目标。

第一节　无接触物流基本内涵

国外在对无接触物流的界定上，美国消费品品牌协会发布的无接触取货和配送标准是司机和仓库工作人员（警卫、货运职员、装货员/卸货员）可以保持物理隔离来执行送货或提货。日本构建了干线运输和企业直接向消费者配送两种非接触模型，前者主要使用交换体集装箱车辆进行中转，达到非接触、非面对面进行货物检查的目的，后者通过在个人或集体住宅设立快递箱（区别于邮箱），减少潜在的二次配送和接触次数，降低传染风险。

我国在《商品无接触配送服务规范》中将无接触配送定义为"互联网平台根据消费者提出的服务需求，安排网约配送员从商家取商品，通过无中转、点对点的配送方式，经与消费者协商一致，将商品放置到指定位置，以保持安全距离或相互不见面的形式完成商品交付的配送方式"。

结合国内外对无接触物流的定义，考虑到疫情等突发公共卫生事件背景，本书认为无接触物流是指应急状态下的无接触物流，通过在跨区域干线运输中采用交换式集装箱进行运输和中转接驳，在城市配送中采用直通车进行无中转、点到点的物资配送，末端采用智能快递柜、无人机、智能机器人等智慧化设施设备，进行无人配送或门到门配送，减少物流全程人与人、人与物的接触，降低传染风险的物流模式。

第二节　北京市无接触物流现状与问题

一、北京市应急物流现状

（一）利用多级应急物流网点增储保供

北京市已经建立了包括 6 个大型物流基地、28 个物流中心、46 个配送中心和 866 个生活必需品应急投放网点的四级城市物流节点体系。其中，物流中心包括 10 个传统实体类物流中心、6 个互联网电商类物流中心和 12 个专业类物流中心；配送中心包括 17 个零售商业配送中心、17 个生鲜冷链配送中心和 12 个快递二级分拨中心。应急投放网点中，东城区 37 个、西城区 46 个、朝阳区 105 个、海淀区 120 个、丰台区 80 个、石景山区 32 个、通州区 67 个、昌平区 69 个、顺义区 63 个、大兴区 51 个、房山区 61 个、密云区 42 个、平谷区 32 个、怀柔区 11 个、延庆区 20 个和门头沟区 30 个。面对疫情等突发公共卫生事件时，各级物流节点增加应急资源日常储备，通过投放点将生活必需品投放到位，实现了各区街镇供应全覆盖，保障了北京市人民生活必需品的应急供应。

（二）保障进京物资运输车辆快速通行

为保障鲜活农产品等重点物资进京运输供需有效对接、应急运力及时调配、司乘人员防护到位，畅通北京市人民生活物资进京运输通道，北京市建立了物流交通前方保障协调指挥工作机制，印发了《物流交通前方保障协调指挥部工作方案》，按照"接需即办"的原则，统筹解决运输环节的困难问题。北京市企业申请重点物资运输车辆通行证流程见图 4-1。

完善生活必需品绿色通道建设及通行证制度。北京市严格落实对于保障人民日常生活的鲜活农产品运输车辆的"绿色通道"免费快速通行政策。相关部门在疫情期间对持有北京市相关委办局核发的《应急物资进出京调拨（转运）证明》的货车或运送鲜活农产品的"绿通车"发放"北京市重点物资运输车辆通行证"（见图 4-2），优先保障持证车辆便捷通行。各部门统筹组织各领域物资运输需求方、商市场、运输企业严格履行防疫安全责任，落实"封闭式管理、人员不接触、车辆严消毒"等措施，对经审核符合条件的鲜活农产品车辆予以核发调拨（转运）证明。在有效落实"四方责任"的前提下，相关驾乘人员原则上在目的地不需要采取隔离 14 天的措施。

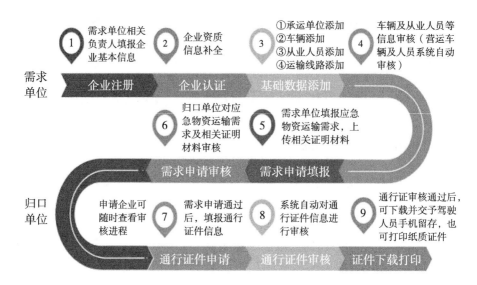

图 4-1　北京市企业申请重点物资运输车辆通行证流程

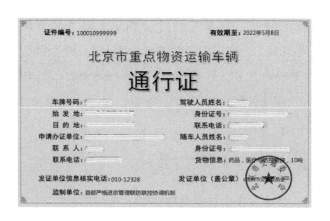

图 4-2　北京市重点物资运输车辆通行证

　　加强医药物资运输紧急通行证办理。为北京市疫情防控部门调运疫情防控所需救治消毒用品、医疗救护设备器械等紧急物资的车辆，按照相关规定办理"紧急运输通行证"并安排免费便捷通行。对短期内向北京地区运送物资的司机、装卸工等从业人员，在体温检测正常和落实封闭管理的前提下，原则上不需要采取隔离 14 天的措施。系列措施切实保障北京市应急物资运输车辆的顺畅通行，提高了疫情期间各类物资的流通效率。

（三）各类保供企业相互协作保供稳价

1. 首农集团全力保障首都市场供应

在货源保障方面，北京首农食品集团有限公司（以下简称"首农集团"）分别在河北高碑店、廊坊万庄、平谷马坊建立应急蔬菜进京协调办公室，统筹北京市场需求，依托环京省份批发市场，辐射河北省大型蔬菜种植基地，创新应急保供模式。积极组织货源，提高外埠基地产品计划产能，及时沟通物流、生产基地信息，实现产销一体、价格合理、精准到达，全力做好疫情防控形势下蔬菜供应工作，保障民生。

在渠道建设方面，首农集团将应急蔬菜快速投放至各个市场，主动对接批发市场、大型商超、电商渠道，发挥集团供应链优势，打通蔬菜进京物流运输环节，确保产业链畅通。同时密切掌握市场行情及价格变化，严格落实食品安全管理各项要求，做到产品保障不断供、食品安全有保障，确保完成大批量蔬菜进京的运输任务，保障居民日常生活。

在稳定物价方面，首农集团要求各公司科学分析市场行情，加强市场走访，积极应对市场变化，对渠道库存提前摸查，掌握市场一手资料，坚决制止恶意囤货、惜售提价现象。同时组织所属各企业迅速行动，加强调配，增加库存，丰富市场，保障供应，稳定物价，强化产能、配送、服务等环节，为首都市场供应服务保障工作提供强有力的支撑。

2. 批发市场积极保障货物流通供应

在批发端，新发地、大洋路、岳各庄等7家一级批发市场加大货源组织力度，加强产销对接，拓宽供货渠道，积极调货进京，保障肉蛋菜等生活必需品的供应货源稳定。同时，北京市各区构建若干以二级市场、大型连锁超市门店或公共配送仓库为中心，以周边非连锁门店为节点的星状补货网络，基本覆盖全市280个二级市场和9000余个零售店铺蔬菜供应。据北京市商务局统计，疫情期间北京市各类蔬菜等农产品年流通量约为3000万吨。北京鲜活农产品流通中心与新发地形成错位互补保供模式，构成首都农产品日常安全供应"双核"格局。

3. 零售商超线上线下节点同步运行

在零售端，北京市物美、超市发等大型连锁超市和京东、美团等生鲜电商平台积极组织筹措货源，加大外埠基地生活必需品直采量。与首农集团等大型企业积极对接保障市场供应，提升备货水平，强化线上渠道铺货能力，保障市民购买需求。美团、饿了么两家重点外卖平台企业制定防控疫情安全运营方案，协调配合末端配送网点运营，促进全市商业服务业平稳运行，肉蛋菜等生活必需品供应平稳。

（四）区域联动调运蔬菜保供北京

国家发展改革委相关部门建立周边6省区市联保机制。天津、河北、内蒙古、辽宁、山东、河南6省区市立即成立工作专班，梳理本地区进京大型骨干蔬果流通企业和货源，加强与北京方面的对接，增加对北京的市场供应。同时指导协调北京市在平谷马坊、河北省在高碑店等地设立蔬果等物资多功能中转储运站，保证进京蔬菜、水果等生活物资物流运输畅通。

建立京津冀三地疫情联防联控联动工作机制（见图4-3）。在这一机制之下，三地细化疫情信息互通、人员有序流动、防疫物资互济互帮、区域产业链配套企业和重点项目复工复产、交界地区防控等10个方面制度措施，梳理出需要相互支持的事项清单38项，协同做好疫情防控各项工作。

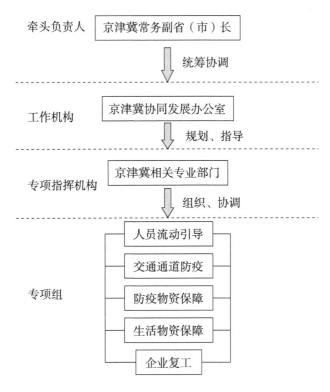

图4-3 京津冀三地疫情联防联控联动工作机制流程

京津冀地区启用统一式样的重点物资运输车辆通行证，实现了跨省互认，极大方便了在京津冀三地通行的货运车辆。为更好地防控疫情，采用人、车、货、行程绑定的方式，实行"一车一证一线路"，解决了通行证不统一、不互认造成环京津冀地区公路拥堵的痛点问题，提高了进京保供车辆通行效率。

（五）颁布多项政策推进应急物流工作

北京市所发布的应急物流政策主要对应急物资储备、应急响应机制和应急物资运输、交通保障等方面做出规定，旨在提升北京市应急物资科学储备水平和调拨效率，同时构建京津冀区域协同的应急物流体系。部分政策见表4-1。

表 4 - 1 北京市应急物流政策（部分）

序号	时间	政策名称	内容概述	发文部门
1	2020 年 5 月 20 日	《关于进一步降低物流成本的实施意见》	加强应急物流体系建设，完善应急物流基础设施网络，整合基础设施资源，提高紧急情况下应急物流保障能力	国家发展改革委、交通运输部
2	2021 年 1 月 13 日	《关于科学精准做好河北、北京等地应急物资运输和交通保障工作的紧急通知》	各省级交通运输主管部门全力做好北京地区鲜活农产品等重点生产生活物资市场供应。对于运送进京生产生活物资穿行河北省的非河北籍人员及车辆，凭北京市各有关委（局）制发的证明予以优先便捷通行	交通运输部、公安部、国家邮政局
3	2021 年 1 月 25 日	《商务部办公厅关于切实做好春节期间市场保供工作的通知》	要畅通运输渠道和物流循环，维护保供网络正常运转。与当地有关部门加强沟通协调，确保生活物资供应渠道畅通，保障生活必需品配送流通网络正常运转	商务部办公厅
4	2021 年 10 月 27 日	《关于加快推进韧性城市建设的指导意见》	要健全应急物资储备轮换、代储、报废等制度，优化分配和使用机制。探索应急物资云储备新模式，实现储备物资库存动态平衡。鼓励企事业单位和家庭储备基本的应急自救物资和生活必需品。构建京津冀区域协同的应急物流体系	中共北京市委办公厅、北京市人民政府办公厅
5	2021 年 9 月 28 日	《北京市"十四五"时期应急管理事业发展规划》	规划建设 1~2 座现代化市级综合应急物资储备库，与现有的市级物资储备库实现功能和空间互补，为北京市和津冀地区重特大灾害事故应急处置，以及战时国防动员物资调拨和中转提供必要的服务保障	北京市应急管理局
6	2021 年 11 月 29 日	《北京市"十四五"时期应急物资储备规划》	各相关部门按职责分工协作，统分结合、平战结合的应急物资管理保障体制基本形成，建成以市级应急物资储备体系，形成与本市灾害综合风险相匹配的应急物资储备机制，建立健全一系列鼓励引导社会力量参与应急物资保障工作的机制	北京市应急管理局

续 表

序号	时间	政策名称	内容概述	发文部门
7	2021 年 7 月 9 日	《北京市突发事件总体应急预案（2021 年修订）》	交通运输、医学救援、能源供应、通信保障、现场信息、抢险救援物资装备、自然灾害救助、社会秩序、新闻宣传等应急保障工作牵头协调部门和支持部门，应组织编制并指导各区编制相关保障类应急预案，督促做好保障体系建设，完善快速反应联动机制	北京市人民政府
8	2021 年 12 月 24 日	《关于进一步加强本市应急物资保障体系建设的若干意见》	设立市应急物资保障联席会议制度，坚持需求牵引、风险导向，分行业、分领域制定应急物资储备规划。加强应急物资保障综合管理工作制度建设。推进应急物资储备库建设，加强本市应急物资储备与中央环京区域储备库物资储备协同，提升科技在应急物资保障中的战略支撑作用	
9	2022 年 6 月 2 日	《北京市统筹疫情防控和稳定经济增长的实施方案》	做好市域内及河北省应急物资中转站随时启用准备，建设运维资金由政府性资金承担	

二、北京市无接触物流发展现状

（一）社区末端配送服务调研现状

本书采用线上与线下相结合的方式对无接触物流现状进行调研。一是针对居民、物业、居委会，采用问卷调查及走访的形式，线上线下共发放问卷 400 份，收回有效问卷 391 份。调查人群涉及广泛，18~30 岁的占比达 80.59%，31~50 岁的占比达 13.53%，其他占比达 5.88%。二是针对保供企业、社区、商超、物业、居委会采取实地考察、深度访谈、座谈会等方式，了解疫情期间企业、社区无接触物流服务现状。

1. 主要购物渠道调研

调研结果显示，疫情期间 82.94% 的受调查人群使用过网络电商进行购物，47.65% 的受调查人群曾在超市、便利店购物，42.35% 的受调查人群使用过商超配送到家服务，而通过社区团购以及直播电商进行购物的较少，分别占受调查人群的 35.29% 与 32.94%，通过无人售货门店进行购物的仅占 4.12%，其他购物方式占 0.59%（见图 4 - 4）。由此可见，疫情期间线上购物在北京市较为普及，因为可以避免人与人之间的密集接触。

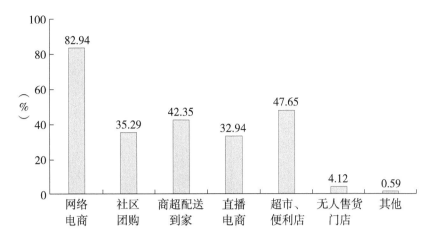

图4-4 疫情期间受调查人群主要购物渠道占比情况

2. 主要消费品类调研

从对疫情期间居民消费品类的调研可知，大部分人的购物行为主要体现在购买果蔬与日用百货上，占比分别为63.53%与69.41%。同时，米面粮油、肉蛋家禽、熟食冻品和美妆护肤也是居民购买的主要消费品类，占比分别为45.29%、38.82%、38.24%和34.71%（见图4-5）。可见，疫情期间居民消费的主要目的是满足基本日常生活需求。

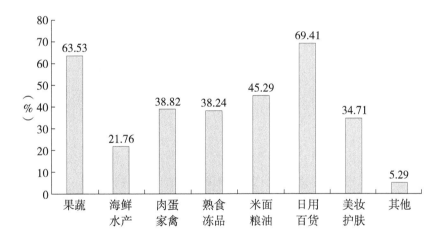

图4-5 疫情期间受调查人群主要消费品类占比情况

3. 快递收取方式调研

通过调查，在平常时期，居民接收快递方式较为多样化。其中，快递柜取件、菜鸟驿站取件与送货上门或面签的方式在所有快递收取方式中占比较大，分别为58.24%、50%、45.29%（见图4-6）。

而在疫情暴发后，快递接收方式相较于平常时期较为单一，主要通过指定地点自取的方式收取快递，占比达到72.35%（见图4-7）。

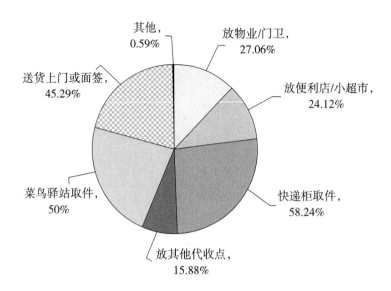

图 4 - 6　平常时期受调查人群收取快递方式占比情况

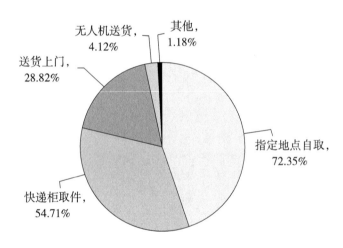

图 4 - 7　疫情时期受调查人群收取快递方式占比情况

4. 无接触配送安全调研

根据无接触末端配送各方面的安全调研，卫生安全方面，94.71% 的受调查对象认为需要对快递进行消毒；信息财产安全方面，有 43.38% 的受调查对象在收取快递的过程中遇到过丢件、坏件的问题，38.24% 的受调查对象发现个人隐私泄露，27.94% 的受调查对象遭遇过采取无接触配送方式而造成配送费增加的情况，同时 17.65% 的受调查对象在取件过程中由于无人设备存在缺陷而受到过干扰（见图 4 - 8）。由此可见，无接触配送服务还存在诸多亟待完善的方面。

5. 无接触末端服务评价

通过无接触末端服务的综合评价，58.09% 的受调查对象认为无接触配送站点的数量

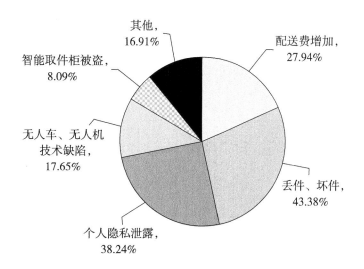

图 4 - 8 疫情期间受调查对象在信息财产安全方面遇到的问题

需要增加,位置便捷性需要改进;50.74% 的受调查对象认为对个人隐私的保护需要加强;47.79% 的受调查对象认为配送效率有待提升;45.59% 的受调查对象认为需要加强收取的便利性(见图 4 -9)。

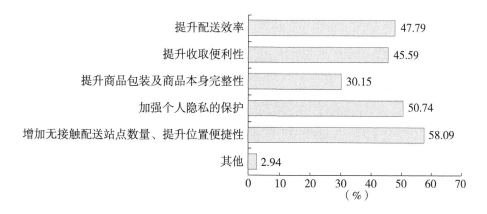

图 4 -9 受调查对象对无接触末端服务综合评价

(二) 企业无接触物流服务现状

1. 保供企业

连锁商超、生鲜电商、国家级应急保障企业等北京大型保供企业设立了商品线上自提区和电商仓,物美、永辉等重点连锁超市在门店外设立自提点,消费者可凭自提码到门店外自提点以"无接触"方式拿取商品。疫情期间北京各大连锁超市约在 406 个门店设立了自提点。其中,物美店外自提点覆盖北京区域,开通线上配送业务的超过 200 家门店。在北京市朝阳区,盒马鲜生、每日优鲜等企业在社区前沿建设"无接触自提点"约

1126 个，覆盖全区 90% 社区。盒马鲜生也在丰台区和昌平区的数十个小区建立了无接触自提点。华冠超市与房山区订单量相对集中的社区加强对接，设立集采集配社区团购点 106 个。北京市社区保供节点见表 4-2。

表 4-2　　　　　　　　　　　　　北京市社区保供节点

类别	范围
连锁商超网点	物美、京客隆、超市发、家乐福、华联综超、永辉超市、沃尔玛、华冠超市、首航、山姆超市等
生鲜电商网点	京东七鲜、美团、盒马鲜生、叮咚买菜、每日优鲜等
国家级应急保障企业商业网点	首农集团、邮政集团、中粮集团、中国储备粮管理集团、物美科技集团、益海嘉里（北京）粮油食品工业有限公司、北京京邦达贸易有限公司、顺丰速运等
其他网点	其他各类超市门店、其他电商前置仓、其他品牌便利店、其他社区菜店、加油站、都市购物中心、百货店等

2. 物流企业

北京市部分物流企业建设无人化、智能化、自动化立体仓库。无人仓智能化的作业模式可有效减少人员在仓库内的活动，降低交叉感染的风险，且能够适应疫情期间对于无接触接驳的作业要求。疫情期间，京东、顺丰等企业均在北京市布局自有的无接触智慧物流仓库，有效匹配疫情期间无接触运输需求（见表 4-3）。

表 4-3　　　　　　　　　　　　北京市大型企业无人仓建设情况

企业	仓库名称	位置	智能设备	作业能力（功能）
京东	亚洲一号北京物流园	大兴区	Shuttle 立体库、智能搬运机器人等	每小时能完成 25 个订单
顺丰	顺丰智慧云仓中心、全自动分拨中心	大兴区	自动化设备、机器人等	作为顺丰华北智慧航空中转中心与陆空多式联运中心
	北京顺丰全自动分拣中心	顺义区	智能分拣设备等	日均处理量将高达 150 万件
苏宁	通州"超级云仓"	通州区	SCS 智能拣选系统、A-Frame 自动拣货系统等	日处理包裹可达到 181 万件

部分末端配送物流企业如美团、丰巢、菜鸟等快递、外卖平台依据疫情期间社区管理状况、居民需求等要素采取多种投递方式来实现无接触配送。

①寄存入柜：通过将物品存入快递柜的方式，实现无接触配送。

②约定投递：居民与配送人员确定存放地点，如"放门口""放前台""挂门把手"等，实现无接触配送。

③固定距离配送：配送人员在配送前做好自身的消毒工作，收递双方在见面时始终保持 1 米或 1 米以上的安全距离。这种固定距离配送主要是针对一些必须当面签收和不方便自取的货物。

（三）无接触中转及末端设施现状

2020 年 6 月，受疫情影响，新发地休市，国家发展改革委组织京冀两地迅速研究设立河北高碑店、平谷马坊、廊坊万庄三个保供物资进京中转调运站，其中河北高碑店、廊坊万庄属于京外中转站，平谷马坊属于京内中转站；在京内部分小区设置无人驿站完成末端无接触配送工作。

1. 京外中转设施

（1）万庄中转站

万庄服务区将东区划分为调运中转站，并划分现场消杀区域，普通车位被改造成货车停车位，服务区配套用房则改为司机休息区，各区配套设施齐备，实现中转站内无接触转运。外地司机提前进行进京预约后驶入中转站消杀区域对车辆内外部及承载货物进行全面消杀，司乘人员健康检测合格后，登记信息，然后进入司机休息区；在此等候的中转司机则接管货车，将货车驶离中转站，一路走绿色通道将蔬果送往北京各大商超等；送达目的地后，中转司机再开车返回万庄，对车辆进行消毒后，原先的送货司机会驾车返回发货地。

（2）高碑店中转站

河北高碑店中转站同样划分多个工作区域，进京司机驾驶车辆到达中转站，进站时进行车辆自动消杀，人员则前往等待区进行抗原检测，全程实行闭环管理，外省进京司机等待检测结果期间，由专门人员对司机驾驶室进行消杀，由中转站专门司机接力进行下一过程运输，运送到相应中转点，运输完成后驾驶车辆返回，外省进京司机待检测结果确认无问题后，驾驶车辆离开，做到"换人不换车"。此外，中转站设有单独的区域进行人员闭环管理，后续通过闭环管理运输，全过程基本做到了无接触运输。目前河北高碑店中转站已转为"永久性"中转调运站，由京东物流入驻，应急状态以中转配送为主，平时作为农产品供京重要基地。

2. 京内中转设施

根据对疫情期间北京市内无接触物流中转设施的线下调研，以马坊中转站为例，2022 年前主要通过对运输人员进行消杀的方式来运输，2022 年后企业根据疫情形势，与首农集团开展合作，通过网络平台预约的形式开展运输前的资格审查，并与司机进行确认，确认完毕后与公路方协作完成货品运输。

疫情期间，司乘人员自东南门驶入平谷马坊京内物资中转站，完成整车消杀、扫码登记、健康检测工作，将车辆停至等候区后司机下车进入司机休息区，车辆在周转区进行车内消杀并完成车辆环境安全检测后，由站内工作人员接管完成后续转运，此时有两种操作方式：一是转运司机将货物运输至目的地后返回与进京司机完成车辆交接，进京司机自东门离京；二是进京司机完成物资装卸后驾车自东门离京，由转运司机驾驶中转站车辆将货物运输至京内（见图4-10）。

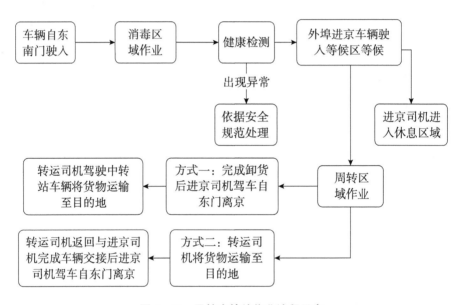

图4-10　马坊中转站作业流程示意

马坊中转站以"平急两用"为发展思路，以提高突发卫生事件时期的保障能力，推动北京城市物流体系建设和城市生活物资保障，与周边果蔬供应商及加工企业联动，完成果蔬的加工和运输。

但在实地调研过程中，也了解到现有中转运输存在的一定问题：中转站虽然会对进京车辆进行消杀，但货车货箱全程并不会打开，因此货车所运输货物进入中转站后并未进行消杀，所运输货物是否符合防疫安全标准无法在第一时间得知。

3. 末端配送设施

北京市部分小区在单元楼出入口建设无人驿站并配备货架以及帐篷等设施，快递员根据业主的楼号将快递放置在对应的货架上，业主在收到短信提醒后，前往相应的货架来领取快递。但这些无人驿站并未配备监控设备或出库仪等设施。

（四）无接触物流设备应用现状

1. 货物转运装备

物资由货车运至中转站后，借助挂车、叉车、货车升降平台等装卸设备完成运输物资的人员无接触"甩挂"作业；借助集装箱拖车、拖车头、吊索、起重机等装载设备完成运输物资的人员无接触"接驳"作业；借助周转箱、周转笼、周转袋等设备保证物资的分拣和封装。

2. 无接触智能柜

在无接触设备的实地调研中发现，疫情期间北京市社区内无接触物流设备普及度较低，主要通过智能快递柜进行末端无接触配送，也存在一定数量的社区仍采用快递员送货至小区门口或家门口，待快递员离开后业主自行开门取件消杀的情况。

目前，智能快递柜的应用主要集中在新建的小区，而老旧小区楼房因层数低、小区空间狭小等，对于智能快递柜的应用并不广泛；反观新建小区布局更为合理，智能快递柜的普及率相对更高。但智能快递柜在小区内的位置距离多数居民较远，且存储空间有限，对于大件物品无法储存，其灵活性有待提高。总体而言，北京市社区内的无接触物流设备的规模与社区规模并不匹配，设施分布不合理。

3. 无人车配送

通过实地走访发现，部分小区、购物中心、地铁站、餐饮商家采用了无人车的配送模式，减少了店铺及窗口人员与顾客的接触。相较于传统零售，无人车配送模式提高了顾客购物的便利性，但也凸显出部分问题。

购物中心内无人车内容量较小，仅适用于餐饮业及小件商品的无接触售卖，其对于场地要求较高，须提前规划路径。现阶段调查发现其应用规模较小。

地铁站内无人车的售卖模式主要应用于新建地铁线路上，老旧地铁线路上并未完全普及，且占地面积较大，灵活性不高，无法便捷移动。

在北京市亦庄经济开发区、顺义区，快递公司采用了无人配送车来进行快递派送服务。整个流程始于快递员将包裹安放在这些智能小车中，而后无人配送车将自主驶入预先规划好的路线，将包裹准时送达客户所在楼下。客户在收到短信通知后，抵达约定地点等待领取。

（五）无接触物流标准现状

无接触物流标准方面，北京市并未单独颁布无接触物流标准，表4-4列举了部分国家和地方颁布的无接触物流相关标准，这些标准在商品末端配送、智能设备应用、餐饮服务等方面进行了规定。

表 4 – 4   无接触配送标准（部分）

序号	标准编号	标准名称	发布日期	实施日期	标准分类		制定范围
1	GB/T 39451—2020	《商品无接触配送服务规范》	2020 年 11 月 19 日	2020 年 11 月 19 日	国家标准		规定了商品无接触配送服务的术语和定义、服务要求、服务流程、异常情况处理和服务质量控制与改进
2	DB13/T 5801—2023	《无接触餐饮提供服务通用要求》	2023 年 7 月 28 日	2023 年 8 月 28 日	地方标准	河北	规定了无接触餐饮提供的服务流程、服务管理等内容
3	DB42/T 1967—2023	《无接触智能外卖自提柜应用规范》	2023 年 3 月 6 日	2023 年 5 月 6 日		湖北	规定了外卖自提柜的术语定义、设备选址要求、使用流程和异常情况处理
4	DB37/T 3882—2020	《餐饮提供者无接触供餐实施指南》	2020 年 3 月 16 日	2020 年 3 月 16 日		山东	规定了特殊公共卫生事件期间的无接触供餐过程、无接触供餐外围管理、信息追溯等要求
5	DB43/T 1753—2020	《餐饮产品无接触配送服务规范》	2020 年 3 月 5 日	2020 年 3 月 5 日		湖南	对餐饮产品无接触配送服务的基本要求、服务内容、服务要求、异常情况处理、服务评价与持续改进等进行了规定

（六）无接触物流相关政策

1. 货运流通相关政策

在疫情管控的大背景下，货运流通是保障物资供应的重要一环，为了最大限度保障货运流通稳定和人员安全，北京市在各类交通运输作业、交通工具和人员消杀、增设无接触物流设施、无接触末端配送等方面做出了规定。部分政策见表 4 – 5。

表 4 - 5　　　　　　　疫情期间北京相关货运流通无接触政策（部分）

序号	时间	政策名称	摘要	发文部门
1	2022 年 4 月 11 日	《国务院应对新型冠状病毒感染肺炎疫情联防联控机制关于切实做好货运物流保通保畅工作的通知》	对来自涉疫地区的内贸船舶，实行非必要不下船、非必要不登轮，推行非接触式作业，确保港口运行正常。有条件的地区可增设无接触投递设施。各地区、各部门要督促指导各类交通运输企业，以及物流园区、公路服务区、港口码头、铁路车站、航空机场等经营单位和从业人员，严格执行消毒消杀	国务院
2	2020 年 12 月 31 日	《关于印发进口高风险非冷链集装箱货物检测和预防性消毒工作方案的通知》	有效防范新冠肺炎疫情通过进口高风险非冷链集装箱（含集装器）及其装载货物（含跨境电商货物和边民互市贸易商品）外包装输入风险，加强进口集装箱货物的新冠病毒检测工作，充分发挥消毒对新冠病毒的杀灭作用，实现"安全、有效、快速、经济"目标	国务院
3	2020 年 11 月 19 日	《商品无接触配送服务规范》	鼓励企业广泛开展无接触配送，为疫情防控时期即时配送行业提供了方向指引和操作规范	中国商业联合会
4	2020 年 8 月 25 日	《北京市商务局关于新冠肺炎常态化防控下加强食品冷链物流管理的通知》	作业人员在岗时手不应直接接触冷链食品。企业应为外出运输、配送人员配备消毒剂、纸巾、消毒湿巾等防护用品。各环节应尽量实现人员无接触作业	北京市商务局
5	2020 年 7 月 20 日	《新冠肺炎疫情期间公共交通工具消毒与个人防护技术要求》	交通工具实行通风管理、预防性消毒、终末消毒；工作人员及旅行人员也要做好自身消毒。	国家卫生健康委员会

2. 重点场所和人员相关政策

北京市还规范了人员密集的重点场所防疫措施，对重点人员如快递、外卖员派送作业做出了规定，实行无接触配送，鼓励使用无接触支付、取消堂食等，避免因聚集导致疫情扩散情况的出现。具体政策见表 4 - 6。

表 4 - 6　　　　　　　疫情期间北京相关重点场所无接触政策（部分）

序号	时间	政策名称	摘要	发文部门
1	2020 年 1 月 24 日	《北京市人民政府关于进一步明确责任加强新型冠状病毒感染的肺炎预防控制工作的通知》	宾馆、饭店、旅店、文化娱乐场所、商业经营单位、公共交通工具等公共场所或者其他人员密集场所的经营者、管理者应当落实公共场所、人员密集场所的消毒、通风等防控措施	北京市人民政府

续　表

序号	时间	政策名称	摘要	发文部门
2	2020 年 1 月 27 日	《北京市人民政府办公厅关于落实"四方责任"进一步加强重点人群、场所和单位新型冠状病毒感染的肺炎疫情防控工作的通知》	宾馆、饭店、文化娱乐场所、商场超市、公共交通场站等人员密集场所的经营管理单位和地铁、公交等公共交通运营管理单位应当增加场所、交通运输工具的清洁与消毒频次，做好清洁消毒工作记录和标识，保持良好通风状态	北京市人民政府办公厅
3	2020 年 2 月 6 日	《新型冠状病毒感染的肺炎流行期间餐饮服务单位防控指引》	送餐人员在取餐、送餐时，应采取不接触的方式，如外卖可以送到楼门口、小区门口，由顾客自取，减少人员接触	北京市市场监督管理局
4	2020 年 7 月 20 日	《新冠肺炎疫情期间重点场所和单位卫生防护指南》	鼓励无接触购买和支付方式；要求使用无接触测温设备等防疫物资；禁止堂食、采用无接触配送；对于来自疫情严重国家/地区的旅客，采用无接触式乘机	国家卫生健康委员会
5	2021 年 8 月 11 日	《重点场所重点单位重点人群新冠肺炎疫情常态化防控相关防护指南（2021 年 8 月版）》	快递、外卖实行无接触配送，一律不得进入机构内。严格落实环境清洁消毒工作，每天对培训场所进行预防性消毒	国务院
6	2021 年 11 月 20 日	《新冠肺炎流行期间快递和外卖配送人员防控指引》	推广无接触式配送模式，服务封控区、管控区、防范区、临时管控区的外卖配送人员必须采取无接触配送	北京市疾病预防控制中心

三、北京市无接触物流存在的问题

（一）区域协同政策较少，区域协同能力有待加强

目前，京津冀关于无接触物流的区域协同并未出台相关政策，缺少相应的协调机制，亟须加强区域内各无接触物流环节的有效对接，大力开展物流保通保畅工作，加大应急物资物流的协调管理，加快重点物资运输车辆通行证的规范化、统一化进程，防止出现货物滞留、供应链中断或交货延误等问题。同时，随着国内外形势的不断变化，灾害、安全、疾病等重大突发性公共事件随时可能发生，更应建立健全跨区域、多部门协调推进的指挥调度机制，实现各系统间的高效集成和互联互通，形成应急物流分级响应制度，以提高区域整体协同能力。

（二）无接触中转设施数量较少，现有中转环节存在管理漏洞

北京市曾启用马坊中转站，保障疫情较为严重地区的生活生产物资顺利安全进京。

作为多功能中转储运站，马坊中转站主要中转果蔬类物品，疫情期间由于防疫要求的"层层加码"，许多地区出现了不少物流堵点，并且难以满足物资多种类型需要，因此要求我们备足用好应急物资中转站。同时，在疫情防控的要求下，为了最大限度地减少物流环节中人员直接接触次数，北京市结合防疫政策要求，采取的在市外建立中转站、无接触甩挂接驳和换人不换车的方式，取得了非常好的成效。但在运行的时候也发现了一些问题，一方面，在外省司机进入中转站后，隔离管控期间需要扫码、下车、登记等程序，存在大量的外来人员接触的问题，有一定的风险；另一方面，换人不换车的方式仅仅对车辆驾驶室进行消杀，运输货物并未进行消杀，进京货物是否符合防疫标准无法确定。

（三）无接触末端配送存在安全隐患，末端物流服务精准度有待提升

智能快递柜等无接触设备，受资金、技术等因素限制，并未完全普及人们的日常生活中，许多地区依然在使用传统的快递收取方式，尤其在疫情期间，快递无法进行上门配送，大多采用放置固定货架或约定地点自取的方式，因此经常发生快递丢失、信息泄漏等问题。此外，在疫情期间，北京各社区内无接触式末端配送范围较窄，许多无人车无法顺利抵达各个社区，并且无人车配送所依附的通信技术也并未实现区域全覆盖，影响了无人车在复杂多变实际环境中的连续作业。

（四）智慧物流技术应用有待完善，全程一体化信息平台亟须建设

当前北京市各节点间对于应急物资的需求量亟须精确化，并根据大数据、云计算等技术提供相应的智能化物流服务，搭建全覆盖、全方位、高效率的北京市智慧物流物资应急通道，从而有效降低病毒扩散、交叉传染等风险。同时，无接触物流各个环节中虽然有相应的数据信息系统与信息平台，但各节点间并未实现互联互通，距离实现空间与时间的全面协同还有一定距离，从而造成信息沟通困难、效率降低等。

（五）无接触物流体系有待优化，并未完全实现全程无接触

一方面，无接触物流涉及交通、城市管理、安全生产等多个领域，在各个领域中会受到法规政策不完善、更新滞后等问题影响，导致全程无接触物流在实际操作中面临一定困难；另一方面，全程无接触物流需要各个环节的高度协同，包括供应商、制造商、物流企业、销售商等。然而在实际操作过程中，各环节之间的协同水平有差异，导致物流效率降低，无法满足应急需求。同时，当前无接触主要涉及环节依然以末端配送、中途运输为主，采购、分拣、装卸等环节还很少涉及，并未完全实现全程无接触。

第三节　北京市无接触物流发展对策建议

一、加强组织领导和统筹协调

加强统筹协调，健全跨地区、跨部门协同配合机制，在应急物流指挥调度方面，建议建立健全由北京市应急管理局、卫生健康委员会、发展改革委、商务局、交通委等多部门协调推进的指挥调度机制。加强应急物流管理体系建设，建议将应急物流管理纳入北京市应急管理体系，成立应急物流专项委员会，按照综合协调、分类管理、分级负责、属地为主的原则建立市应急办公室和应急指挥中心，统筹本市应急物流工作，并将各有关部门、各区政府、社区和街道纳入无接触物流组织体系。建立市、区、社区三级北京无接触物流组织（见图4-11），各区成立区级应急指挥中心，按照市级应急办、应急指挥中心及相关部门所制定的相关政策和指示，结合发展实际，确定本区无接触物流具体行动方案，对调配的外埠资源和市内保供资源进行合理分配。各社区、街道应急负责人统领其所在区域具体工作，落实区应急指挥中心所下达的政策和指示，定时监测社区物资储量和需求量以及人员具体情况并上

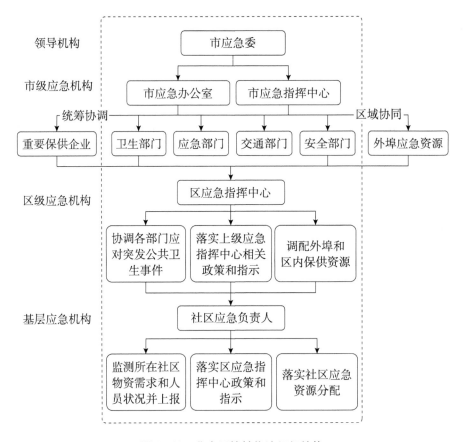

图4-11　北京无接触物流组织结构

报，根据单元需求以恰当的无接触方式合理分配社区应急物资。

二、建立区域协同联动机制

建立突发公共卫生事件下区域协同联动机制，强化横向协同和统筹管理，推动构建全市统一调配、区域就近支援的物资保障机制。由北京市人民政府牵头，协同津冀相关部门，统筹本市国有粮油企业、大型商超等重要保供企业，同时纳入外埠重点保供企业，搭建突发公共卫生事件下区域无接触物流协作平台，确保突发公共卫生事件下应急物资快速调配，解决跨部门、跨区域协调问题。完善进京应急物资调拨机制，对果蔬、粮油、医疗物资等重点物资运输车辆继续推行全国一体化的电子通行证，落实重点物资进京"绿色通道"快速通行免费政策，完善运输中转中的物资、车辆、人员闭环管理机制。构建应急物资从生产源头到社区发放的监管机制，并将责任落实到相关责任人。

三、加强无接触物流基础设施建设

（一）现有物流设施嵌入增设无接触物流作业区域

充分利用北京现有存量物流基地、物流中心、配送中心等物流设施，嵌入无接触物流功能，增设无接触物流作业区域，形成快速响应的应急物流基础设施网络体系。现有的物流基地等大型物流基础设施和其他实体商业设施，建议预留一定区域，一旦发生疫情等重大突发公共卫生事件，能够快速启用并将其作为无接触物流区域，进行局部无接触物流区域改造升级，同时提升库内自动化作业水平，减少人员接触等。

（二）鼓励新建物流设施预留无接触物流区域

加强建设北京市无接触物流节点，鼓励新建物流设施预留无接触物流区域。鼓励建设无人化全自动立体仓库，在社区、商业体内建设智能柜、无人驿站等末端无接触设施，完善无接触物流节点体系。

（三）对无接触物流设施建设提供政策支持

对相关企业开展的无接触物流设施建设项目，符合条件的纳入优先审批和重点支持项目，并在土地使用税上享受优惠政策。对重点无接触物流项目拓宽融资通道，鼓励银行等金融机构对符合条件的企业加大支持力度。

四、加强无接触技术装备开发应用

（一）鼓励无接触物流装备和技术研发

支持建设一批无接触物流技术装备重点实验室、研究中心、创新中心等研发创新载体，加强自动化、智能化等前沿技术研发，推进人工智能、5G、大数据、云计算、区块链溯源等新技术在无接触物流领域的融合应用，提升装备感知、分析、控制、决策能力和水平。发挥企业、科研机构、高校等主体作用，积极跟踪国内外无接触先进装备技术发展趋势，加强核心技术攻关，推进智能机器人、无人车、无人机等常用无接触设备研发，加快创新成果转移转化，并对卓有成效的科研成果给予适当奖励。

（二）推广无接触物流设备应用

鼓励企业在中转站点建设自动化立体仓库，利用智能穿梭车、自动化拣选机器人等无人设备实现无人分拣作业。利用无线射频技术实现标签电子化，完成物流过程中的数据采集工作，以满足无人化作业的需要。加快推进无人车、无人机等设备在社区和商业设施等末端网点的应用，提升无接触配送水平。

五、建立北京一体化应急物流管理和服务平台

（一）建设应急物资全流程智慧监管平台

利用信息技术、自动化、区块链溯源等技术，建设应急物资全流程智慧监管平台，汇集应急物资生产、采购、质量、物流、仓储等各类信息，打造覆盖全流程的"信息天网"，实现数字化全面连接共享，落实对应急物资从生产源头、进京运输中转、物流中心分拨到末端配送的全流程监管监控。通过平台实现各保供企业、物流、仓配中心和生产基地的互联互通，提升无接触物流跨区域运输效率。

（二）建立突发公共卫生事件下北京一体化应急物流管理和服务平台

加强建立突发公共卫生事件下跨区域协同、快速响应的一体化无接触物流信息平台，实现与全国一体化政务服务平台对接，强化身份认证、电子印章、电子证照等，对应各闭环管理层级，进行人员统计、健康监测等，并实行线上申报和业务办理。支撑各级各类医疗卫生机构入驻，并为有需要的患者提供服务，实现线上问诊、线下送药等，提升无接触物流快速响应能力，提高安全性（见图4-12）。

六、建立全程无接触物流作业流程和标准

（一）建立中转站进出站无接触作业操作规范

来自外省的物资由甩挂运输的方式从出发地到达进京中转站，进入站点实行线上预约制，司机通过移动设备进行签字登记，完成消毒后通过专用通道进入中转站指定分区，

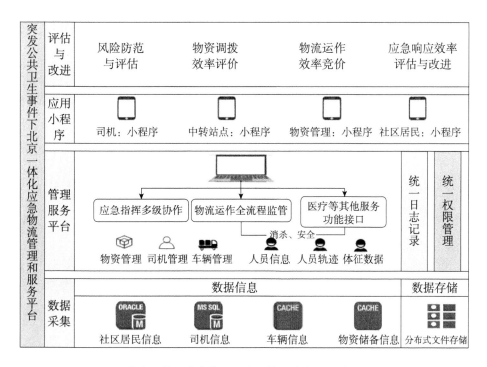

图 4 - 12　突发公共卫生事件下北京一体化应急物流管理和服务平台

利用站点的自动化作业设备完成车头与车厢分离作业，车头牵引另一空车厢返回出发地，司机全程不开窗不下车。对行驶距离较远的，可设置单独的司机休息区域，并对该区域实施闭环管理（见图 4 - 13）。

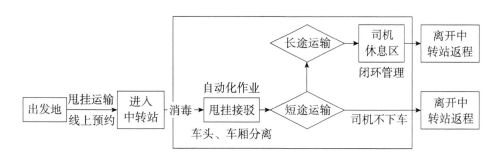

图 4 - 13　进京中转站无接触作业流程

（二）建立末端无接触配送作业操作规范

对末端无接触配送作业，通过智能柜等无接触末端设施和无人车等设备进行配送的，由配送作业人员或设备将物资送至指定设施或地点，接收人做好防护措施对物资进行消毒后收取；由专人进行门到门物资配送的，送至指定地点后放下物资并后退至安全距离，接收人验收货物后在移动设备上完成签收。

（三）建立统一的数据传输标准

对应急物资、司机、车辆等使用统一标准的数据采集方式，便于移动应用、网络、无人设备和自助服务终端进行数据的捕获和共享，包括司机使用移动设备扫描二维码进行进出站登记、自动分配中转站内卸货位置、自动化设备完成装卸货操作，以及电子化装运文件传输和电子签署等。在全程无接触物流体系中，所有相关文件都通过数字方式进行传输，完全实现无纸化、无人化作业。

七、提升无接触物流作业人员专业化和规范化水平

（一）提升无接触物流作业人员素质

定期对现有作业人员进行无接触作业标准规范培训，组织无接触物流理论学习，强化对无接触作业的认识。完善对作业人员监督考核机制，对作业人员操作不规范的进行惩罚，对表现突出的作业人员予以奖励。

（二）加强校企合作增加应急物流专业人才储备

开展校企合作，构建以行业企业为主体、以高等院校和职业院校为基础，政府推动与社会支持相结合的人才培养体系。鼓励高等院校、职业院校物流专业开设应急物流课程，优化相关课程设置，学生在校期间开展无接触物流实训。行业企业要结合实际，搭建企业培训中心、产教融合实训基地、高技能人才培训基地等，加强应急物流专业人才培养。

第五章

北京市应急冷链物流现状与对策

第一节　北京市冷链物流现状

一、北京市冷链物流发展现状

（一）北京市冷链物流需求旺盛

北京市作为特大型消费城市，受功能定位和区域规划影响，其农产品生产量远小于全市居民人口消费需求量，需要从其他省份购入农产品，冷链物流需求巨大。2022年，北京市生鲜农产品需求缺口约为345.5万吨（见图5-1），大致为北京市的冷链需求总量。未来，北京冷链物流需求量将进一步上升，根据《天津市冷链物流发展规划（2018—2025年）》预测，到2025年北京市冷链物流产品需求量将达到915万吨。

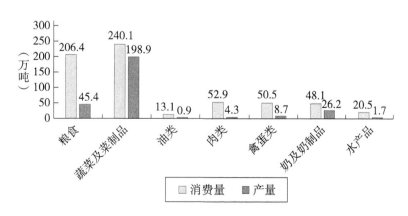

图5-1　2022年北京市生鲜农产品消费量与产量

数据来源：《北京统计年鉴2023》。

2022 年全市居民主要食品人均消费量为 298.6 千克，具体数据如图 5 - 2 所示，可以看出北京市人均生鲜农产品冷链需求较为旺盛，冷链物流服务在保障人民生活品质上发挥了重要作用。

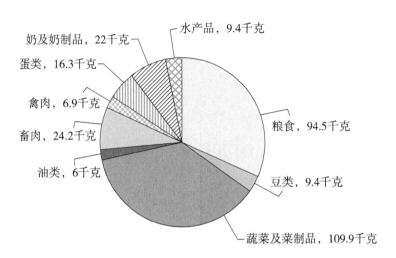

图 5 - 2　2022 年北京市居民人均农产品消费量

数据来源：《北京统计年鉴 2023》。

根据《北京统计年鉴 2023》公布的居民消费价格分类指数（见图 5 - 3），北京市居民人均农产品冷链需求额度随物价水平升高而出现增长，同比增长幅度约为 1.5%。

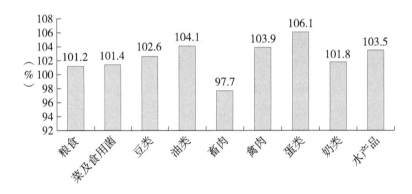

图 5 - 3　2022 年北京市居民消费价格分类指数

数据来源：《北京统计年鉴 2023》。

（二）持续布局重点冷链物流项目

2023 年，北京市将再建 4 个冷链物流项目，建成后将有力推动本市打造物流新高地，带动智慧物流发展新质生产力，并提供相关就业岗位。

4 个项目分别为普洛斯平谷智慧冷链产业园项目、京津物流园升级项目、品佳安食物保鲜技术标准示范基地和北京东南高速公路智慧物流港（一期）。其中，前两个项目将促进区域物流高质量协同发展，后两个项目将推动智能冷链物流落地。

1. 普洛斯平谷智慧冷链产业园项目

该项目是平谷区重点在建物流仓储项目，建成后平谷将成为北京最大的物流仓储设施集聚地。随着中国经济的逐步恢复，冷链物流行业的需求增加，该项目的建成将进一步推动冷链物流的发展。项目的建设和运营将促进当地经济发展，增加就业机会，并优化区域物流体系。普洛斯平谷智慧冷链产业园是一个重要的基础设施项目，它不仅服务于北京地区，还将对中国北方乃至更大范围内的冷链物流行业产生积极影响。

2. 京津物流园升级项目

京津物流园位于天津但对北京的冷链物流有重要意义，将承载京津两地口岸协同运营功能的天津港冷库与北京通州内陆口岸项目联动，为大型体育文化赛事、各类国际性会议、国内外知名企业总部群、大型娱乐中心、大型商圈等消费中心提供食材供应服务。2023年以来，京津物流园延续"冷链为主、多元经营"的思路，持续优化冷链业务，探索创新型业务模式，包括建设中国北方首个"零碳堆场"、升级改造园区设备建设分布式光伏发电项目、申报进口冻品查验资质、推进精深冻品加工产业等，通过绿色低碳转型和多元功能升级，助力京津冀协同发展。

3. 品佳安食物保鲜技术标准示范基地

该项目是商务部两岸冷链物流产业合作暨两岸冷链物流产业合作试点示范项目，由北京京铁双禾货运代理有限公司和台湾品佳安科技股份有限公司联合北京市新发地农产品股份有限公司共同合作建设与运营。该基地采用的是"GWAVE保鲜技术"（微震波物理保鲜技术）。这一技术通过震波作用轻微震动水分子，使水分子产生律动并活化，从而避免冷冻状态下大量细胞破裂，有助于延长食材的保鲜期、抑制细菌增殖、降低食材劣化速度。该基地的建设对于推动食品保鲜技术的发展、提高食品的安全性和品质、加强两岸在冷链物流领域的合作具有重要意义。

4. 北京东南高速公路智慧物流港项目（一期）

该项目定位为以冷链为主的综合性物流枢纽，重点完善北京及周边区域物流网络。项目建设地点紧邻京沪高速和六环路，规划用地面积约20万平方米，总建筑面积约36万平方米。其中，一期占地8.6万平方米，整体建筑面积约17万平方米，包括8.2万平方米冷库，总库容约11万吨。项目按照绿建三星和LEED金级标准进行设计、建造、运营，依托智慧物流中心、高品质冷库、配套服务设施和分拨中心的建设，致力于打造服务首都冷链消费品的供应保障体系，创建智慧、绿色、集约、高效、共享的智能冷链物流园区和物流综合体新型示范。项目建成后，将完善北京和周边区域的物流网络，提高运输和配送效率，为首都及环京区域提供高品质冷链服务。

二、北京冷链基础设施设备现状

2023 年，是国家"十四五"规划推进的中坚之年。《"十四五"冷链物流发展规划》指出，冷链物流是利用温控、保鲜等技术工艺和冷库、冷藏车、冷藏箱等设施设备，确保冷链产品在初加工、储存、运输、流通加工、销售、配送等全过程始终处于规定温度环境下的专业物流。

（一）冷链设施

1. 冷库基本情况

冷库，一般是指用各种设备制冷、可人为控制和保持稳定低温的设施。它的基本组成部分包括制冷系统、电控装置、有一定隔热性能的库房以及附属性建筑物等。按照中关村绿色冷链物流产生联盟（以下简称"中冷联盟"）制定的《冷库标识》六大库容温区分类，对全国已经投入运营的冷库进行信息采集统计。《冷库标识》制定的标准是：高温库（恒温库)5～15℃、中温库（冷藏库)-5～5℃、低温库（冷冻库)-25～-18℃、速冻库（急冻库)-40～-35℃、深冷库（超低温库)-60～-45℃、气调库（保鲜库)-2～5℃。

冷库按照结构类型可以分为土建式冷库和装配式冷库。土建式冷库一般为夹层墙保温结构，占地面积大；库房的承重和外围结构是土建的形式。土建式冷库一般为多层冷库，每层层高为 4.5～6m，货物多采用码垛的形式堆放，以人工搬运为主。近几年国内出现的一些较新的土建式冷库，特点是使用货架存放、自动化程度高、出入库方便，相对于传统的土建式冷库更能满足现代冷链物流的要求，主要面向第三方冷链物流。

装配式冷库是近年来发展起来的一种拼装快速、简易的冷藏设施，它具有以下优点。一是保温隔热和防潮防水性能良好。使用范围可在-50～100℃；质量轻、不易霉烂、阻燃性能好。二是一般为单层冷库，层高为 3～30m，利用托盘在货架中堆放货物，存取方便。装配式冷库采用库架合一的方式，即货架除承受货物的荷载外，还作为库房的骨架，故不需要再单独建造土建房屋或钢结构房屋，既节约了成本，又提高了空间利用率。三是利用多种制冷技术节能省电。温度波动<0.1℃，库温恒定，不仅保证了储存的货物品质保持不变，也为客户节约了成本。四是采用仓储管理系统和条码扫描技术，实现了货物的先进先出和全程追踪。五是实现全自动智能管理，不需要人力搬运、人工值守，提高了企业的管理水平。

2. 北京市冷库情况分析

据中冷联盟《全国冷链物流企业分布图》，2018—2022 年北京市冷库容量呈现增长趋势，但增幅在疫情后逐步放缓。冷库容量与当地经济发展水平和消费能力呈正相关，但由于北京市的特殊地位，冷库容量依然保持增长（见图5-4），这也导致了北京市冷库出现了一定程度的空置，2023年北京市冷库空置率为15%。

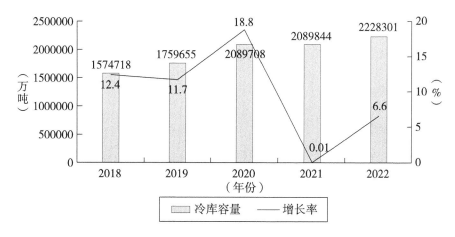

图5-4　北京市2018—2022年冷库容量及增长率

从2016—2021年北京市冷库需求分布来看，顺义区、通州区和大兴区为主要集中区域，需求分别占比29%、27%和17%（见图5-5）。这三个地区因地理位置和交通优势，成为冷链企业的主要布局区域，形成了北京市冷链物流的核心区域。

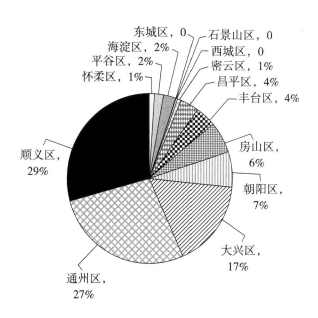

图5-5　2016—2021年北京市冷库需求分布

北京市高标准冷库的租金水平普遍较高，其中顺义区租金最高，同时空置率为19.23%，反映出该区冷库使用效率较高。相较之下，平谷区和密云区的空置率较高，分别为 44.97% 和 43.57%，体现出冷库建设速度快于市场消化能力，未来可能面临供需调整。

总体而言，北京市冷链行业在 2023 年表现出稳定增长态势，冷库容量逐年增加，区域布局集中于顺义、通州和大兴等交通便利的地区。然而，随着冷库数量增加，部分区域出现了较高的空置率，提示未来可能需要进行更加精细化的市场调控与布局优化，以提升冷库利用率，满足日益增长的冷链物流需求。

（二）冷藏设备

1. 冷藏车基本情况

冷藏车是用来运输冷冻或保鲜货物的封闭式厢式运输车，是装有制冷机组的制冷装置和聚氨酯隔热厢的冷藏专用运输汽车，常用于运输冷冻食品、奶制品、蔬菜水果、疫苗药品等。

冷藏汽车有两种，分为无冷源和有冷源。无冷源的冷藏汽车，货厢内的温度取决于所装运货物的温度，保冷时间较短。这种冷藏汽车主要用于市内食品运输。有冷源的冷藏汽车又分为有临时冷源和有固定冷源两种。

有临时冷源的冷藏汽车，货厢内设有冷却槽，装入天然冰、干冰或其他金属盐溶液冰块作为制冷剂，通过制冷剂的融化或蒸发，吸收热量以实现低温。货厢内温度一般为 $0 \sim 8℃$，适用于短途运输。近年来，出现用液氮作临时冷源的冷藏汽车，货厢内温度在 $-30 \sim -18℃$，但成本较高。

有固定冷源的冷藏汽车，货厢内装有空气调节器或机械制冷设备。装有空气调节器的货厢内能保持在 $3 \sim 5℃$ 和 90% 的湿度，可用于长途运输；装有机械制冷设备的货厢温度可保持在 $-25 \sim 0℃$，主要用于运输冷冻（$-10℃$ 以下）和深度冰冻（$-18℃$ 以下）的食品，如冻肉、冻鱼、冻虾和冻鸡等。这种有固定冷源的冷藏汽车又称为冷冻汽车。

2. 北京市冷藏车情况分析

近五年来，北京市冷藏车整体上呈现破而后立的态势，2018—2019 年出现显著增长，年增幅达到 103.5%。这一阶段的增长主要得益于生鲜电商和医药物流的快速扩张，尤其是在疫情前期，冷链物流的需求显著提升。然而，自 2020 年开始冷藏车数量急剧下滑，降幅达 29.4%。一方面是因为疫情期间物流需求发生变化以及相关企业投资放缓；另一方面是因为国家发布相关政策，提高了冷藏车的规范性，对于污染排放严重的冷藏车进行淘汰。经过 2020 年的大幅调整，2021 年和 2022 年冷藏车数量逐步趋于稳定，虽然 2021 年数量略有下降，但 2022 年增幅为 3.9%，表明市场正在逐渐复苏（见图 5 - 6）。2023 年冷藏车数量呈下降趋势，冷藏车市场开始从前期的高速增长阶段转向高质量发展阶段，企业更加关注车辆技术的升级和运营效率的提升。

2020 年 10 月，国家卫生健康委、国家市场监管总局发布《食品安全国家标准 食品冷链物流卫生规范》（GB 31605—2020），该标准是首个食品冷链物流强制性国家标准。随着环保政策的完善，新能源冷藏车逐渐成为市场新宠。电动冷藏车因其低碳、环保的特性，受到越来越多企业的青睐。此外，智能化技术在冷藏车中的应用也逐步普及，通过物联网、车联网等技术，提升了运输全程的温度监控和货物追溯能力，保障了生鲜和医药品的安全运输。

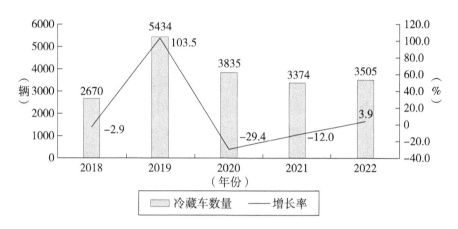

图 5 - 6　北京市 2018—2022 年冷藏车数量及增长率

三、北京市冷链物流技术应用现状

（一）冷链仓储技术

1. 田间小型冷藏保鲜设施

2022 年 5 月，国务院印发《扎实稳住经济的一揽子政策措施》，在统筹加大对物流枢纽和物流企业的支持力度方面明确提出，在农产品主产区和特色农产品优势区支持建设一批田头小型冷藏保鲜设施，推动建设一批产销冷链集配中心。

面对部分农产品短期供求失衡、价格大幅波动的情况，依托产区建立冷库、应急供应保障等机制，可以有效调节市场供应，缓解供需矛盾，稳定市场，惠及民生。产地冷库的建设可以引导农业产业发展，衍生农产品交易相关的金融产业，有效解决农产品交易双方信息不流通的问题，促进生产者和批发商之间的商品交易，保护双方利益，解决农产品丰产不丰收的问题。

田间小型冷藏保鲜设施具有多种类型。根据预冷方式的不同大致可以分为以下几种。一是节能型通风贮藏库，采用"自然通风 + 机械通风"相结合的方式，充分利用自然冷源保持适宜的贮藏温度，形式有地下、半地下贮藏窖或地上通风贮藏库，适用于耐贮型农产品，如马铃薯、山药、胡萝卜等。二是节能型机械冷库，需要配备相应的机械制冷设备，对保温隔热性能要求更高，适用于果蔬等农产品的储存。三是节能型气调贮藏库，配备专用气调设备，气密性较高，可调节气体浓度和组分，更加适用于商品附加值较高以及呼吸跃变型果蔬农产品，如苹果、梨、香蕉和蒜薹等。

2. 移动式冷库

《"十四五"冷链物流发展规划》指出，要培育一批产地移动冷库和冷藏车社会化服务主体，开发设施巡回租赁、"移动冷库+集配中心（物流园区）"等模式，构建产地移动冷链物流设施运营网络，提高从田间地头向产地冷藏保鲜设施、移动冷库等的集货效率，缩短农产品采后进入冷链物流环节的时间。

农产品具有产地分散、采收季节性强、集中成熟上市等特点，移动式冷库可灵活便利地满足"最先一公里"预冷保鲜需求，减少农产品周转搬运次数，降低损耗。有关数据显示，移动式冷库能够降低果蔬流通期间5%～10%的腐烂损耗。以樱桃为例，移动式冷库甚至可减少其产后30%以上的损失。同时移动式冷库可柔性扩展集中使用，满足农产品采收旺季的大规模储存需求。因此，移动式冷库已经成为提升我国农产品的预冷率，减少农产品流通损失的有效手段之一。

移动式冷库不仅可以满足农产品预冷、储存等方面的需求，解决生鲜农产品存贮运销难、经销商散采质量不稳定等一系列问题，还可以解决农村建设用地批用难度大的问题，并且智能化程度更高，基于物联网、大数据与云计算等技术的集成化应用，可以实现远程监控和管理。

（二）冷链运输技术

冷藏车辆普遍存在能源消耗过大和排放污染的问题。由于冷链物流需要长时间保持低温，因此需要大量耗能来维持车载冷藏设备的运行，如何降低冷藏车能源消耗量以及提高能源利用率就成为冷藏车发展亟待解决的问题，为推动冷藏车绿色化、节能化发展，逐渐研发出冷藏车的电动化技术、废弃热能回收技术及轻量化设计提出挑战。

1. 电动化技术

电动化技术能够减少冷藏车能源消耗和排放，在提高车辆能源利用率的同时减少对环境的影响。目前的发展方向有纯电动冷藏车和混合动力冷藏车。

纯电动冷藏车采用纯电力作为唯一驱动力，通过高性能锂离子电池储存能量来驱动制冷系统，能够实现排放零污染，并大幅减少碳排放和噪声污染，但对充电桩等基础设施有较高的要求，适合在较发达的城市地区使用。

混合动力系统将燃油发动机与电力系统结合使用，在需要更大功率或长距离行驶时，燃油发动机负责提供额外的驱动力；而在低速和启停过程中，由电力系统提供驱动力以减少油耗和污染。这种混合动力系统广泛应用于一些冷链物流公司的车队中，通过智能控制和优化调度来最大限度地提高能源利用效率。

2. 废弃热能回收技术

废弃热能回收技术主要通过捕获和利用冷藏车辆产生的废热能量，以进一步提高整个制冷系统的能源利用效率，并减少对外部资源的依赖。废弃热能回收技术主要应用于冷库余热回收、排期余温利用和制冷副产物利用三个方面。

冷库余热回收是指在冷藏车与冷库之间的装卸搬运中会有大量的余热排放，如空调系统、制冷系统排放等，利用废弃热能回收技术可以将这些余热进行回收转换为电能并再利用，有效提高冷藏车的能源利用率。

排期余温利用是指冷藏车辆在使用过程中会产生大量排气气体和余温，这其中包括制冷系统和发动机排放等。而这些可供回收利用的能量常常直接排放到环境中。此时利用废弃热能回收技术可以通过热交换器等设备将这些余温和排气转化为其他形式的能量，如电力或再生制冷等，为冷藏车提供额外的动力，减少排放对环境的影响。

制冷副产物利用是指冷藏车辆在制冷过程中产生了一定量的冷凝水或液体副产物。此时利用废弃热能回收技术，可以对这些副产物进行再利用，比如用冷凝水进行货物湿度调节等。

3. 轻量化设计

轻量化设计是指通过采用轻量高强度材料、优化车身结构、减少车辆自重等方式，降低冷藏车辆的整体重量。冷藏车辆在运输过程中需要消耗大量的燃料或电力来维持恒定的低温环境。而车辆的自重越轻，所需的动力就越小。对于燃油车而言，降低车身重量10%可节约6%~8%的燃油消耗；对于新能源汽车而言，车重降低10%可增加5.5%的续航里程。可见轻量化设计对于降低冷藏车能源消耗至关重要。

（三）冷链保鲜技术

1. 物理保鲜技术

物理保鲜技术是通过改变温度、压力、氧含量等外部因素，抑制或杀灭有害微生物、减少氧化、破坏酶活性，从而达到保鲜及延长保藏期的作用。现阶段紫外线杀菌、超声波保鲜技术应用广泛，冰温、高压静电场、气调包装等新型的保鲜技术正处于推广阶段。

2. 化学保鲜技术

化学保鲜技术通过浸泡、喷淋或涂膜等方式将保鲜剂添加到冷却肉中，以达到抑制微生物生长、减缓氧化酶分解的目的，从而保持食品风味、色泽及营养成分。通常分为化学保鲜剂保鲜技术和天然保鲜剂保鲜技术。

3. 复合保鲜技术

复合保鲜技术通过同时对食品使用两种或两种以上的保鲜技术，达到更佳的保鲜效果，如冰温和气调包装相结合的复合保鲜技术、冰温保鲜与天然保鲜剂相结合的复合保鲜技术等。目前，我国有将荸荠皮提取物用于复合保鲜技术的研究。

2023 年 2 月，品佳安食物保鲜技术标准示范基地在北京市大兴区西红门镇正式投入使用，作为商务部两岸冷链物流产业合作暨两岸冷链物流产业合作试点示范项目，该基地采用的 GWAVE 智慧冷冻技术正是一种微波复合保鲜技术，该技术通过对水分子施加低频率的微震波，令水分子产生轻微而多量的微震波，进入在 −4 ~ 0℃ 低温冰点下不结冰的状态。当温度降低到 −5℃ 时，因过冷却现象，食材内的水分子瞬间被冷冻，产生的冰结晶细小、柔和，呈无尖刺球状，这种细小冰晶能最大限度减轻冻结时对食材细胞的破坏，减少食材口感、质量的流失。

（四）冷链追溯技术

北京冷链运用了区块链、电子编码、大数据等现代信息技术，实现进口冷链食品全程可追溯、可监管、可查询。北京市在冷链食品疫情防控中已应用全球首个软硬一体的区块链底层平台——长安链。该平台自 2021 年 11 月上线以来，已接入北京地区的 20000 余家企业和商铺，同时监管货品累计超过 65 万吨，在北京的应用场景已达 100 个。

1. 物联网技术

物联网的核心技术包括无线传感器网络技术、无线射频识别（RFID）技术、二维码技术、M2M 技术（机器通信技术）、全球定位系统技术、微机电系统技术和两化融合系统技术等。物联网技术已全面应用于冷链物流运输中的各个环节，能够采集冷链物流各环节信息，实现实时信息共享，保持冷链信息畅通，提高冷链流通效率。

（1）仓储管理阶段

仓储管理阶段主要运用 RFID 技术实现该阶段中物联网技术的应用。在生鲜产品入库前，为需要分类包装的产品制作 RFID 标签，使用 EPC（产品电子代码）实现统一编码，将生鲜产品的名称、数量、重量以及保质期等全部记录下来。在实际操作中，产品的出入库则通过读写器、红外线接收器等实现 RFID 标签的自动扫描，并能够将所获得的信息快速传输至后台库存管理系统，从而实现对库存的精准管理，提高对生鲜产品仓储的管理效率。

（2）运输管理阶段

运输速度、路线、产品性质以及运输环境等都会直接影响生鲜产品质量，物联网技术的运用，能进一步加强生鲜产品在运输过程中的监控，以提高运输效率。运输管理中的物联网应用主要是在运输车辆中植入传感器、通信设备等，与定位标签共同实时监测车辆运行情况，也可对车厢内生鲜产品的状态予以观察。定位标签每隔一段时间将数据传输至数据库中，为企业、消费者等提供实时物流信息，而温度传感器将实时监测运输过程中车厢内温度的变化，以保持全程冷链状态。同时，物联网技术还可以规划线路，结合产品数量、消费者需求、交通状况等因素规划运输路线，以最优的方式将产品送至目的地。

（3）采购管理阶段

传统的生鲜采购过程需要在市场调研的基础上确定数量，该过程需要大量的人力与物力，且最终所确定的采购方案也不一定是最优方案。物联网技术的融合，将读写器和电子标签等融入采购环节，通过物联网技术将产品采购与消费者需求相结合，以确保企业所采购的生鲜产品数量与售出的产品数量接近，避免供不应求或供过于求现象的产生，以提高生鲜产品采购管理的效率，从而降低生鲜产品的损耗。

2. 区块链技术

区块链技术将冷链产品的生产、检测、储存、运输、配送、销售等信息"上链"，以解决各方的信任问题，并利用智能合约，自动完成上下游企业的交易，同时为消费者提供一个可靠的溯源平台。区块链技术在物流质量安全中的应用主要表现在以下几个方面。

（1）提高供应链上各个主体的互信水平

满足产品供应链信任安全体系的构建需求，低成本、高效率地解决现有溯源领域的信任难题。由于区块链技术的开放透明和系统可以通过算法相对自由和安全地交换数据，消费者、生产者和政府监管部门对食品溯源系统数据可以完全信任，食品溯源系统的普及率将大幅提高。

（2）去中心化架构实现数据保真

在区块链系统中，信息一经核验并存储至区块链，就会通过分布式节点永久保存，并且无法对单个客户端节点的数据进行修改。区块链可保证溯源系统的数据可靠性，避免数据在存储、传输和展示环节被内部管理人员或外部黑客篡改。

（3）耦合大数据应用和云计算技术，实现全流程可追溯

基于区块链的准确数据传递有利于解决现有溯源系统的信息孤岛问题，通过数据横向与纵向交互实现全程信息共享。在现有溯源系统上耦合区块链、大数据应用和云计算技术，构建全新的质量安全溯源服务平台，推进便捷、高效的数据可视化关联分析，将溯源信息化系统中的数据在计算机、手机等客户端以信息、图形的方式展现出来，实现全流程的可追溯。

3. 喷码和打码

（1）提高食品安全管理水平

喷码和打码技术为食品追溯提供了可靠的手段和方法。通过在食品包装上打印独特的标识信息，可以实现产品的全程可追溯。当食品发生安全问题时，可以通过追溯系统

快速定位问题产品，采取相应的召回和处置措施，减少食品安全事件对消费者造成的伤害。

（2）增加食品透明度和可信度

通过喷码和打码技术，在食品包装上打印生产日期、批次号、溯源码等信息，方便消费者查询和核对。消费者可以通过扫描或输入相关码，获取关于产品的详细信息，如原料供应商、生产工艺、检验报告等，增加消费者对产品的可信度和产品信息的透明度。

（3）保障消费者权益

喷码和打码技术可以打印防伪标识，如二维码和条形码，以确保产品的真实性和质量。消费者可以通过扫描防伪码，验证产品的真伪和合法性，防止购买到伪劣产品。同时，当食品发生安全事件时，通过喷码和打码技术可以迅速召回受影响的产品并进行处理，保护消费者的权益。

（4）优化生产计划和供应链管理

喷码和打码技术记录了每个产品的相关信息，包括生产日期、有效期限、生产地等，方便企业进行数据统计与分析。通过对喷码和打码数据的分析，企业可以了解产品的销售情况、流通路径等，并优化生产计划和供应链管理，提高运作效率。

4. 大数据技术

大数据技术将对冷链物流的全过程进行智能的数据监测，包括将车辆位置及路径规划、车牌号、车内温度、产品数量、产品价格、产品质量检测信息等数据实时传输至大数据平台，实现数据的统一汇总。

四、北京市冷链追溯体系现状

北京市冷链物流正处于高速发展阶段，但仍存在较多亟待解决的问题，如食品冷链中的"断链"问题和"伪冷链"问题突出，供应链韧性成为近年来领域内研究的热点问题，建立完善的冷链监管与追溯机制迫在眉睫。国务院印发的《"十四五"冷链物流发展规划》中专门设置了"全国冷链食品追溯监管体系建设工程"专栏，指出要同步完善地方进口冷链食品追溯管理平台功能，推动国家级、省级平台以及各类市场化平台间数据交互和信息共享，到2025年建成覆盖冷链产品重点品类、流通全链条、内外贸一体化的全国冷链食品追溯管理平台。

2023年12月25日，北京市市场监督管理局发布的《食品生产企业质量管理规范 第5部分：冷链即食食品》中，也提到企业应定期对质量管理体系的运行情况进行自查，而自查的内容就包括信息化追溯系统建立情况。

总之，北京市的冷链监管与追溯能力建设经历了从稳步发展阶段到疫情时期的加速发展建设阶段，北京市的冷链监管与追溯标准也呈现出以国家标准与政策为主，地方对标准不断细化的趋势。

五、北京市冷链物流企业现状

（一）冷链物流企业基本情况

根据天眼查数据资料统计，北京市冷链物流企业约 241 家，根据企业所有制类型，北京市冷链物流企业可以分为国有企业、民营企业和外商投资企业。其中，民营企业共有 228 家，占比 94.6%；国有企业共有 10 家，占比 4.1%（见图 5 - 7）；外商投资企业 3 家，占比 1.3%。调查显示，民营企业是北京市冷链物流企业的中坚力量，为民营企业创造适合其生存的政策环境、资金环境是北京市冷链物流业健康、快速发展的关键。

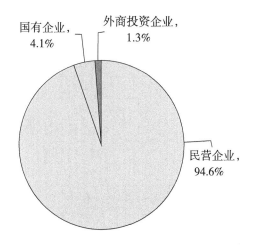

图 5 - 7　北京市冷链物流企业所有制结构

数据来源：天眼查。

此次调查还对各企业的注册资本进行了统计。根据统计结果，北京市冷链物流企业注册资本普遍较高。其中，注册资本 5000 万元及以上的企业占比为 13%；注册资本 1000 万（含）~5000 万元（含）的企业占比为 23.9%；注册资本 500 万（含）~1000 万元（含）的企业占比为 19.3%；注册资本 500 万元以下的企业占比为 43.8%（见图 5 - 8）。

2023 年，北京市共有 12 家企业入选中国冷链物流百强企业榜。其中，京东物流位居全国第 4。上榜企业中，有 8 家企业注册资本在 3000 万元及以上，其中有 3 家的注册资本甚至在亿元以上。2023 年，全国星级冷链物流企业共 178 家，北京市入榜 5 家（见表 5 - 1、表 5 - 2）。

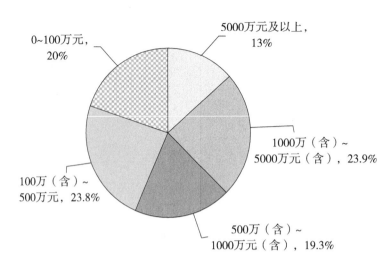

图5-8　不同注册资本的北京市冷链物流企业数量占比

数据来源：天眼查。

表5-1　　　　　　　　　　2023年中国冷链物流百强企业北京区排行榜

企业名称	注册资本/万元	成立时间/年	全国排名
京东物流	100000	2012	4
北京澳德物流有限责任公司	3000	2006	16
北京五环顺通供应链管理有限公司	3122.9	2001	32
北京亚冷控股有限公司	35500.8	2019	40
小码大众（北京）技术有限公司	294.4	2015	50
北京中冷物流股份有限公司	1200	2007	54
北京京隆伟业供应链管理有限公司	500	2002	65
北京易冷供应链管理有限公司	3350	2008	66
北京康安利丰农业有限公司	10000	2012	71
北京快行线冷链物流有限公司	3207.3	2014	77
北京优鲜配冷链科技有限公司	1000	2019	86
北京新发地农产品网络配送中心有限责任公司	8500	2015	94

资料来源：《2023年中国冷链物流TOP100企业名单》、天眼查。

表5-2　　　　　　　　　　2023年北京市星级冷链物流企业

序号	企业	星级
1	北京京邦达贸易有限公司	五星综合服务型
2	北京首农东方食品供应链管理集团有限公司	四星综合服务型
3	北京优鲜配冷链科技有限公司	四星综合服务型
4	北京博华物流有限公司	四星运输型
5	北京澳德物流有限责任公司	三星综合服务型

资料来源：中国物流与采购联合会。

（二）冷链物流企业的时空分布情况

北京市冷链物流企业主要分布在顺义区、通州区、大兴区、密云区，这几个区的冷链物流企业占冷链物流企业总数的 68.1%。北京市冷链物流企业分布严重不均，主要集中在农林牧渔业总产值高的城市发展新区，首都功能拓展区和生态涵养发展区分布数量大致相当，而在首都功能核心区分布极少，首都功能核心区的农林牧渔业总产值也极低。各区的冷链物流企业数量与农林牧渔业总产值在一定程度上相匹配（见图 5 - 9、表 5 - 3）。

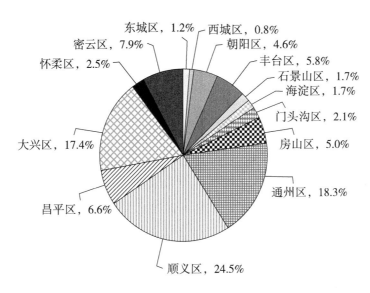

图 5 - 9　北京市冷链物流企业各区分布

表 5 - 3　　　　　　　　　**2022 年北京市各区冷链物流企业分布**

区域	人口/万	农林牧渔业总产值/亿元	冷链物流企业个数/个
北京	2184.3	268.2	241
首都功能核心区	180.4	—	5
东城区	70.4	—	3
西城区	110.0	—	2
首都功能拓展区	914.1	13.0	33
朝阳区	344.2	6.6	11
丰台区	201.2	1.8	14
石景山区	56.3	—	4
海淀区	312.4	4.6	4
城市发展新区	873.7	152.3	173
房山区	131.1	27.0	12

区域	人口/万	农林牧渔业总产值/亿元	冷链物流企业个数/个
通州区	184.3	31.3	44
顺义区	132.5	43.9	59
昌平区	226.7	15.8	16
大兴区	199.1	34.3	42
生态涵养发展区	216.1	102.9	30
门头沟区	39.6	3.5	5
怀柔区	43.9	12.2	6
平谷区	45.6	34.8	0
密云区	52.6	33.7	19
延庆区	34.4	18.7	0

资料来源：《北京区域统计年鉴2023》、天眼查。

北京市冷链物流企业中，31.0%的企业成立于3年内，有19.8%的企业成立年限为3~5年，有30.6%的企业成立年限为5~10年，有18.6%的企业已成立10年以上（见图5-10）。可以看出，冷链物流是近年来北京较为热门的行业，冷链物流企业更新较快。

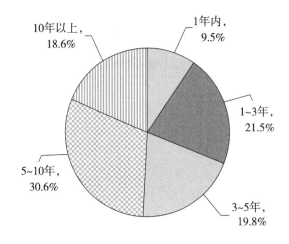

图5-10　北京市冷链物流企业成立年限及占比情况

（三）冷链物流企业的人力资源情况

根据调查数据，有50%的北京市冷链物流企业员工数量为50人及以下，22%的企业员工数量为51~500人，9%的企业员工数量为501~1000人，仅19%的企业员工数量超过 1000 人（见图 5-11）。可见，北京市冷链物流企业规模总体呈现小而散的特点。

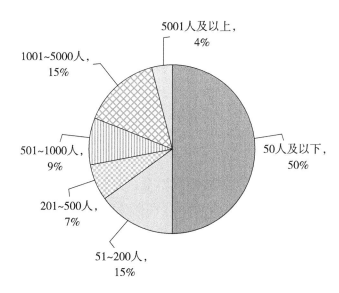

图 5-11　北京市冷链物流企业员工数量分布情况
数据来源：天眼查。

北京市冷链物流行业从业人员普遍受教育程度偏低，高中及以下学历从业人员占总从业人员的 54%，专科学历从业人员占 28%，本科学历从业人员占 17%，研究生及以上学历从业人员仅占 1%（见图 5-12）。受教育程度较低导致冷链物流企业管理专业化不足，制约企业长久发展。

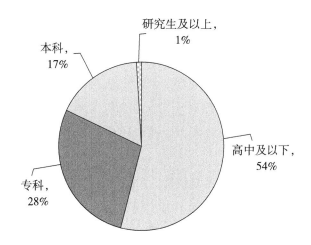

图 5-12　北京市冷链物流企业员工受教育程度分布情况
数据来源：天眼查。

由于员工总体受教育程度较低，当前北京市冷链物流企业仍存在较大的人才缺口。69% 的企业需要运输管理和仓储管理人才；62% 的企业对冷链管理人才有较大需求；50%

的企业对库存管理和营销管理人才有较大需求；38%的企业需要信息管理人才；31%的企业需要供应链设计和人员管理人才。

（四）冷链物流企业面临的问题

1. 成本投入高，资金回收周期长

冷链物流的成本投入远高于常温物流。首先，冷链物流属于典型的重资产业态，设备成本较高，冷链物流中心仓库和冷链车辆的成本一般是常温仓库和车辆的数倍，需要大量的资金投入。其次，冷链物流运营成本较高，冷库需要不间断制冷才能保证温度处于恒定状态，这会造成电力成本居高不下；冷藏车也需要不断制冷才能保证产品的温度恒定，这就需要更多的油费。最后，冷链物流资金回收期较长，不是一般企业能承担的。高昂的成本、较低的收益以及紧张的资金周转等因素影响了企业的进一步发展。

2. 同质化严重，行业内卷加剧

冷链物流企业提供的服务同质化严重，陷入存量博弈泥潭，从而加剧了行业内卷。到目前为止，很少看到有冷链物流企业提供差异化服务。同质化竞争是所有冷链物流企业需要避免的问题。现在大部分的企业都处于存量市场，客户数量有限，行业过度竞争，势必会导致服务价格下降，企业无法处于适当的发展环境中。同质化竞争造成现在行业发展内卷加剧，无法维持良性发展状态。企业需要在此特殊的情况下，探寻突破之道。

3. 专业人才少，人员流失严重

我国的物流教育仍处于初步发展阶段，在人才培养模式和培养方法上与企业的要求有一些脱节，虽然每年都有一些物流管理专业的毕业生不断充实到企业中，但由于缺少经验还不能担当重任。现有的从业人员普遍缺乏现代物流管理知识、市场观念等，企业的高级管理层很少受过正规的物流理论培训，主要依靠经验。同时，由于物流行业作业时间较长、工作强度大，企业管理者人力资源管理观念和水平的落后也造成物流从业人员的严重流失。

4. 市场集中度不够，亟须整合冷链资源

北京市冷链物流市场资源的集中度不够。现有冷链物流企业主要以中小型为主，大型冷链物流企业较少，且整合行业资源和带动行业发展的能力也有限。同时，缺少大型的专业第三方冷链物流信息平台和服务网络，使冷链资源无法科学整合与优化配置。

5. 信息化建设仍需加强

企业在推行信息化系统时也面临着许多问题，其中，主要的困难在于企业自身对于专业人才的缺乏、行业标准的缺失以及软硬件的投资问题。企业在实现信息化的过程中，

应开展更多信息化系统培训，注意招收、培养专业人才，加强与信息系统开发公司的合作。同时，要关注企业长远发展，通过使用信息化系统提高企业物流效率，提升物流质量，实现降本增效。

第二节　北京市应急冷链物流模式及实践应用

一、应急冷链物流概念及基本内涵

应急冷链物流按照起因可以分为人为事件、自然及生物灾害以及军事冲突而产生的对物资、人员有临时调配需求的紧急性物流活动。人为事件包括短期内需求不确定性极强且重大的活动赛事等，如奥运会（一般只能确定 40% 的物流活动，而其余 60% 为未知）；自然灾害主要指旱灾、洪水、地震、龙卷风等气候地形灾害；生物灾害是指动植物异常现象给人类生产生活带来较为重大的负面影响，如非典、新冠疫情。

应急冷链物流体系并非应急时才被临时建立，而应将其中心本部作为常设机构，并做好日常演习和预案。一旦突发灾情，该中心可以直接向政府部门汇报情况，整合资源，全面了解应急物资的分布，有序调用各个企业的设备和人员，汇总信息，进行全局控制和调度，如对物资的采购、存储、运输、配送等具体业务的分配和监管。

二、北京市应急冷链物流模式

（一）"平急两用"模式

2023 年 7 月 14 日，国务院常务会议审议通过《关于积极稳步推进超大特大城市"平急两用"公共基础设施建设的指导意见》，提出在超大特大城市积极稳步推进"平急两用"公共基础设施建设；要充分发挥市场机制作用，充分调动民间投资积极性。来自平谷区的"平急两用"应急模式正式上升至国家政策层面。2023 年 9 月，住房城乡建设部提出，中央作出规划建设保障性住房、"城中村"改造、"平急两用"公共基础设施建设的重大决策部署，这是新时代建设领域的"三大工程"。

目前，平谷区正在探索"平急两用"设施建设 5 个应用场景，探索"平疫结合、平灾结合、平假结合、平赛结合、平战结合"五大转换用途，率先出台技术标准，率先建立转换机制，打造全国首个"平急两用"新型乡村社区，建成全国首家"平急两用"酒店。除京平物流综合枢纽外，平谷区还有"平急两用"承平高速服务区、"平急两用"乡村振兴金海湖核心区正在建设中。

（二）政企联动统筹规划模式

为加强北京市应急物资保障体系建设，筑牢突发事件应对的物质保障基础，北京市各级政府部门积极探索政府、企业、社会组织间高效合作模式，支持社会力量参与北京市应急物资保障体系与能力建设。北京市政府部门与相关企业合作，加强应急资源统筹规划，构建政企联动的应急模式，进一步推动北京市应急物资保障体系建设发展。

三、北京市冷链物流模式的应用

（一）京平物流综合枢纽"平急两用"运作模式分析

"平急两用"公共基础设施建设是指在公共基础设施建设中，将平时使用和应急使用有机结合，打造一个既具备日常运营功能，又具备应急响应能力的基础设施系统，该系统是集隔离、应急医疗和物资保障于一体的重要应急保障设施。

京平物流综合枢纽作为首都物流高地，具有保障首都城市物资供应的优势条件，多年来的发展使京平物流综合枢纽形成了"五通道""四港口"的全国路网协同机制，能够发挥东部货运大通道的辐射作用，具备形成"平急两用"模式的坚实基础。

"平急两用"理念发轫于平谷区在新冠疫情期间的防疫构想和实践。2020年新发地发生疫情后，京平物流综合枢纽成为北京市进京蔬果中转站，形成了"中转站模式"，实现了"线上提前预约、线下对接贸易""换车不换人"等零接触中转。

疫情期间，平谷区保持了连续3年1050天"零病例"，京平物流综合枢纽共中转中高风险地区物资6787吨，高峰时单日中转猪肉占全日上市量一半以上，表明"平急两用"模式取得了巨大成效。

（二）京平物流综合枢纽"五藏"战略保障首都农产品供应

在"平急两用"的建设中，京平物流综合枢纽逐渐形成了保障首都农副产品供应的"五藏"战略，即"藏粮于地""藏粮于技""藏粮于厂""藏粮于库""藏粮于链"。

"藏粮于地"是通过提高粮食产量，提高首都农产品自给率。2023年北京市平谷区农林牧渔业总产值393951万元，同比增长13.6%，其中农业产值243651万元，同比增长32.8%。平谷区蔬菜（含食用菌）播种面积42252亩，同比增长12.1%，粮食播种面积120122亩，同比增长8.6%。平谷区粮食产量提高，首都农产品自给率上升。

"藏粮于技"是通过建设农业中关村形成技术示范，带动区域农业升级。其中，镇罗营镇"博士"农场作为平谷区农业科技产业园，帮助附近村镇引入先进的种植技术和优良品种，开发新型栽培和收获技术，从选种引种、艺术配置及文化意境等方面研究植物资源应用与植物景观，最终构筑起集梯田农业产业、休闲观光体验产业于一体的生态综合体。

"藏粮于厂"是建设现代食品营养谷。根据《北京市推进农业中关村建设行动计划

（2022—2026 年）》，要将平谷区打造为"食品科技策源地，营养健康新地标"，要立足平谷、服务首都、辐射全国，建成"三基地一特区"。"三基地一特区"即食品营养科技成果孵化、中试基地，食品营养活力创新企业总部基地，高端食品供应及全景消费体验基地，政策与机制先行先试的创新特区。

"藏粮于库"是要建立高效充足的仓储设备。首都物流高地现有仓储面积 15.8 万平方米，其中冷库面积 1.6 万平方米，保障各类蔬菜日动态储备量为 2 万吨，可满足北京市民 3 天的需求量。根据规划，2025 年将建成高标仓面积 449 万平方米，其中冷库面积 40 万平方米，到 2030 年首都物流高地全面建成，高标仓面积将达到 560 万平方米，冷库面积达 70 万平方米，可储备物资 840 万吨。依托大体量、高效率、快周转的物流仓储设施，规划建设城郊大仓基地，构建畅通的集疏运体系，汇集内外货源，同步推进中转库、储备库建设，常态以中转库为核心减少物流环节，实现降本增效；应急状态以储备库响应短期需求，联动其他节点集货分拨，依托中转库能力持续保障首都物资供应。

"藏粮于链"是畅通韧性的物流链路。京平物流综合枢纽发挥北方物流核心作用，京包线连接作为肉类主产区的内蒙古、新疆，京承线、京哈线连接作为粮食主产区的东北三省，京广线、京九线连接作为粮食主产区的湖南、湖北以及水果主产区的广东、海南，京沪线、津蓟线连接作为粮食主产区的山东以及水产主产区的天津，建立铁路保供链路，保障首都农产品供应。

（三）政企联动保医药

北京市红十字会应急服务中心应急物资储备库已落地平谷，可在突发事件和自然灾害发生时紧急调拨救灾物资。诺水澜等医药供应链企业已入驻，可满足医疗器械保障。平谷区同步引进了劢迪、国药等医药健康产业项目，发挥京平综合物流枢纽冷链设施的优势，保障首都医药物资供应。另外，普洛斯平谷智慧冷链产业园、劢迪鸿运医疗器械产业基地、贝莱特华北商贸物流产业园等项目均已开工建设，可建成冷库面积 40 万平方米，聚焦医药健康保障、医疗器械存储、医疗器械分拨集散等功能，打造高附加值现代医药供应链产业园，吸引更多的高端医药资源在平谷集聚，形成立足首都、辐射华北乃至全国的医药健康基地。

（四）政企联动保物流

新冠疫情发生后，京东集团发挥物流、供应链技术以及自营采购和线上销售的优势，参与疫情防控物资保障工作，在应急物资供应保障方面发挥了积极的作用。经双方共同研究，形成了长期合作意向，签订了《北京市应急管理局 京东集团共同推动应急物资保障体系建设发展合作框架协议》。该协议主要包括四个部分。一是明确了平战结合、防救一体，技术引领、信息支撑，优势互补、全面协同的合作原则。二是明确了推进应急物资储备模式创新、开展应急物资紧急配送协作、提供应急物流大数据共享、打造应急人才智库四个方面合作重点内容。三是明确了建立战略合作保障、信息通报与共享、合作风险防范三项合作机制。四是明确了双方应遵守的法律法规、保密制度以及签订具体商务合同等有关规定。

北京市应急管理局根据工作实际，在平时，可委托京东集团提供常态应急配送服务；在道路受阻、高危险环境等特种紧急情况下，可委托京东集团提供无人机、无人车等科技装备特种物流服务。2021年10月，京东物流自动驾驶快递车开进海淀某封控小区，为小区居民提供了无接触安全配送服务。该快递车每次可运送200千克的货物，每天运营时长超过10小时，通过科技助力，为社区提供"最后一公里"基础运力服务。

疫情发生后，京东集团迅速启动应急机制，第一时间加强各类民生日用必需品等货源储备，积极为区域内市民提供保障供给。在新发地休市等情况下，京东生鲜及京东冷链积极行动，如京东"区区购"通过产地直采、基地直发，从山东寿光、河北香河等地为北京供应蔬菜，每日供应量超5吨，整体供应量环比增长超200%。同时，京东物流还成立专项行动小组，紧急调拨200余台物流车与多温层冷链车，制定专属运营保障机制，采用点对点直采直运模式，优先揽收、派送，保障北京果蔬类生活物资供应。京东生鲜还将库存民生保障品类备货量提升至过去的3倍，提升在库周转效率，并确保24小时内发货并配送到消费者手中。

四、北京市冬奥会期间应急冷链物流

2022年北京冬奥会处于极为特殊的新冠疫情期间，作为国际重大体育赛事，其对我国的食品冷链物流规划及设施设备需求预测提出了新挑战。冬奥会和冬残奥会物资涉及"两地三赛区"40余个场馆，共计55个业务领域。在延庆赛区，要保障高山滑雪中心、雪车雪橇中心、八达岭集配中心、场馆群4个场馆场地的40多个点位，涵盖工作人员、国际技术官员、奥林匹克大家庭及随行人员等12000余人次的用餐；在张家口赛区，要保障14个配餐点每日13000余人次赛区工作人员的就餐。为此，我国为了专门应对冬奥会以及冬残奥会的庞大食品冷链需求和安全性需求，建立了一套双奥运食品物流系统。

（一）无接触物流配送

北京冬奥会冷链物流重点体现在配送环节的规划上。2021年11月，北京冬奥组委会联合其他部门启动了"食材供应商认证"项目，为冬奥会"两地三赛区"设计最优的食品配送路线。由于供应点数量不同，每个地点所需的冷库大小不同，冷藏车的数量也有所差异，最终通过比较运输车辆和冷库在不同地点的配送方式，发现最佳的运作模式是：在张家口设置 1 个供应点，北京市区和延庆两地至少应设置 1 个供应点。

智能化无人化技术是无接触物流配送模式的重点。2020 年 11 月 3 日，京东物流正式中标成为北京冬奥会和冬残奥会组委会物流服务商，京东物流在自身配送系统的基础上针对冬奥会优化形成了 MDS 系统。该系统首次实现了二维码核验，所有信息可快速便捷地无纸化传递，可实现配送车辆定位追踪，较为准确地了解货车的运行状况。此外，京东物流在多个场馆内投放了 14 台室外智能配送设备、3 台室内智能配送设备以及 23 套双面智能配送柜。其中，室内智能物流机器人是服务于物流领域的室内智能配送设备，它可以载重 30~300 千克的物品，实现了室内场景的低速无人驾驶。在赛事运行阶段，五棵松体育馆根据防疫要求将工作区域划分为污染区、缓冲区和洁净区。室内智能物流机器人部署在缓冲区内，可以通过配置的智能终端完成物资在三个区域间的摆渡接驳，减少人员的跨区域流动，提升馆内物资流转的高效性和安全性，从而实现无接触物流配送模式。

（二）冬奥会食品安全溯源系统

北京冬奥会食品安全溯源系统基于区块链技术而建立。据了解，这一系统实现了食品实物和数字身份锚定，保障标签及溯源信息不可伪造、无法篡改，并实现全过程温度监控。该系统一级平台为全市统一的中心数据库，负责全市范围内追溯数据的管理、食品召回、监测预警和决策分析。二级平台由果蔬追溯子系统、动物产品追溯子系统、预包装食品追溯子系统和冬奥会冷链食品追溯子系统组成。利用这个系统，食品产地、生产、包装、检验、物流、存储等所有供应链条上的信息都能查询，实现了产品来源可查、去向可追。

（三）智慧防疫物防系统

北京冬奥会强调事后消杀检测转向事前消杀灭菌，确保实时动态、人机共处、长期有效，彻底阻断人传物、物传物、物传人的感染传播链条。为此，冷链物流紫外光催化复合消杀机，是国内首台光催化消杀冷链病毒装备，也是全国唯一获准在北京冬奥会使用的大型表面消杀设备。这款消杀机只需照射 5 秒即可完成消杀，标志着我国在紫外光和光催化技术应用研究领域实现了重大突破，为冷链物流消杀提供了一种便捷、快速、无害且省电的技术手段。此次奥运会使用了 9 台冷链物流紫外光催化复合消杀机，分别被布置在北京冬奥村（4 台）、张家口冬奥村（3 台）、延庆冬奥村（1 台）和首都体育馆（1 台），这些设备对进入冬奥村和首都体育馆的行李、运动器械、配套工具以及食材食品等物资进行安检消杀，为冬奥会牢牢守住疫情防控的第一道关卡。

第三节　北京市冷链物流相关政策与标准

一、冷链物流相关政策

（一）国家层面冷链物流发展政策

2021年，国务院办公厅印发的《"十四五"冷链物流发展规划》作为我国下一个五年的物流发展总体规划，主要涉及冷链物流体系、产地冷链物流、冷链运输、销地冷链物流、冷链物流服务、冷链物流创新、冷链物流支撑及冷链物流监管体系等方面，对冷链物流的全流程、全环节、全场景提出了更高的发展要求。同时针对冷链物流"最先一公里"和"最后一公里"等行业难题提出了科学可行的指导方案。该规划中特别提到打造"321"冷链物流运行体系、构建冷链物流骨干通道、聚焦"6＋1"重点品类、健全冷链物流服务体系、完善冷链物流监管体系以及强化冷链物流支撑体系。2023年，中央一号文件《中共中央 国务院关于做好2023年全面推进乡村振兴重点工作的意见》中再次提及要"发展现代设施农业。实施设施农业现代化提升行动。加快发展水稻集中育秧中心和蔬菜集约化育苗中心。加快粮食烘干、农产品产地冷藏、冷链物流设施建设"，说明推动我国冷链物流高质量发展是解决我国"三农"问题的一大保障，是减少农产品产后损失和食品流通浪费，扩大高质量食品供给，更好满足人民日益增长的美好生活需要的重要手段。2023年我国冷链相关政策见表5-4。

表5-4　　　　　　　　　2023年我国冷链相关政策

序号	时间	发文机关	政策名称	主要内容
1	2023年2月2日	农业农村部办公厅 国家乡村振兴局综合司	《农业农村部办公厅 国家乡村振兴局综合司关于加快补齐脱贫地区农产品产地冷链物流设施短板的通知》	加快补齐脱贫地区产地冷链物流设施短板，创新农产品产地冷链物流设施建设和运营模式，支撑特色产业提档升级，增强内生发展动力
2	2023年2月8日	国家发展改革委办公厅 国家统计局办公室	《国家发展改革委办公厅 国家统计局办公室关于加强物流统计监测工作的通知》	依托国家骨干冷链物流基地、产销冷链集配中心、龙头冷链物流企业、冷链物流平台企业等，加强行业日常运行监测和分析研判
3	2023年3月16日	工业和信息化部等	《工业和信息化部等十一部门关于培育传统优势食品产区和地方特色食品产业的指导意见》	支撑传统优势产区高质量发展。加强预冷、贮藏、保鲜等农产品冷链物流设施建设，补齐食品原料"最先一公里"短板

序号	时间	发文机关	政策名称	主要内容
4	2023 年 3 月 31 日	农业农村部办公厅 财政部办公厅	《农业农村部办公厅　财政部办公厅关于开展国家级沿海渔港经济区建设试点的通知》	建设一批以渔港为龙头、城镇为依托、渔业为基础，集渔船避风补给、鱼货交易、冷链物流、精深加工、海洋生物医药等业态为一体，渔港及相关产业结构平衡、层次较高、辐射效应明显的国家级沿海渔港经济区
5	2023 年 5 月 31 日	国家发展改革委等	《国家发展改革委等部门关于做好 2023 年降成本重点工作的通知》	完善现代物流体系。加强国家物流枢纽、国家骨干冷链物流基地布局建设，提高现代物流规模化、网络化、组织化、集约化发展水平
6	2023 年 7 月 11 日	农业农村部办公厅	《农业农村部办公厅关于继续做好农产品产地冷藏保鲜设施建设工作的通知》	强化支持政策衔接，完善设施节点布局，推动冷链物流服务网络向乡村下沉，提升产业供应链韧性和稳定性，为全面推进乡村振兴、加快建设农业强国提供有力支撑
7	2023 年 7 月 18 日	农业农村部办公厅	《农业农村部办公厅关于做好现代设施农业建设项目谋划储备的通知》	支持建设提升产地加工仓储保鲜冷链物流设施，加快补齐产地预冷、清洗加工、分拣包装、仓储保鲜、物流配送等设施短板，提升技术装备水平，畅通衔接转运通道，全面建成以产地冷链集配中心和产地仓储保鲜设施为支撑的冷链物流节点设施网络
8	2023 年 8 月 3 日	中央财办等	《中央财办等部门关于推动农村流通高质量发展的指导意见》	加强农产品仓储保鲜冷链设施建设、加快补齐县乡村物流设施短板、合理优化商贸流通设施布局、推动城乡流通深度融合、强化农村流通数字赋能、培育农村流通龙头企业、完善农村流通标准体系、加强农村流通领域市场监管

（二）北京市冷链物流发展政策

《北京市国土空间近期规划（2021 年—2025 年）》中提出发挥平谷马坊国家骨干冷链物流基地的示范带动作用，提升大型冷库保障力度和现代化水平，打造布局合理、完善高效的全市农产品批发市场格局，认真落实国家冷链物流相关扶持政策，为此北京市出台多项冷链物流相关政策，见表 5-5。

表 5－5　　　　　2022—2023 年北京市冷链物流相关政策

序号	时间	发文机关	政策名称	内容摘要
1	2022 年 2 月 11 日	中共北京市委办公厅 北京市人民政府办公厅	《关于推进北京城市副中心高质量发展的实施方案》	打造农产品智慧物流配送体系，完善农产品仓储保鲜冷链物流设施建设，畅通农产品销售链
2	2023 年 1 月 21 日	中共北京市委 北京市人民政府	《中共北京市委 北京市人民政府关于贯彻落实〈质量强国建设纲要〉的意见》	加快构建高效便利的流通网络，提升冷链物流服务质量，推动流通服务模式创新升级
3	2023 年 1 月 30 日	北京市人民政府	《2023 年市政府工作报告重点任务清单》	支持发展国际冷链物流。启动房山窦店物流基地土地一级开发，推动新发地等农产品批发市场提高精细化管理水平，完善冷链物流配送体系
4	2023 年 3 月 27 日	中共北京市委办公厅 北京市人民政府办公厅	《北京市乡村建设行动实施方案》	加强农产品仓储保鲜和冷链物流设施建设。健全农产品冷链物流体系，建设 40 个农产品仓储保鲜和冷链物流设施，鼓励物流设施共建共享共用，引导冷链物流基础设施升级
5	2023 年 8 月 31 日	北京市商务局	《北京市商务局关于申报 2023 年度促进商贸物流发展项目的通知》	支持冷链物流发展项目。支持商贸流通领域冷链物流装备与技术升级，发展全程冷链物流服务，鼓励冷链配送模式多元化创新发展
6	2023 年 9 月 25 日	北京市商务局	《北京市商务局关于申报 2023 年北京市支持加强生活必需品流通保供体系建设项目的通知》	提升生活必需品冷链流通及配送能力。加强物联网、云计算、大数据等在生活必需品冷链流通及配送在线管理、自动分拣、信息追溯等环节的应用，支持冷链物流及流通企业新建或改造升级相关设施设备，进一步提高生活必需品冷链物流标准化水平

二、冷链物流相关标准

（一）我国冷链物流标准情况

2022 年 5 月 17 日，国务院办公厅发布《"十四五"现代物流发展规划》，提出到 2025 年基本建成供需适配、内外联通、安全高效、智慧绿色的现代物流体系。为此，国家在 2023 年也起草了若干冷链行业标准，建立了更加完善的现代物流体系，这些标准正在征求意见或者审查阶段。我国出台的冷链行业相关标准见表 5-6。

表 5-6　　　　　　　　　　　我国出台的冷链行业相关标准

序号	标准名称	标准号	时间
1	《食品冷链物流追溯管理要求》	GB/T 28843—2012	2012 年 11 月 5 日
2	《农产品追溯要求 果蔬》	GB/T 29373—2012	2012 年 12 月 31 日
3	《农产品追溯要求 水产品》	GB/T 29568—2013	2013 年 7 月 19 日
4	《畜禽肉追溯要求》	GB/T 40465—2021	2021 年 8 月 20 日
5	《牛肉追溯技术规程》	GB/T 41438—2022	2022 年 4 月 15 日
6	《进口冷链食品追溯 追溯系统开发指南》	GB/T 43195—2023	2023 年 9 月 7 日
7	《进口冷链食品追溯 追溯信息管理要求》	GB/T 43260—2023	2023 年 9 月 7 日
8	《进口冷链食品追溯 追溯系统数据元》	GB/T 43265—2023	2023 年 9 月 7 日
9	《进口冷链食品追溯 追溯体系通则》	GB/T 43268—2023	2023 年 9 月 7 日
10	《药品冷链物流追溯管理要求》	20232390—T—469	2023 年 12 月 28 日
11	《水产品冷链物流服务规范》	20232451—T—469	2023 年 12 月 28 日
12	《物流企业冷链服务要求与能力评估指标》	20232457—T—469	2023 年 12 月 28 日
13	《冷链物流统计指标体系》	20232452—T—469	2023 年 12 月 28 日

（二）北京市冷链物流标准

北京市作为我国首都和经济政治中心，积极响应国家政策，制定出台了若干适用于自身具体情况和冷链行业发展的区域性标准（见表 5-7）。

表 5-7　　　　　　　　　　　北京市冷链物流相关标准

序号	标准名称	标准号	主管部门	内容摘要
1	《食品生产企业质量管理规范 第 5 部分：冷链即食食品》	DB11/T 1992.5—2023	北京市市场监督管理局	畜禽类、果蔬类、水产类原料应当单独设清洗池清洗，清洗后应在初加工场所沥干。盛装沥干的容器不应与地面直接接触
2	《低温食品冷链物流履历追溯管理规范》	DB11/T 3017—2018	北京市质量技术监督局	应结合物联网技术与跨企业整合平台，设计企业内与跨企业间的履历信息采集与共享方式，建立履历信息追溯与追溯系统。应用物联网技术追踪记录低温食品动态，应用跨企业整合平台分享供应链履历信息

第四节　北京市应急冷链物流存在的问题

一、缺乏指挥协调的组织管理部门

长期以来，北京市都是在紧急事件发生后临时成立应急指挥中心，没有统一的应急物流主管部门和协调机制，现行各组织部门各司其职、条块分割、分头管理，无法在第一时间统一思想、协调一致行动，组织协调及应变能力差，这样就很难第一时间进行物流调度，大大降低了应急物流以及应急冷链物流的保障效率。在管理方面，大量应急物资进京后，由于缺乏明确的统一指挥部门，各职能部门分工不明确，职能部门间缺乏联防联控机制，造成指挥协调能力缺失，物流资源调度不力。在组织方面，职能部门缺少组织相关专业物流运输企业开展配送服务和沟通末端配送各参与方之间的能力，面对强大的应急物流和应急冷链物流配送需求，未能快速形成应急物流配送生产能力，使捐助方、医院方、运输物流服务方等独自解决问题，配送物流也基本处于混乱的自组织状态。

二、缺乏完全对称的信息管理平台

北京市现有的应急物流信息系统缺少提供给供给方和需求方的信息渠道，信息时效性低，经常出现信息不对称的情况，供给和需求无法实现最优匹配。需求是应急物流运作的前提，没有准确的需求信息就很难及时、准确、高效地将应急物资送达灾民手中；同样，供应资源的不可知导致无法及时找到与需求相匹配的物资，也会影响应急物流保障的速度。这也是为什么在突发事件暴发后会出现某些仓库物资堆积如山，人民群众需求却得不到及时满足的现象。虽然近些年相关部门也组织过应急平台的研发和推广应用，但实际的效果并不理想，主要原因还是缺乏顶层设计，各系统、各部门、各企业间信息无法实现交互和实时共享，也就无法将所需物资信息及供应信息及时发布，导致"信息孤岛"的出现。

三、缺乏具体明确的政策标准制度

一是从政策法规层面看，国家和北京市出台的应急物流法律法规主要包含在应急管理法规体系当中，没有单独的法规依据，而且相关政策法规对于职能部门的权责划分较明确，具体细化落实的程序步骤却缺少，缺乏合法性和可操作性。二是从标准规范层面看，对于突发事件暴发后的"绿色通道""征用补偿办法""应急冷链物流运行标准"等方面的标准规范较少，导致具体实施的过程中标准不统一，缺乏共同的标准遵循，制约了应急物流保障合力的形成。三是从制度机制层面看，新冠疫情期间，疫情影响面较广，仅仅依靠政府的力量不能充分发挥出应急物流的作用。为此，应急物流部门还需要和物流企业加强合作，在面对重大突发事件时可以组建应急物流团队，提升应急物流能力。虽然我国政府部门针对重大公共卫生事件制定了相关的法律法规，比如《突发公共卫生事件应急条例》等，但是在对应急物流以及应急冷链物流方面还没有制定相关的法律法规，影响了应急物流和常规物流企业以及冷链物流企业的合作，降低了物流企业参与的积极性，影响应急物流活动的高效开展。另外，应急物流方面法律法规的缺失还会使应急物流各个环节工作的开展缺乏可靠的法律依据，影响了各方力量的融合以及资源的调配，不利于重大突发事件的应对和处理。

四、缺乏利益驱动的冷链溯源体系

自疫情以来，北京市政府制定了大量规章制度，形成了疫情时期的食品溯源疫情防控机制。但冷链溯源的长久维持需要企业实质利益的增加，现阶段下冷链溯源给企业带来了成本的提高，如何以更低成本建立，以及怎样建立一套更高效、高收益的冷链溯源系统，是当前行业和政府层面需要共同解决的问题。

五、缺乏全程可控的冷链监控技术

目前，北京市对冷链监控技术应用探索方向仍集中在强化各个独立环节、场景下的产品应用能力上，冷链溯源的全程温控仍存在技术上的制约点，如物联网在冷链场景的应用比在普货物流场景下信号衰减更为严重，设备续航时间难以满足长时间冷链物流全程监控。要建立更加完善的冷链监管溯源体系，还需要技术的不断进步。

第五节　北京市应急冷链物流发展对策

一、建立统一的组织管理协调机制

一是建立统一的组织管理机构。要进一步明确主管或牵头负责部门，统筹规划应急冷链物流体系建设，明确责任分工，布局应急冷链物流中心网络，形成集约高效的专门针对应急冷链物流的指挥机构，统一指挥、一体联动。二是建立各系统间协同管理机制。应急物流体系涉及军地政企等多方力量，各参与主体间如何做到协调一致、整体联动，除要有统一的指挥机构外，还离不开协调机制的建立，可以通过"建立联席会议沟通机制""搭建信息指挥调度平台"等方式，进一步加强各参与主体间的沟通。

二、搭建统一的信息指挥调度平台

统一的信息指挥调度平台是应急物流指挥机构实现统一指挥、一体联动的有效抓手。

在现有平台建设基础之上，进一步整合形成统一的信息指挥调度平台，建立起军地政企等各参与主体间的信息沟通桥梁。信息指挥调度平台应当具备突发事件监测预警、基础信息统计收集、供需信息实时可知、运输信息动态可视和指挥调度全程可控等多种功能，可以实现应急物资需求信息和供应信息的共享与传递，利用现代信息技术，使应急物资保障全过程实时可知、可视、可控。

三、建立完善的法规标准体系

一是建立完善的政策法规。现行应急物流体系政策法规主要包含在应急管理法规体系当中且可操作性较差。应在此基础之上，统筹出台应急冷链物流体系专业性系统性法规，注意与现行物流业法规和应急管理体系法规的衔接性，进一步细化法规条款，增强可操作性。二是建立完善的标准规范。统筹建立应急冷链物流标准体系，注重与物流标准的衔接，提升应急冷链物流运作标准规范，提高应急冷链物流运作效率。三是与各地的物流企业以及冷链物流企业建立合作关系，充分发挥物流企业的资源优势，提升救援效率，降低应急冷链物流成本。四是建立完善的奖惩机制。建立合理的应急物流奖惩机制，充分调动各参与主体的积极性，同时约束其行为。

四、建立社会共治的动态储备证明机制

企业可建立一套基于声誉的动态储备证明机制，及时公开信息让社会公众尤其是消费者通过监督的方式参与到冷链溯源过程中；利用追溯平台查询食品信息，共同维护食品安全，从而带动企业声誉和社会效益的提高；利用良好的品牌形象提高企业经济效益，从而实现冷链溯源体系与企业利润的双提升。

五、完善冷链物流动态信息采集技术

针对冷链溯源技术与设备不能完全满足全程可控的问题，企业应搭建以无线传感器网络（WSN）、无线射频识别技术、北斗定位系统、通用分组无线服务技术（GPRS）等物联网技术为基础的冷链食品追溯对象采集系统，贯穿冷链加工、仓储、运输和销售四个环节，以实现全链条的可追溯化。借助新的科技手段完善冷链物流动态信息采集技术，成为北京市冷链物流的发展方向。

第六章

北京市生活必需品应急物流现状与对策

第一节　生活必需品供应现状与问题

一、生活必需品基本内涵

商务部于 2011 年 12 月 12 日颁发了《生活必需品市场供应应急管理办法》。其中，对于生活必需品的范围作了界定，对其特征作了原则性说明，同时对于市场异常波动的区域状态等要素作出了明确规定，本书以此为研究生活必需品的范围。总体来讲，本书中的生活必需品是指满足居民生活、生存需要的最基本配备，主要指食品类，包括粮食、食用油、肉类、蔬菜、蛋品、奶制品、食糖、食盐等，但不包括水产品和卫生清洁用品。本书涉及的生活必需品在大类上归属农产品的范畴，有着农产品流通固有的特性：一是消费的鲜活性，有些生活必需品难保存，货物运输成本高；二是体积大，价值低，大批粮油等产品体积大但价值不高；三是生产周期相对较长，蔬菜供给有季节性，粮食供给有季节性，肉禽蛋类有生长和成熟周期。

本章节深入探讨了北京市生活必需品供应的核心环节，涵盖了从生产、运输、销售直至配送的整个供应链流程。

二、常态化下北京市生活必需品供应现状

（一）2022 年北京市生活必需品市场供应稳定、货源充足

2022 年，北京市委、市政府高度重视保供稳价工作，专门进行部署，多次进行调度，在市区两级有关部门和保供企业共同努力下，北京市粮油肉蛋菜等生活必需品市场供需

平衡、运行平稳、秩序良好。

从批发端看，北京市主要农产品批发市场蔬菜上市量稳定在2万吨左右，特别是新发地采取保通保畅措施，提高了中转服务能力，蔬菜货源充足、交易稳定；批发价和零售价持续下降，与2021年同期相比降幅均超过20%。猪肉日均上市量在500吨左右，价格与前期相比下降明显。鸡蛋日均上市量在400吨左右，供应平稳。粮油市场购销有序、库存充足。

从零售端看，商超门店、社区菜店、直营直供及生鲜电商企业备货充足、经营正常，虽然部分市场、门店因疫情防控短暂闭市，但经相关部门评估后能够快速复市，整体供应未受到影响。

（二）2023年北京市生活必需品市场秩序稳定，价格以降为主①

1. 蔬菜批发价格下行，零售价格合理区间运行

北京市25种蔬菜批发、社区菜店、连锁超市年平均价格分别为每斤1.39元、3.3元和3.88元，其中，蔬菜批发价格与2022年同期相比下降7.33%，社区菜店、连锁超市分别略涨4.1%、1.84%。从年内走势看，1月蔬菜处于冬季运行模式，加上元旦、春节节日效应提振市场需求，价格有所上涨；2月批发价格较1月持平，同比低于2022年同期水平；3—5月随着供京蔬菜主产地逐渐转移至北京及河北周边地区，运输、保鲜及生产成本降低，价格持续回落；6—8月受台风、强降雨天气及产地季节性转换影响，蔬菜价格出现短期上涨后逐步恢复常态运行；9—11月因秋季天气条件有利于蔬菜生长，以大白菜、大葱、土豆为主的冬储菜价格均创近3年新低，进一步拉低了整体价格，在多因素共同作用下，批发价格一路下行；12月北方暖棚菜和"北运南菜"大批量上市，生产成本增加，价格季节性上涨，但仍处于近5年次低位。

2. 鸡蛋价格季节性波动，低于2022年同期

北京市鸡蛋批发、农贸、超市年平均价格分别为每斤4.73元、5.48元和5.81元，与2022年同期相比分别下降3.67%、3.18%和1.86%。从年内走势看，2023年鸡蛋价格基本符合年内季节性变化规律。一季度：鸡蛋价格先降后涨。1月随着在京人员返乡增多，价格高位回落；2月生产环节需清理积压库存，鸡蛋价格持续回落；3月新开产蛋鸡存栏量处于低位水平，居民采购积极性增加，鸡蛋价格小幅上涨。二季度：鸡蛋价格一路下行。三季度：由于夏季高温高湿天气持续影响秋季鸡蛋生产，供应阶段性偏紧，叠加中秋节日对需求的拉动，鸡蛋价格有所上涨。四季度：随着蛋鸡产蛋率恢复至正常水平，鸡蛋价格高位回落。

---

① 数据来源：北京市发展和改革委员会。

3. 猪肉价格持续低位运行

猪肉批发、农贸、超市年平均价格分别为每斤 9.16 元、14.32 元和 16.07 元，与 2022 年同期相比分别下降 20.21%、11.11% 和 9.05%。总体来看，由于生猪市场供应宽松，北京市猪肉价格全年持续低位运行。从年内走势看，1—7 月需求端处于季节性消费淡季，加之生猪存栏充沛，以及新增产能持续增加，整体供强需弱，生猪价格一路下行，带动猪肉批发价格震荡回落；8 月部分养殖户对后市看涨预期增强，压栏惜售和二次育肥等行为增加，带动猪肉价格短期内快速上涨；9 月以后，在生猪供应持续充足的背景下，猪肉价格旺季不旺，连续 4 个月小幅回落。

4. 牛羊肉价格同比略降

牛肉批发、农贸、超市年平均价格分别为每斤 33.5 元、37.63 元和 45.4 元，与 2022 年同期相比分别下降 3.43%、2.03% 和 1.28%。从年内走势看，1—7 月，受猪肉、羊肉等蛋白质替代品价格弱势运行影响，相对高位的牛肉价格一路下行。立秋后，肉类终端消费逐渐进入年内旺季，牛肉价格季节性上涨。整体来看，牛肉价格波动较为温和。羊肉批发、农贸、超市年平均价格分别为每斤 24.42 元、38.84 元和 47.42 元，与 2022 年同期相比分别下降 6.76%、3.77% 和 4.43%。羊肉批发价格整体处于近 5 年中低位水平，羊肉供应增加、肉类整体价格下行是造成羊肉价格偏低的主要原因。从年内走势看，前三季度羊肉价格波动下行，10 月降至年内低点，11—12 月价格恢复性上涨。

5. 粮油价格走势较为平稳

北京市粳米批发、农贸、超市年平均价格分别为每斤 2.49 元、3.15 元和 2.93 元，同比分别上涨 4.62%、下降 1.87% 和上涨 4.64%；富强粉批发、农贸、超市年平均价格分别为每斤 1.93 元、2.37 元和 2.45 元，同比分别下降 1.53%、上涨 1.28% 和 3.38%；"鲁花"花生油批发、农贸、超市年平均价格分别为每桶（5L，下同）142.96 元、151.63 元和 160.36 元，同比降幅分别为 1.98%、0.13% 和 0.18%；"金龙鱼"大豆调和油批发、农贸、超市年平均价格分别为每桶 64.43 元、68.64 元和 78.06 元，同比涨幅分别为 0.28%、3.69% 和 5.7%。

三、应急状态下北京市生活必需品供应现状

北京市商务局、北京市人民政府网站的数据显示，2022 年北京市生活必需品市场货源充足、供应稳定、交易正常。北京全市蔬菜日均上市量保持在 2.6 万~2.9 万吨，猪肉、鸡蛋日均上市量保持在 420 吨以上，粮油市场供应平稳。供销益家连锁便利店加强产销对接，积极组织货源，各类生活必需品的储备量在日常 2 倍以上，其中米面粮油总量 50 余吨，蔬菜水果日供应量 8000 余千克，量足价稳。物美、永辉、京客隆等重点连锁超市及时关注市场动向，畅通供货大仓与超市的运输渠道，满足市民采购需求。全区各农

贸市场及商超的生活必需品品种丰富、储备充足，重要民生商品价格稳定，市场秩序良好。在应急状态下，北京市各农贸市场、商超等销售点的生活必需品供应情况总体稳定。

北京市商务局、北京市统计局、北京市农业农村局的统计数据显示，2023 年在应急状态下，北京市主要农产品批发市场蔬菜日均上市量在 2.28 万吨以上，猪肉、鸡蛋日均上市量分别在 500 吨、450 吨以上。北京市批发市场蔬菜上市量总计 671.88 万吨，日均上市量约为 1.84 万吨，同比增长 1.4%。这一数据表明，即使在应急状态下，北京市的蔬菜供应仍能保持平稳，并且略有增长。蔬菜的平均价格为每千克 3.43 元，同比下降 5.3%，这表明除在应急状态下，政府和相关保供企业在稳定蔬菜价格方面也做出了努力。在应急状态下，北京市的粮油供应保持稳定，价格虽有小幅波动，但整体处于合理区间，粳米批发、农贸、超市年平均价格分别为每斤 2.49 元、3.15 元和 2.93 元，同比分别上涨 4.62%、下降 1.87% 和上涨 4.64%。从年内走势看，2023 年鸡蛋价格基本符合年内季节性变化规律，整体供应稳定。2023 年北京市鸡蛋批发、农贸、超市年平均价格分别为每斤 4.73 元、5.48 元和 5.81 元，与 2022 年同期相比分别下降 3.67%、3.18% 和 1.86%。牛肉和羊肉的供应也相对稳定，价格略有回落。2023 年北京市批发市场猪肉（白条猪）上市量 18.83 万吨，日均上市量 51.59 万千克，同比增长 10.8%；平均价格每千克 18.69 元，同比下降 19.1%。这一数据表明，在应急状态下，北京市的猪肉供应充足，价格稳中有降。

四、重要民生商品的储备情况

（一）重要民生商品的基本内涵

根据国家发展改革委官网，重要民生商品一般包括粮油、肉类、水产、水果、蛋奶以及调味品和副食品等，也就是常说的"菜篮子""米袋子""果盘子"，是与人民群众息息相关的生活必需品，其价格的波动通常会引起民众的密切关注。

（二）北京市重要民生商品储备情况

2023 年，北京市重要民生商品量足价稳，居民消费价格指数同比上涨 0.4%，高质量发展的民生底色进一步擦亮。调整部分生活必需品政府储备至河北区域。为推动京冀生活必需品保供联动工作，根据北京市生活必需品储备工作需求及河北生产和储备设施实际情况，已调整 6.4 万头猪肉活储和 40 吨婴幼儿奶粉储备至河北区域内。

早在 2021 年 7 月国家发展改革委就发布《多方联动 精准施策 扎实做好首都保供稳价工作——北京市重要民生商品保供稳价工作情况》，高度重视重要民生商品保供稳价工作，坚持底线思维、问题导向，强化部门协同、市区联动，全力以赴，确保首都重要民生商品市场供应和价格基本平稳。深刻认识政府储备"压舱石"作用,首次建立区级生活必需品政府储备机制,多次增加政府储备品种、数量,高标准超额完成储备任务。

2023 年,北京市粮食和物资储备系统以习近平新时代中国特色社会主义思想为指导,全面落实市委、市政府的工作部署,粮食市场保持运行平稳,应急物资储备实战效果突出,耕地保护和粮食安全责任制深入落实,粮食产业优化发展,粮食和物资储备工作再创新佳绩。全市要扛稳粮食安全政治责任,牢牢把握粮食安全是"国之大者""头等大事"和永恒主题,牢牢把握全方位夯实粮食安全根基的重点任务,牢牢把握严格落实粮食安全党政同责的政治责任。要坚持系统施策,进一步夯实粮食安全根基,持续推进法治建设,认真落实粮食安全"国考",抓好粮食宏观调控任务落实,扎实推进粮食产业高质量发展,强化粮食储备和购销监管。要坚持首善标准,进一步筑牢物资储备底线,加快基础设施建设,深入推进战略和应急物资储备安全管理机制建设,构建多层次多元化储备体系。要加强自身建设,持续深化全面从严治党,坚持不懈用党的创新理论凝心铸魂,扎实做好机构改革工作,持续提高工作水平能力,驰而不息正风肃纪反腐。

五、北京市生活必需品应急供应存在的问题

(一) 生活必需品流通保供体系存在短板

北京市生活必需品流通保供体系建设中存在现有布局和设施条件、市场方管理能力和批发端信息化水平、经营秩序和环境、冷链流通和物流水平等方面的问题和短板。现有的大型农产品批发市场需要规范建设和转型升级,以提高储存、加工、分拣等配套服务能力;现有设施设备在应对应急状态时存在不足,需要完善生活必需品生产流通、连锁商超、生鲜电商等企业的配套设施设备建设,以提升仓储物流、加工分拨、分拣包装、城市配送等能力;市场方的管理能力需要加强,以确保在应急状态下能够有效管理和调配生活必需品的流通;现有流通体系在信息管理和数据处理方面的能力不足,批发端的信息化水平较低,影响了生活必需品流通的效率和准确性;生活必需品流通环节的信息化水平需要提高,以支持数字化监测和数据化管控模式。

(二) 储备体系与市场需求不匹配

北京市的生活必需品储备体系在一定程度上能够应对突发情况,但储备品种和数量与市场需求之间存在一定的不匹配。一方面,储备体系中可能过于注重某些特定品种的生活必需品,而忽视了其他同样重要的商品。另一方面,储备量可能无法满足大规模突发事件下的市场需求,导致价格波动和供应紧张。此外,储备体系的更新和轮换机制也需要进一步完善,以确保储备商品的质量和可用性。

（三）应急保障体系亟须完善

虽然北京市已经建立了初步的应急管理保障体系，在建设应急协同机制和应急志愿者队伍等方面有着较好的基础，但仍存在不足。《北京市应急管理调查报告（2023）》显示，72.94%的受访群众表示收到过突发事件预警信息，66.84%的受访群众知道安全生产举报投诉电话，71.60%的受访群众熟悉政府和本单位的应急相关制度规范，72.92%的受访群众表示其所在单位有应急救援队伍，69.53%的受访群众表示了解其所在单位的应急预案，68.62%的受访群众在家中储备了家庭应急物资，反映出应急保障体系的多个方面仍需要进一步加强和完善。

（四）应急宣传教育存在短板

北京市不断拓展多样化的应急宣传教育渠道，打造了相对固定的特色品牌，但在应急宣传教育的深度上存在不足。据《北京市应急管理调查报告（2023）》，70.14%的受访群众知道红色预警是突发事件的最高预警级别，79.52%的受访群众会根据不同等级预警信息采取不同措施，63.27%的受访群众表示所在的社区组织过应急演练活动，75.09%的受访群众表示所在的工作单位组织过应急演练，74.51%的受访群众熟悉所居住建筑的应急疏散路线，67.47%的受访群众知道社区应急避难场所位置。这反映出仍有一部分群众对生活和工作环境中的应急管理工作不熟悉，基层社区和企业的应急管理基础仍然薄弱。

（五）风险隐患点多面广

随着国际形势的复杂多变，北京经济社会发展面临的各类风险隐患增多，影响范围扩大，城市安全运行保障面临的挑战增大。受气候变化影响，北京市遭受森林火灾、强降雨、沙尘暴等自然灾害的频率上升。随着企业全面复工复产，影响安全生产的不确定性因素也明显增多，多种灾害之间的关联性和耦合性增强，对城市交通、通信、电力等基础设施的影响显著。

第二节　农产品批发市场应急流通保供能力

一、农产品批发市场基础设施建设

（一）农产品在应急供给中的重要性

农产品是生活应急必需品的重要组成部分，尤其在突发公共卫生事件中，首先要确保城乡居民基本的食物消费，由此"重要农产品"的范畴进一步聚焦到粮油和重要副食品，农产品应急物流体系的构建是为了在社会突发公共事件或突发自然灾害等紧急事件下，运输应急物资，保障人民的生活需求，降低突发事件的影响程度。

加强和完善重要农产品应急供给保障机制，是稳经济、稳社会、稳全局的"压舱石"和"基本盘"，对我国应对各种突发公共卫生事件挑战具有重要意义。农产品应急供给保障机制的建立和完善，是为了应对突发公共卫生事件，保障粮食安全和重要农产品的有效供给。

农产品供给保障既是应急保障的关键支撑，也是应急管理的主要任务。政策上强调将重要农产品和饲料农资纳入应急物资保障体系，加强和完善重要农产品储备体系。

（二）北京市农产品批发市场基础设施建设现状

农产品批发市场是保障城市农产品应急供应的重要环节。北京作为超大城市，每天需要消耗大量的农产品，包括蔬菜、水果、肉类等。根据统计，北京市每年蔬菜等农产品的年流通量约为3000万吨，其中新发地承担了80%以上的供应任务。因此，农产品批发市场的应急流通保供能力直接关系到市民的日常生活。

根据《北京市"十四五"时期农产品流通体系发展规划》，北京将基本形成以大型农产品批发市场为主导，以社区菜市场、连锁超市和菜店为基础的农产品物流体系。保留现有的农批市场，同时将在距城市核心主要消费区的15～20千米处设置若干个销地一级大型农产品批发市场。

北京市正在对农产品批发市场进行重大布局调整，规划在城市西南、东南、西北、东北方向建设四个综合性一级批发市场。这些市场不仅具备农产品批发集散功能，还强化了公共配送功能，形成了"批发集散＋信息化管理＋公共配送"的现代化农产品流通枢纽。同时，四环内的农产品综合批发市场和专业批发市场应向农产品零售设施或农产品配送中心转型。

西南方向保留新发地在农产品交易上的主交易通道地位，承担西南方向进京通道的农产品上市交易功能，重点做好蔬菜和水果品类的集散。继续发挥现有新发地传统农产品交易优势，优化市场基础设施，升级现代企业管理方式与电子交易模式，提升信息化管理水平。大幅提升市场设施和管理现代化水平，实现用地减量、高效发展，统筹调整，协调区域内的新发地、北水嘉伦和中央农产品批发市场的用地和功能分工，充分利用现有空间，优化集约布局。通过提高现有商户户均经营规模，降低经营商户总体数量，实现减人减车和用地规模适度降低，将新发地建设成为集"农产品供应保障中心、城市配送平台、电子商务平台、展示展销平台、价格指数平台、安全检测平台"于一体的现代化农产品智慧园区。

东南方向通过利用首农集团自有用地等方式，扩大北京鲜活农产品流通中心交易区占地规模。覆盖城市东部、南部区域，逐步发展成为与新发地农产品批发市场交易规模相当的大型农产品交易中心，增强市场调控能力。主要功能：在承担东南方向进京通道的农产品上市交易功能基础上，增强农产品储备能力，发挥首农集团在菌类、鲜肉、冻品和水产品等交易品种上的优势，承接市内各专业市场供应量转移，成为政府调控农产品市场重要抓手和首都现代化农产品流通示范窗口。充分利用区位和交通优势，定位于服务农产品供应的枢纽型流通中心、一站式集采中心和数字化交易中心，为北京市农产品批发市场调整升级提供稳定供应保障和功能示范。

东北方向在顺义区北务地区新规划一处农产品综合性一级批发市场，按照先建设后迁移的原则，平移现状石门市场批发功能，保持市场总规模不变。主要功能：满足北京市东北方向农产品供应，覆盖顺义、怀柔、密云、平谷等北京市东北部区域，以打造优质农产品批发交易设施为目标，合理布局新址市场，提高信息化、智能化水平，实现商户信息、货品信息一体化管理，建设高效率的生鲜农产品配送集群，推进农产品物流标准化和专业化建设。原用地经过论证后，保留一定用地和建筑规模，保障顺义新城城市地区居民农副产品零售需求。

西北方向为满足夏秋季农产品交易通道转换需求和城市西北方向供应，在昌平区南口、流村、阳坊区域内新规划建设一处农产品综合批发市场，平移现状水屯市场交易功能。新批发市场主要功能：满足城市西北区域的农产品供应集散，在6—8月承担冷凉蔬菜上市主通道作用。新建市场要提高交易商入场标准，充分发挥区位、交通等综合优势，促进农产品生产商、供应商和服务商的产业聚集，依托昌平、海淀等区"大院大所"和团体采购量大的优势，引进农产品交易配送大户。以公司化、会员制和电子结算为前提，全面优化原有交易模式，建立完善的市场准入机制，形成农产品现代化交易示范区。

二、农产品批发市场未来建设方向

通过中央财政资金推进生活必需品流通保供体系建设，主要聚焦农产品批发市场流通保供体系中现有布局和设施条件、市场方管理能力和批发端信息化水平、经营秩序和环境、冷链流通和物流水平等方面存在的问题，发挥以大型农产品批发市场为主导，以社区菜市场、连锁超市和菜店为基础，以线上下单、宅配到门等多种业态为补充的流通保供作用，完善检测、检验、安全、卫生、防疫、防汛、信息化等设备，带动流通保供体系整体提升。引导支持的主要方向为推进大型农产品批发市场规范建设及转型升级、增强生活必需品应急流通网络保供能力、提高生活必需品流通环节信息化水平、提升生活必需品冷链流通及配送能力。

（一）推进大型农产品批发市场规范建设及转型升级

提高农产品批发市场的储存、加工、分拣等配套服务能力，鼓励企业建设或升级改造公共冷库、中央厨房、交易大厅、交易设施、分拣加工场所及配送中心等，完善相关设备，进一步提升农产品批发市场的流通保供能力。

（二）增强生活必需品应急流通网络保供能力

完善生活必需品生产流通、连锁商超、生鲜电商等企业的生产加工、仓储、配送中心和末端节点的配套设施设备建设，提升仓储物流、加工分拨、分拣包装、城市配送等能力。支持建立前置仓，利用连锁超市门店、便利店、社区菜店等提供"最后一公里"配送服务。

（三）提高生活必需品流通环节信息化水平

支持生活必需品生产流通、批发市场、连锁商超、生鲜电商等企业开展信息化建设和改造，提升数字化监测能力，及时掌握肉蛋菜等生活必需品的量价情况。鼓励主要生活必需品产品电子化交易，建立产销对接平台，畅通上下游流通渠道。

（四）提升生活必需品冷链流通及配送能力

加强物联网、云计算、大数据等技术在冷链流通及配送在线管理、自动分拣、信息追溯等环节的应用，支持冷链物流及流通企业新建或改造升级相关设施设备，进一步提高生活必需品冷链物流标准化水平。

以上这些措施旨在通过财政资金支持，推动提升农产品批发市场的硬件和软件水平，优化市场布局，增强日常供应保障能力，满足市民多样化需求。同时，通过信息化建设和改造，提升流通环节的效率和透明度，确保生活必需品的稳定供应。

第三节　生活必需品应急供应渠道

一、北京市生活必需品应急供应渠道

（一）主要批发市场

主要农产品批发市场如新发地、大洋路、顺鑫石门等，在应急供应中发挥着重要作用。这些市场通常与多个产地有稳定的合作关系，能够迅速组织货源，满足市场需求。

新发地作为北京市交易规模最大的农产品批发市场，蔬菜上市量保持在约2万吨的稳定水平。批发价格与零售价格持续呈下降趋势，与2022年同期相比，价格降幅均超过20%。新发地市场实施了保障交通畅通和流通顺畅的措施，提升了中转服务区的处理能力，以确保货源的充足供应。

顺鑫石门市场依托"裕农市场"平台，强化了智慧农产品批发流通的功能，积极促进商户与冬季蔬菜产销地、种植户之间的沟通与对接，以保障冬季蔬菜的供应充足。市场集中上市了多种冬季蔬菜，日均上市量达到274万千克，与2022年同期相比增长了91.3%。

（二）大型连锁超市和生鲜电商平台

大型连锁超市、便利店、生鲜电商等零售渠道也是生活必需品应急供应的重要一环。这些渠道会根据市场需求调整备货量，确保商品供应充足。同时，它们还会加强与批发市场的合作，确保货源稳定。

盒马鲜生北京门店增加了菜肉蛋奶等民生商品的备货量，采取"一次多配"的策略，以确保店内商品的充足供应。平台整体备货量比平常增长约20%，并且根据降雨强度的不同，增加了20%~30%的调拨量，以保障供应的稳定性。

叮咚买菜作为主要平台，确保了充足的货源，特别是肉禽蛋、果蔬等民生重点品类的备货量比平时增加了约20%。同时，增加了分拣、打包和配送的人力资源，以确保新鲜蔬菜能够及时送达居民家中。

（三）社区菜店、直营直供企业

社区菜店和直营直供企业在确保供应方面发挥了关键作用。这些企业通过加大基地直采的力度，增加了相应品类蔬菜的供应量，以确保居民的"菜篮子"供应充足且价格稳定。

在紧急情况下，社区通常会组织志愿者或工作人员，将生活必需品配送到居民家中。这种供应方式能够确保居民在特殊时期的基本生活需求得到满足。志愿者组织也会积极参与生活必需品的应急供应工作。他们通常会协助政府或零售渠道进行物资配送、信息宣传等工作，为居民提供帮助。

（四）电商平台与物流配送企业

在紧急情况下，电商平台如京东、美团等会成为居民购买生活必需品的重要渠道。这些平台会根据市场需求调整商品供应，确保居民能够在线下单并快速收到商品。

物流配送企业在应急供应中发挥着至关重要的作用。在紧急情况下，物流配送企业需要加强人员调配、优化配送路线、提高配送效率等，确保生活必需品能够迅速送达居民手中。

（五）其他渠道

在部分生活必需品供应紧张的情况下，政府或企业可以考虑通过进口渠道补充货源。

这需要加强与国际市场的合作和沟通，确保进口商品的质量和安全。

在紧急情况下，政府或社区可以设立临时市场或摊位，为居民提供购买生活必需品的便利渠道，以缓解市场供应压力，确保居民的基本生活需求得到满足。

综上所述，生活必需品应急供应渠道主要包括批发市场、大型连锁超市、生鲜电商平台、社区菜店、直营直供企业、电商平台与物流配送企业以及其他渠道，如进口渠道和临时市场等。这些渠道在紧急情况下互相协作、互为补充，共同确保居民的基本生活需求得到满足。

二、生活必需品应急供应渠道转型方向和优化策略

（一）推进大型农产品批发市场规范建设及转型升级

提高农产品批发市场的储存、加工、分拣等配套服务能力，支持批发市场内冷链物流设施、装备、技术改造升级。支持农产品批发市场加快建设具有集中采购和跨区域配送能力的农产品冷链物流集散中心，配备预冷、低温分拣加工、冷藏运输、冷库等冷链设施设备。鼓励企业建设或升级改造公共冷库、中央厨房、交易大厅、交易设施、分拣加工场所及配送中心等，推动净菜上市，提高农产品批发市场流通保供能力。

加快实施农产品仓储保鲜冷链物流设施建设工程，大力实施"互联网＋"农产品出村进城工程，推进生产者与市场流通各类主体直接对接，支持产区在城市社区增加直供直销网点。加大对市场内水电路、冷链设施、卫生消杀、垃圾污水处理等公益性基础设施建设的投入。

（二）增强生活必需品应急流通网络保供能力

完善生活必需品生产流通、连锁商超、生鲜电商等企业生产加工、仓储、配送中心和末端节点的配套设施设备建设，提升仓储物流、加工分拨、分拣包装、城市配送等能力。支持建立前置仓，鼓励利用连锁超市门店、便利店、社区菜店等资源，提供"最后一公里"配送服务。培育平台型商品市场，推动大型商品市场升级，提高商品集散、仓储物流等综合服务能力，建立集成、开放的平台经济生态。提升末端配送、应急投放能力，完善生活必需品储备调控体系，加强肉、菜、小包装和应急食品等储备建设，加快建设现代流通网络体系，解决应急状态下的"最后100米"配送问题，增强重大突发事件状态下的基本民生保障能力。

构建分层分类的城市商业网络，全面推进一刻钟便民生活圈建设，引导商业资源下沉社区，聚焦生活必需品重点品种，建设改造流通保供重大设施，优化网络布局，提升生活必需品应急供应渠道流通保供能力，增强储存、加工、分拣等功能，健全生活必需

品流通保供体系。

（三）推动产销融合和数字化零售

推动生产企业与零售企业的产销融合，促使零售企业以契约的形式内化生产，实现对消费者需求的快速反应。数字化零售使零售企业得以同时经由网络和实体店铺接触众多消费者，即时获取消费者需求信息，进而基于对海量一手数据的分析预测未来可能的商品需求并组织生产。

支持生活应急必需品生产流通、连锁商超、生鲜电商等企业开展信息化建设和改造，提升数字化监测能力，及时掌握肉蛋菜等生活必需品量价情况。支持本市生活应急必需品生产流通企业利用信息化手段、数据化管控模式参与生产和流通，提升生活应急必需品生产、加工、仓储、配送等环节的信息化水平。

加强互联网、物联网、云计算、电子标签、无线射频识别等技术在生活必需品应急供应渠道中的应用，逐步建立起物流配送管理系统、市场供需信息管理系统、客户关系管理系统以及供应链管理系统、产品质量管理追溯系统等，以提升生活必需品的应急供应能力，确保在突发公共事件下能够有效保障日常生活必需品的供应。

第四节　生活必需品应急物流网点建设

一、物流枢纽

一级物流节点作为北京生活必需品应急物流网络的核心枢纽，具备强大的物资集散、存储与转运能力，对保障全市应急物资供应起着关键的支撑作用。

（一）京平综合物流枢纽

京平综合物流枢纽坐落于平谷区，是北京市公铁融合型的关键一级物流枢纽。其发展历程可追溯至 2005 年始建的马坊物流基地，历经多年建设，已在 1.3 平方千米的区域内构建起较为完备的基础设施体系，涵盖联检业务楼、口岸功能区等核心设施，且海关、货代、银行、市场监管、税务等多部门已入驻其中，形成了较为高效的协同运作机制。平谷地方铁路自 1985 年通车以来，凭借其 16.2 千米的线路，向南与国铁京哈线紧密连通，向北则具备延伸连接规划中的首都货运外环线的潜力，由此构建起南北贯通且融入全国铁路网的战略通道。自 2022 年起，伴随《京平综合物流枢纽产业发展规划（2022—2027 年）》的编制和落地实施，其总体规划面积大幅拓展至 8.7 平方千米，空间范畴覆盖平谷"物流四镇"（马坊镇、马昌营镇、东高村镇、夏各庄镇）和河北省三河片区，逐步形成"一枢纽五通道"的分布式大物流空间格局，以及"三站六场"的精细化空间布局。当前，该枢纽已成功吸引菜鸟集团、正创集团、普洛斯集团、东久新宜、京东集团等众多物流头部企业入驻。待全部项目竣工投产后，将构建起约 560 万平方米的高标库集群，一跃成为北京市规模最为庞大的物流仓储设施集聚地，在生活必需品应急物流体系中，可承担大规模、远距离的物资调配与转运任务，尤其是在应对跨区域应急物资调配时，能够充分发挥其铁路运输优势，迅速实现物资的集聚与疏散。

（二）空港型国家物流枢纽

依托北京首都国际机场的航空运输枢纽资源优势而构建的空港型国家物流枢纽，在生活必需品应急物流网络中占据独特地位。其凭借航空运输的高速性、时效性与远程直达性，主要承担着大量对运输时间要求极为严苛的生活必需品的航空运输及转运职能，如生鲜食品、高附加值医药用品等。在应对突发公共卫生事件或其他紧急情况时，能够快速从国内外各地调集急需物资，成为国内外物资快速进入北京的关键空中通道，极大地缩短了物资供应的时间，有效保障了首都在特殊时期应急物资供应的及时性与多样性。

（三）其他国家级物流枢纽及示范园区

分布于房山区等区域的其他国家级物流枢纽及示范园区，同样构成北京生活必需品应急物流一级网络的重要组成部分。这些物流节点依托各自的区位优势、产业基础与交通网络，具备大规模物资集散、存储与转运的核心功能。它们与京平综合物流枢纽、空港型国家物流枢纽相互协作，共同编织起一张覆盖全市且辐射周边地区的应急物流核心网络架构。例如，房山区的物流枢纽可凭借其与西南地区交通网络的紧密联系，在特定应急场景下，承担来自该区域方向物资的接收与中转任务，从而实现应急物流网络在不同方向、不同区域间的均衡负载与高效协同运作，确保全市应急物资供应的稳定性与可靠性。

二、配送中心

二级配送中心在一级物流节点与末端应急投放点之间发挥着承上启下的桥梁纽带作用，主要承担着生活必需品的区域分拨、中转配送以及专业物资处理等职能，以实现应急物资从核心枢纽向终端消费区域的精准输送与高效分配。

（一）区域配送中心

分布于各主城区及重点区域的区域配送中心，如位于海淀、朝阳、丰台等区的大型仓储配送中心，构成了应急物流配送体系的中层骨干网络。以海淀区为例，区内诸如重点连锁商超所设立的配送中心，依托其长期积累的本地化物流配送资源与运营经验，成为区域配送中心的典型代表。这些配送中心配备有专业化的仓储设施，能够依据不同生活必需品的存储要求进行分类存储与管理；同时，拥有规模可观的配送车辆队伍以及成熟的物流配送线路规划与调度系统，可针对周边一定地理范围内的末端应急投放点实施精准、快速的物资配送作业。在应急状态下，区域配送中心能够依据一级物流节点的物资调配指令，迅速完成物资的接收、分拣与二次配送任务，有效缩短物资从储备到终端供应的时间间隔，确保生活必需品能够及时、足额地送达需求区域，保障区域内居民的基本生活物资需求得到有效满足。

（二）专业物流配送中心

针对生活必需品中特定类型物资而设立的专业物流配送中心，如医药、食品冷链等专业领域的配送设施，是应急物流配送体系中的专业化保障力量。这些配送中心依据所处理物资的特殊性质，配备了高度专业化的设备与技术人员团队。以医药配送中心为例，其配备有符合药品存储标准的冷藏设备、温湿度监控系统以及专业的药品分拣与运输设备，确保药品在运输与存储全过程中的质量稳定性与安全性；食品冷链配送中心则具备先进的冷藏车、冷冻库、冷藏库等冷链设施设备，并采用精准的温度控制技术与冷链追溯系统，保证生鲜食品及其他需低温保存的食品在应急物流配送过程中始终处于规定的温度环境下。在应急物流运作过程中，专业物流配送中心能够依据应急物资需求的特殊性，对特定类型生活必需品进行专业化的处理、运输与配送，极大地提高了应急物流对于特殊物资保障的专业性、精准性与安全性，有效降低了由物资特性导致的供应风险。

（三）电商平台配送中心

以京东、顺丰等为代表的大型电商物流企业在北京设立的配送中心，凭借其先进的物流信息技术平台、高度智能化的仓储管理系统以及广泛覆盖的配送网络，成为北京生活必需品应急物流配送体系中的创新型与高效性补充力量。在应急情况下，电商平台配送中心可充分利用其强大的大数据分析能力，快速响应应急物资需求信息，精准预测不同区域、不同时段的物资需求规模与品类结构；依托其自动化、智能化的仓储设施，能够在短时间内完成应急物资的分拣、包装与出库作业；借助其遍布全市乃至全国的配送网络以及高效的物流配送调度算法，可将生活必需品从仓库直接配送到末端应急投放点或消费者手中，极大地提高了应急物流配送的效率与灵活性。特别是在应对局部性、分散性的应急物资需求时，电商平台配送中心能够发挥其网络优势，实现应急物资的精准投放与快速送达，有效弥补传统物流配送模式在末端配送环节的不足，为应急物流体系注入新的活力与效能。

三、末端应急投放点

末端应急投放点作为生活必需品应急物流网络的最前沿触角，直接面向广大居民消费者，承担着将应急物资最终交付至居民手中的关键任务，其布局合理性与运行有效性直接关系到应急物流保障的终端成效。

（一）社区便利店

社区便利店因其广泛分布于各个社区内部或周边的区位优势，成为居民日常生活消费的便捷场所，在应急物流体系中扮演着重要的末端投放角色。在应急状态下，社区便利店可依托其现有的店面空间与库存管理能力，接收并存储一定数量的生活必需品，如饮用水、方便食品、基本生活用品等。这些便利店凭借其与社区居民的紧密地缘联系与日常消费互动关系，能够迅速、精准地将应急物资投放至社区居民手中，实现应急物资供应的"最后 100 米"配送目标。同时，社区便利店还可作为应急物资信息的传播节点，及时向居民传达应急物资供应政策等信息，能有效缓解居民在应急期间的焦虑情绪，维护社区的秩序。

（二）超市门店

包括大型连锁超市和小型超市在内的超市门店，以其丰富的商品种类、相对较大的库存容量以及较为完善的物流配送能力，构成了末端应急投放点的重要组成部分。大型连锁超市如家乐福、沃尔玛等，凭借其强大的供应链管理系统与多渠道采购能力，在应急期间能够迅速调集各类生活必需品，并通过自身的物流配送体系将物资运输至门店进行储备与销售。小型超市则可发挥其灵活性与社区贴近性优势，对周边居民的应急物资需求进行快速响应与补充供应。超市门店作为末端应急投放点，不仅能够满足居民在应急期间对各类生活必需品的多样化需求，还可依据实际销售情况与居民反馈信息，及时向二级配送中心或一级物流节点反馈物资需求动态，为整个应急物流网络的物资调配与补货决策提供精准依据，确保应急物资供应与居民需求之间的动态平衡。

（三）临时投放点

在突发事件发生时，根据受灾区域的实际需求状况与地理环境特点，在特定区域如学校、公园、广场等场所临时设置的应急物资投放点，具有显著的灵活性与针对性。这些临时投放点能够在短时间内迅速搭建起应急物资的集中分发平台，将大量生活必需品集中投放至受灾较为严重或需求迫切的地区，有效缓解当地由突发事件造成的物资短缺带来的影响。临时投放点的设置通常遵循就近原则与需求导向原则，充分考虑受灾区域居民的疏散安置地点、人口密度分布以及交通便利性等因素，确保能够将应急物资以最快速度、最小成本送达居民手中。同时，临时投放点还配备有必要的现场管理与物资分发人员，负责物资的接收、登记、分发与秩序维护工作，保障投放过程的高效有序进行，提高应急物流在特殊情况下的终端配送效率与服务质量。

（四）智能快件箱和快递服务站

随着快递行业的迅猛发展，智能快件箱和快递服务站在城市城区范围内已实现高密度的广泛覆盖。在生活必需品应急物流体系中，这些网点可被充分利用并作为末端应急投放的创新型渠道。对于一些体积较小、包装适宜且非即时性需求的生活必需品，如口罩、消毒用品、小型食品等，可通过智能快件箱进行投放。居民可依据收到的取件通知信息，在方便的时间自行前往智能快件箱取货。这种投放方式不仅提高了配送效率，减少了人员接触与聚集风险，还能够充分利用智能快件箱的 24 小时服务特性，满足居民在不同时段的应急物资领取需求。快递服务站则可承担相对较大体积或需要人工辅助交付的应急物资的投放任务，其工作人员可依据居民信息进行精准配送或通知居民前来领取。快递服务站借助已有的物流信息管理系统与客户服务网络，实现了应急物资在末端环节的高效、精准投放，进一步拓展了应急物流末端配送的渠道与方式，提升了应急物流体系的整体适应性与服务能力。

综上所述，北京生活必需品应急物流网络通过构建一级物流节点、二级配送中心与末端应急投放点三个层级的网点体系，形成了一个层次分明、功能互补、协同高效的应急物流运作架构，旨在确保在各类突发事件发生时，能够迅速、有效地保障全市居民的生活必需品供应，维护城市的正常运转与社会稳定。

第五节　北京市生活必需品应急配送体系

一、储备机制

（一）政府储备

北京市依据相关政策构建了严谨的政府储备体系，针对生活必需品如成品粮、蔬菜、冻猪肉等多品类进行储备管理。依据《生活必需品市场供应应急管理办法》，市、区两级政府依据本市常住人口数量、消费结构以及应急保障周期等多维度因素，确定各类生活必需品的储备规模与保障天数。以粮食为例，政府按照能满足全市居民一定天数的口粮需求进行原粮与成品粮储备布局，原粮储备中，小麦、稻谷等品类储备量达数十万吨，成品粮如大米、面粉等的储备量亦达数万吨，确保应急期间粮食供应不断档。在蔬菜储备方面，依据本市蔬菜消费特点与季节供应差异，重点储备大白菜、土豆等耐储蔬菜品种，储备量可达数千吨，在冬季蔬菜生产淡季或应急状态下可有效稳定市场供应。冻猪肉储备依据居民肉类消费结构与应急需求，常年保持数千吨的储备规模，以便在市场供应短缺时及时投放，平抑肉价并保障居民蛋白质摄入。同时，严格执行储备物资轮换制度，依据市场监测数据与产品质量状况，定期更新储备物资，确保其品质与新鲜度，使储备规模始终契合实际应急需求的动态变化。

（二）商业储备

政府积极出台政策引导商业企业参与生活必需品储备，借助财政补贴、税收优惠等政策工具，激励大型连锁商超、电商平台等企业扩充商业储备量。依据相关政策，对企业因储备生活必需品而产生的仓储费用、资金占用成本等给予一定比例的补贴，降低企业储备成本，提升企业参与热情。同时，运用大数据分析技术，政府与企业共享市场消费数据，指导企业精准确定储备品种与规模。据统计，在政策推动下，大型连锁商超商业储备品种已拓展至数十种，部分企业在应急期间的储备量可满足周边区域居民数天的生活需求。电商平台则依据平台消费大数据与政府引导，重点储备口罩、消毒用品等应急防护物资以及高需求的食品、日用品等，在特定应急事件如疫情期间，其部分应急物资储备量实现数倍增长，有效弥补了政府储备的不足，增强了全市生活必需品储备的整体协同性与稳定性。

二、配送网络

（一）批发市场

像新发地这类的一级批发市场，是北京生活必需品供应的关键源头与集散枢纽。依据市场运营数据，新发地市场占地面积大，拥有固定摊位与交易区数千个，与国内众多农产品主产地以及部分国际供应商构建了长期稳定的合作关系。其年交易量极为庞大，蔬菜年交易量可达数百亿千克，水果、肉类、水产等品类交易量亦十分可观。在日常运营中，每日均有大量满载各类生鲜食品、农产品的运输车辆从全国各地汇聚于此，经过严格的质量检测与分拣、包装等初步处理后，再依据市场需求与二级批发市场、零售终端的订单信息，迅速将物资分发配送出去，其配送范围覆盖北京全市以及周边部分地区，在生活必需品应急配送体系中发挥着不可或缺的物资集聚与发散功能。

（二）配送中心

大型连锁商超、电商平台以及专业物流企业所设立的二级配送中心，是连接一级批发市场与末端零售网点的重要桥梁。这些配送中心依据各自的业务规模与覆盖范围，配备了专业的仓储设施与物流设备。例如，某大型连锁商超的配送中心，仓储面积达数万平方米，内部设有常温库、冷藏库、冷冻库等不同温区，以达到各类生活必需品的存储要求。其物流设备涵盖自动化分拣系统、叉车、运输车辆等，具备每日处理数万件商品的能力。在运营流程上，配送中心接收来自一级批发市场或供应商的货物后，依据各门店或客户的订单信息，借助先进的物流管理信息系统进行快速分拣、包装与配载作业，然后按照预定的配送路线与时间表，将生活必需品精准配送至各零售网点或终端客户手中，确保物资在供应链中的高效流转与及时供应。

（三）末端应急投放点

末端应急投放点广泛分布于城市社区周边，包括社区菜店、便利店、超市门店、蔬菜直通车停靠点以及在应急时期临时设立的保障供应商业网点等。以社区菜店为例，依据社区商业网点布局规划，其数量众多且深入社区内部，与居民生活紧密相连。在应急情况下，社区菜店可依据社区居民需求信息，快速从二级配送中心或供应商处获取生活必需品，并直接供应给社区居民，有效解决生活必需品配送的"最后一公里"难题。蔬菜直通车则依据政府应急调配指令，在特定时期如疫情防控期间深入封控区、管控区周边社区，将新鲜蔬菜等生活必需品直接送到社区指定地点，减少了中间环节，从而提高了配送效率与应急保障能力。超市门店凭借其丰富的商品种类与较大的库存容量，在末端应急投放中发挥着重要的补充作用，可满足居民多样化的生活必需品需求，并可在应急物资调配中依据门店销售数据与居民反馈信息，及时向配送中心反馈需求动态，为整个配送体系的优化调整提供依据。

三、配送方式

（一）商超自有配送

大型连锁商超依托自身的物流配送团队与车辆资源，开展生活必需品配送业务。依据商超物流运营数据，其配送团队通常由专业司机、装卸工人与物流管理人员组成，配送车辆达数百辆，车型涵盖面包车、轻型卡车与中型货车等，以适应不同体积与重量的货物配送需求。在配送流程上，商超配送中心依据门店订单信息进行货物分拣与配装后，安排配送车辆按照预定路线依次将货物送达各门店。同时，对于消费者在商超线上平台下单的商品，商超安排专门的配送人员与车辆进行上门送货服务。以某知名连锁商超为例，其线上订单配送范围覆盖全市大部分区域，可实现当日达或次日达。对于部分区域，商超还提供定时达服务，满足消费者不同的配送时间需求，这些方式都有效保障了居民生活必需品的便捷获取。

（二）电商平台配送

京东、美团买菜、叮咚买菜等电商平台凭借其强大的物流网络与技术优势，在生活必需品应急配送中发挥着重要作用。这些电商平台在北京建立了多个大型仓储中心与前置仓，依据平台数据，仓储总面积达数十万平方米，前置仓数量达数百个，分布于城市各个区域，实现了对城市的广泛覆盖与深度渗透。消费者在平台下单后，平台借助智能算法与物流管理系统，迅速将订单发送至距离消费者最近的仓库或前置仓并进行货物分拣包装，然后由专业配送人员使用电动三轮车、面包车等配送车辆提供送货上门服务。例如，京东在部分区域可实现生鲜产品的"分钟达"，美团买菜、叮咚买菜等平台在其服务区域内也可实现快速配送，大大提高了生活必需品配送的时效性与便捷性，尤其在满足居民即时性消费需求方面表现突出。

（三）第三方物流配送

专业的第三方物流公司为北京生活必需品配送提供了多样化的服务选择。这些第三方物流公司依据市场需求与自身业务定位，配备了丰富的物流资源，包括各类运输车辆、仓储设施与专业物流人才。在配送服务方面，第三方物流公司与众多商家和企业建立合作关系，依据客户需求制定个性化的配送方案。例如，某第三方物流公司与多家食品生产企业合作，为其在北京地区的产品配送提供服务。该公司拥有冷藏车、常温车等不同类型的运输车辆数百辆，可根据食品的存储要求进行分类运输；其配送网络覆盖北京全市及周边地区，通过优化配送路线与运输计划，实现高效、准确的物资配送，有效弥补了商超自有配送与电商平台配送的不足，提升了生活必需品配送体系的整体灵活性与适应性。

（四）蔬菜直通车直送

在应急保障特殊时期，蔬菜直通车成为生活必需品配送的重要补充力量。政府相关部门依据应急需求与社区分布情况，组织蔬菜直通车开展配送服务。蔬菜直通车通常由专业的农业合作社或物流企业运营，车辆配备冷藏保鲜设备，以确保蔬菜的新鲜度。依据运营数据，在疫情防控期间，蔬菜直通车每日可深入数十个社区进行配送服务，每个社区停靠点的蔬菜供应量可达数吨。蔬菜直通车直接从产地或一级批发市场采购蔬菜后，按照预定的社区配送路线，将新鲜蔬菜直接送到社区指定地点，减少了中间环节，降低了物流成本，提高了蔬菜配送的效率，有效保障了封控区、管控区居民的蔬菜供应，成为应急配送体系中连接产地与社区居民的便捷通道。

四、保障措施

（一）运输保障

北京市在生活必需品应急配送运输保障方面制定了一系列政策与协调机制。政府相关部门积极与外埠政府沟通协调，依据相关规定为进京的省际运输车辆开具"应急物资进出京调拨（转运）证明"，确保生活必需品运输车辆在进京途中一路畅通。据统计，在应急时期，每日开具此类证明的车辆可达数百辆，保障了大量生活必需品能够顺利运抵北京。同时，协调市交通、交管部门，为商贸流通保供企业办理市内临时通行证，依据相关政策，保供企业的配送车辆凭借通行证可 24 小时上路通行，不受常规交通管制限制。此外，政府还组织了大量的运输储备力量，包括专业运输企业的车辆以及社会招募的志愿者车辆等，随时待命用于生活必需品的调运工作，确保在应急物资运输需求激增时能够迅速响应，保障物资运输的时效性与稳定性。

（二）人员保障

为确保生活必需品应急配送体系的有效运转，北京市建立了专职干部队伍与后备人员保障机制。专职干部队伍贯穿市、区、企业、门店四级，依据相关应急管理组织架构与人员配置政策，各级分别配备了一定数量的专职人员，负责生活必需品供应的组织协调与监督管理工作。这些专职干部在应急时期深入一线，实时掌握市场供应与配送情况，及时协调解决出现的问题。同时，政府还动员重点商超服务人员、街道社区工作人员、邮政快递人员等作为配送保障后备力量。据不完全统计，在应急状态下可动员的后备人员数量可达数万人。通过组织培训与应急演练，提高后备人员的配送业务能力与应急响应意识，确保在配送人员短缺时能够迅速补充到配送一线，保障生活必需品配送工作的持续进行。

（三）信息监测与协调机制

北京市构建了完善的生活必需品监测网络与协调机制。通过向重点企业和批发市场派驻驻场员、与企业负责人建立信息沟通渠道等方式，依据相关信息监测政策与工作规范，实时收集生活必需品的市场供应、库存、价格等信息。驻场员每日定时报送监测数据，相关部门对数据进行汇总分析，以便及时掌握市场动态变化。同时，加强市区、政企之间的联动协调，依据应急协调机制工作流程，建立了快捷的信息沟通渠道与决策协调平台。在市场出现异常波动或应急事件发生时，能够迅速组织相关部门、企业召开协调会议，依据监测信息与应急响应预案，共同商讨应对策略，调整配送计划与物资储备规模，确保生活必需品应急配送体系能够快速适应市场变化与应急需求，保障城市居民生活必需品的稳定供应。

第六节　北京市生活必需品信息监测和预测预警

一、监测内容

（一）价格监测

北京市针对生活必需品构建了系统的价格监测框架。选取了涵盖居民日常饮食及基本生活所需的多类商品，如粮油类（大米、面粉、食用油）、肉蛋类（猪肉、牛肉、鸡蛋等）、蔬菜类（叶菜类、根茎类、茄果类等常见品种）以及奶类等。在监测点布局上，广泛涵盖了大型农产品批发市场（如新发地，其作为北方重要的农产品集散中心，交易量大、品种全，能反映大宗农产品的价格走势）、遍布各城区及郊区的连锁超市（如物美、家乐福等，其销售数据体现了终端消费者购买商品时的价格水平）、社区菜市场（其深入居民生活区域，对本地居民的消费价格感知影响直接）以及新兴的线上生鲜电商平台（如每日优鲜、叮咚买菜等，反映了电商渠道的价格动态，且其数据更新快速、交易频繁）。

每日按照固定的时间节点，通过专业的市场调研人员、电子数据采集系统以及与各监测点的信息对接平台，收集各类生活必需品的价格信息。对于收集到的数据，进行多维度的分析处理。一方面，计算不同商品价格的日涨幅、周涨幅、月涨幅及年涨幅等，绘制价格波动曲线，直观展示价格变化轨迹；另一方面，运用统计分析方法，如计算价格的均值、中位数、标准差等，分析价格的离散程度与集中趋势，以精准识别价格的异常波动点。例如，若某一周内，白菜的批发价格涨幅超过30%，且标准差远高于历史同期水平，这可能预示着供应环节出现了问题，如产地受灾导致产量锐减或运输受阻等情况，为后续深入调查与应对措施的制定提供关键线索。

2023年，随着数字经济与消费升级的持续推进，线上生鲜电商平台在价格监测中的权重进一步增加。这些平台凭借其大数据分析能力，不仅能实时反馈价格变动情况，还能提供诸如不同时间段的价格弹性、用户对价格变动敏感度等更精细化的数据，有助于更精准地把握市场价格动态。同时，受国际市场波动以及国内宏观经济形势影响，部分进口生活必需品如橄榄油、奶粉等的价格监测也更加注重汇率波动、贸易政策调整等因素对价格的影响，以便及时应对价格异常波动情况。

（二）供求监测

供求监测聚焦于生活必需品的市场供应与需求两端的关键要素。在供应端，对库存水平进行严密监测。针对大型仓储设施，如一级农产品批发市场的储备仓库、大型连锁商超的区域配送中心仓库以及专业的粮食储备库等，借助库存管理系统与实地盘点相结合的方式，精确掌握各类生活必需品的库存数量、库存结构（如不同保质期、不同产地的商品库存分布）以及库存周转率。以粮食为例，北京市粮食储备库会定期盘点小麦、稻谷等原粮以及大米、面粉等成品粮的库存，确保在应急情况下能满足全市居民一定天数的粮食需求。

同时，密切关注供应渠道的稳定性与进货量信息。与全国各大农产品产地建立信息沟通机制，及时了解产地的生产情况（包括种植面积、预计产量、收获时间等农业生产信息）、物流运输能力（运输企业的调配计划、运输路线的畅通性等）以及供应商与北京市场的合作状况（供应合同的签订量、执行进度、新供应商的拓展情况等）。例如，在水果供应旺季，通过与山东、海南等水果产地的信息共享，预估苹果、香蕉等水果的产量并进行运输安排，以便合理安排北京市场的销售与储备计划。

在需求端，综合考量多方面因素。通过对连锁超市、农贸市场、电商平台等销售终端的销售数据进行汇总分析，了解不同区域、不同消费群体（如按年龄、收入水平、居住区域划分）的各类生活必需品在消费数量、消费频率以及消费偏好上的变化。例如，在炎热夏季，啤酒、饮料等消暑类饮品的需求量会大幅增加，而在传统节日期间，对肉类、蛋类等食材的需求会出现高峰。此外，还需考虑人口流动因素对需求的影响，如旅游旺季外来游客数量的增加会带动餐饮行业对生活必需品需求的增长，新社区的建成入住、学校开学等人口结构变化也会导致生活必需品的需求变动。

2023年年底，后疫情时代消费复苏与消费结构调整显著影响供求监测。一方面，随着旅游、餐饮等行业的快速复苏，相关生活必需品如生鲜食材、一次性餐具等的需求监测更具动态性和复杂性，需结合旅游市场数据、餐饮行业经营数据等多源数据进行综合分析。另一方面，居民健康意识的提升促使居民对有机食品、低糖低脂食品等健康类生活必需品的需求增长。因此，监测体系对这类商品的市场渗透率、消费增长速率等指标给予了更多关注，以便引导企业优化产品结构与供应布局，更好地满足市场需求变化。

（三）质量监测

质量监测是保障北京市民生活健康与安全的重要防线。针对各类生活必需品，尤其是食品类商品，制定了严格的质量监测标准与流程。对于农产品，重点检测农药残留、重金属含量、微生物指标等。例如，在蔬菜检测中，采用先进的色谱分析技术检测有机磷、氨基甲酸酯等农药残留，运用原子吸收光谱法测定铅、镉、汞等重金属含量，通过培养法检测大肠杆菌、沙门氏菌等微生物菌群是否超标。

对于加工食品类生活必需品，如食用油需要检测酸价、过氧化值等指标以了解其氧化程度与品质；肉类制品需要检测兽药残留（如瘦肉精等）、防腐剂添加量是否符合国家标准；奶类产品需要检测蛋白质含量、脂肪含量，以及是否含有三聚氰胺等有害物质。质量监测工作依托专业的食品检测机构（如北京市食品检验研究院等）以及各大型超市、批发市场内部设立的快速检测实验室。这些检测机构和实验室采取定期抽检与不定期专项检测相结合的方式开展工作。例如，每月对市场上的大米、面粉等主食类产品进行一次全面抽检；在食品安全宣传周等特殊时期，针对热门消费食品进行专项突击检测，确保不合格产品能够及时被发现并下架处理，确保北京生活必需品的质量安全。

随着食品安全国家标准的更新与完善，质量监测紧跟标准变化，对一些新兴污染物、非法添加物的检测力度加大。例如，针对某些新型食品保鲜剂、非法添加的非食用物质等的检测技术研发与应用加速推进，检测设备不断升级换代，以提高检测的准确性和灵敏度。同时，为应对日益复杂的供应链体系，质量监测从源头到终端的全链条追溯体系建设进一步强化，利用区块链等新兴技术，实现农副产品种植养殖信息、加工生产过程信息、物流运输信息以及销售终端信息的全流程可追溯，一旦出现质量问题，能够迅速定位问题环节并采取有效措施，保障消费者权益。

二、监测方式

（一）定点监测

定点监测在北京生活必需品信息监测体系中发挥着基础支撑作用。依据北京的地理区域分布、人口密度以及消费市场布局特点，精心布局了多层次、多类型的定点监测网络。在区域层面，涵盖了中心城区（如东城区、西城区等）、近郊区（如朝阳区、海淀区等）以及远郊区（如密云区、延庆区等）的监测点，以全面反映不同区域生活必需品的市场情况。在市场类型层面，包括了大型综合批发市场（如新发地、岳各庄等批发市场）、连锁商超（如家乐福、沃尔玛、物美等在京各大门店）、社区菜市场（深入各个社区的便民菜市场）以及部分具有代表性的农贸市场。

每个定点监测点均配备了专业的监测人员或数据采集设备。对于大型批发市场和超市，通常设置专职的信息员岗位，其职责包括每日定时记录各类生活必需品的价格、库存、进货量、销售量等关键数据，并按照规定的格式和时间要求将数据上报至市级监测管理平台。例如，新发地批发市场的信息员每天清晨在市场开市前，就需要对各类蔬菜、水果、肉类等商品的批发价格、到货量、昨日销售量等数据进行详细统计，并在上午10点前通过专门的信息系统上传数据。而对于社区菜市场和小型农贸市场，部分采用人工填报与电子数据采集相结合的方式，如将安装在摊位上的电子秤与数据采集终端相连，自动记录商品的销售重量与价格信息，同时市场管理人员会定期对其他信息（如库存情况、商户进货渠道等）进行人工统计并上报。

（二）数据共享与整合

为打破数据壁垒，实现生活必需品信息的全面、准确掌握，北京市建立了完善的数据共享与整合机制。商务部门作为生活必需品市场监测的牵头部门，与农业农村部门（掌握农产品生产源头信息）、市场监管部门（负责商品质量监管与市场主体信息）、交通运输部门（了解物流运输情况）以及统计部门（提供宏观经济数据与消费数据统计分析结果）等多部门建立了常态化的数据共享平台与协作机制。

通过制定统一的数据标准与接口规范，各部门能够将自身掌握的相关数据及时、准确地汇聚到市级生活必需品信息共享平台。例如，农业农村部门将农产品种植面积、产量预估、产地价格等数据按照规定格式上传至平台；市场监管部门将商品质量抽检结果、市场主体经营资质信息等上传平台；交通运输部门提供物流运输流量、运输成本、运输路线畅通情况等数据。在数据整合方面，利用大数据处理技术，对来自不同部门、不同监测点的海量数据进行清洗、分类、比对与关联分析。例如，将商务部门监测的超市销售数据与农业农村部门的农产品产地供应数据进行关联，分析某一农产品从产地到销售终端的价格加成与物流损耗情况；将市场监管部门的质量抽检不合格信息与销售数据进行比对，精准定位问题商品的销售范围与销售数量，以便及时采取下架、召回等措施，从而实现从生产源头到消费终端的全链条数据整合与信息关联挖掘，为精准监测与决策分析提供坚实的数据基础。

随着北京市"智慧城市"建设的推进，数据共享与整合平台的云计算能力得到进一步提升，能够更高效地处理海量数据。同时，数据安全保障机制更加完善，采用了加密传输、数据脱敏、访问权限控制等多重技术手段，确保各部门共享数据的安全性与隐私性。此外，为了更好地利用数据价值，数据挖掘与分析算法不断优化，引入了深度学习等先进技术，能够从复杂的数据关系中发现更多隐藏的市场规律和潜在风险，为生活必需品市场的精准调控提供更有力的支持。

（三）市场巡查

市场巡查作为一种实地监管与信息补充的监测方式，在北京市生活必需品市场监测体系中具有不可或缺的作用。由市场监管部门、商务部门联合组成的巡查队伍，按照定期巡查与不定期抽查相结合的方式，对全市范围内的生活必需品市场进行全面巡查。

在定期巡查中，巡查人员每周至少对大型批发市场、连锁超市、社区菜市场等重点市场进行一次全面检查。检查内容包括商品的供应情况（是否存在缺货断货现象、货架陈列是否饱满等）、价格标签（是否明码标价、价格标签与实际售价是否相符等）、质量安全（查看商品的生产日期、保质期、检验检疫合格证明等）以及市场经营秩序（是否存在哄抬物价、囤积居奇、不正当竞争等违法违规行为）。例如，在巡查超市时，巡查人员会随机抽取部分生鲜食品，检查其冷链保存情况是否符合要求，同时核对商品的进货台账与销售记录，确保商品来源可追溯、销售去向可查询。

不定期抽查则重点针对市场热点问题、节假日消费高峰以及突发事件期间进行。例如，在春节等重大节日前夕，应加大对肉类、蔬菜、水果等节日消费热点商品的抽查力度，检查商品储备情况、价格波动情况以及质量安全保障措施是否到位；在突发公共卫生事件期间，应重点抽查口罩、消毒液等防护类生活必需品的市场供应与价格情况，严厉打击囤积居奇、哄抬物价等违法行为，维护市场秩序与消费者权益，同时通过实地巡查及时发现市场中存在的新问题、新情况，为信息监测体系补充鲜活的第一手资料，确保监测信息的全面性与真实性。

（四）建立预警指标体系

北京市针对生活必需品构建了一套科学、全面且具有针对性的预警指标体系。根据不同生活必需品的特性、市场供需规律及其对居民生活的重要程度，分别设定了相应的预警指标。对于价格敏感型商品，如蔬菜、猪肉等，将价格涨幅作为核心预警指标之一。例如，当某种蔬菜的批发价格连续 3 日涨幅超过 20%，或零售价格连续 5 日涨幅超过 30% 时，触发价格预警信号。同时，结合价格波动率（价格的标准差与均值的比值）、与历史同期价格对比偏离度等指标，综合判断价格异常波动的程度与趋势性。对于粮食、食用油等储备类生活必需品，除价格指标外，更加注重库存水平预警。应设定安全库存线，如当市级粮食储备库的小麦库存低于全市居民 15 天的消费量，或某一连锁超市的食用油库存周转率低于正常水平的 50% 且库存数量不足一周的销售量时，发出库存预警信号。这意味着市场供应可能面临短缺风险，需要及时启动库存补充或调配机制。

在需求端，针对部分易受季节、节假日、突发事件等因素影响的商品，设立需求变化率预警指标。例如，在夏季高温时期，如果瓶装饮用水的销售量连续一周同比增长超过 50%，则提示可能需要增加市场投放量以满足消费者需求；在流感高发季节，感冒药、体温计等医药类生活必需品的需求增长幅度超过一定阈值时，也会触发预警，以便相关部门提前做好物资调配与市场供应保障工作。通过多维度、多层次的预警指标体系，实现对生活必需品市场的全方位、精细化预警监测，提前捕捉市场异常波动的信号，为及时采取应对措施赢得时间与决策依据。

（五）分级预警响应

为确保预警信息能够得到有效处理与精准应对，北京市建立了分级预警响应机制。

根据预警指标的触发阈值以及市场波动可能造成的影响程度，将预警级别划分为绿色（轻度预警）、黄色（中度预警）和红色（重度预警）三个等级。

当绿色预警信号触发时，如某一非主食类蔬菜价格出现小幅波动但未对整体市场供应和居民生活造成明显影响时，相关部门启动信息跟踪与市场监测加强机制。由商务部门会同农业农村部门、市场监管部门等密切关注价格走势、供求变化情况，要求各监测点增加数据报送频率，同时通过官方网站、新闻媒体等渠道向社会发布市场动态信息，引导消费者理性消费，稳定市场预期。

黄色预警响应则针对市场波动较为明显、可能对部分区域或特定消费群体产生一定影响的情况。例如，当某一区域的猪肉供应紧张，价格涨幅超过中度预警阈值时，除加强监测与信息发布外，政府部门将启动储备物资投放的准备工作，组织相关企业加大货源采购与调配力度，协调交通运输部门保障物资运输畅通，并对市场价格进行重点监管，严厉打击囤积居奇、哄抬物价等违法行为，确保市场供应基本稳定与价格合理波动。

红色预警作为最高级别预警，通常在发生重大突发事件（如严重自然灾害、大规模公共卫生事件等）导致生活必需品市场出现严重失衡，可能影响全市居民基本生活保障时启动。此时，政府将全面启动应急响应机制，动用一切可调配资源保障生活必需品供应。包括大规模投放政府储备物资（如粮食、食用油、肉类等），实行价格临时管制措施，组织军队、志愿者等力量参与物资配送与市场秩序维护，优先保障医院、学校、养老院等重点场所的物资供应，并通过全市范围的应急广播、手机短信推送等方式向市民及时通报市场供应保障措施与进展情况，最大限度减少突发事件对居民生活的影响，维护社会稳定。

第七节　北京市生活必需品应急物流发展对策建议

一、在批发端加强组织供给，确保"货足价稳"

一是协调新发地、大洋路、顺鑫石门等主要农产品批发市场，进一步组织市场商户加强货源组织，加大调运力度。要求各批发市场在做好与产地稳定对接的基础上，进一步拓宽供货渠道，及时与山东、河北、河南、内蒙古等货源主产地对接，调集货源进京，确保北京市蔬菜等货源稳定供给。二是持续采取稳价措施，稳定市场预期，继续执行北京市主要农产品批发市场减免进场交易费政策，进一步降低经营商户和运输司机的进场交易成本，确保货足价稳。

二、在零售端加强备货补货，确保"供应不断"

要求北京市各大超市门店、电商前置仓按照"加强备货、强化监测、及时补货、确保秩序"的原则，积极做好供应保障工作。一是加强备货补货。京客隆、超市发、物美等重点连锁超市和京东、美团等生鲜电商企业提高蔬菜自采量，按照 3~5 倍供应量备货，加强购物高峰时期的备货、补货，保证不断档、不断货。二是延长营业时间。各网点、门店和前置仓根据市民采购需求，适当延长营业时间，做到自然闭店，并保持购物场所秩序稳定。

三、在配送端增加人力运力，确保"配送不停"

一是京东、美团、盒马鲜生等重点电商平台企业，通过招募新人、跨区调配、与第三方快递物流企业合作等方式，多方筹措人力，将配送力量提升至平时的 1.5 倍以上，以提高仓储分拣和物流配送服务能力，满足居民在线购物和配送服务需求。对于存在运力不足的站点，企业及时从外围区统筹调配，迅速补充运力缺口，力保不出现无法配送的问题。二是重点关注应急管控区居民下单需求，电商平台通过前置仓站点互助，加大应急管控区周边货源和人力调配力度，及时将生活物资送至封控、管控地点。

四、优化政策措施，完善应急物流设施布局

根据北京市应急管理局发布的《北京市政协十四届二次会议第 1215 号提案的答复意见》，要全力完善生活必需品应急供应保障体系。

（一）加强生活必需品供应保障体系建设，保持供应保障队伍稳定

经过多年的努力，形成了以首农集团、市供销社等国有农产品生产和流通企业，新发地、大洋路、顺鑫石门等主要农产品批发市场，物美、京客隆、永辉、超市发等大型连锁超市，新发地百舸湾、新发地果蔬、优鲜生活等直营直供企业，以及京东、三块在线等重点电商平台为骨干的保供主力军和销售主渠道。在流通渠道上，建立了"外埠货源地—批发市场（配送中心）—零售网点"的稳定供应链条。在流通网络上，建立了从批发端到零售端的市内流通网络。为应对生活必需品市场应急供应，还建立了北京市生活必需品应急投放集散地和应急投放网点，不断保持供应保障队伍稳定。

积极推进"平急两用"公共基础设施建设，规划布局城郊大仓基地。推动既有物流设施合理嵌入应急功能，加强应急物资储备设施和应急物流设施有机衔接，强化与环京大型农产品批发市场合作，提高紧急调运能力。

（二）强化"平战一体"，不断强化货源组织供给能力

始终保持"平时保供应、战时保应急"保障状态，指导协调新发地、大洋路等主要农产品批发市场，组织市场商户加强货源组织、拓宽供货渠道；持续做好市场供应及运

行监测工作。通过对主要农产品批发市场、重点连锁超市、直营直供企业和电商平台等重点保供企业市场供应情况进行监测分析，及时掌握相关情况，确保问题发生时能及时处理。按年度落实生活必需品等政府储备和管理，结合市场供应需求，及时开展生活必需品政府储备调控工作。

（三）开展生活必需品应急调运演练，不断完善生活必需品应急预案

结合预案和年度工作安排，组织开展年度生活必需品应急调运演练，完善《北京市生活必需品及日常生活物资应急供应保障工作总体预案》《生活必需品供应保障方面疫情防控应急机制落实工作措施》，推进《北京市生活必需品市场供应应急预案（2023 年修订）》的修订工作。

第七章

北京市应急物流发展保障措施

第一节 强化应急物流组织领导能力

一、充分发挥北京市指挥部办公室统筹规划作用

首先，完善各类应急预案。按照"统一规划、分类实施、分级负责、突出重点、适应需求"的原则，采取定期和不定期相结合形式，组织开展突发公共卫生事件的应急演练，对演练结果进行评估和总结。通过应急演练，培训卫生应急队伍，落实岗位责任，熟悉应急工作的指挥、决策、协调和处置的程序，评估应急准备状态，检验预案的可行性，改进和完善应急预案。其次，推进专门针对应急物流管理规划的研制工作。要坚持党对应急管理工作的全面领导，增强风险防控的思想敏锐性、工作前瞻性。市、区政府和各有关部门、单位要高度重视，充分发挥应急物流规划的引领作用，细化横向纵向事权和职责划分，切实履行属地责任，加强应急物流规划与应急总体预案的衔接，完善应急物流领域相应配套的政策措施，为应急物流规划实施提供支撑和保障。最后，各级政府和各有关部门、单位要坚持将应急物流管理与经济社会发展同步推进落实，建立督导、考核以及履职尽责、监督问责机制。要把应急物流管理工作纳入领导班子绩效考核和领导干部考核，围绕重点工作任务统筹研究考核指标，建立科学的考核评价机制。要结合年度工作安排，分解落实规划目标与任务，优化整合各类物流资源。加强应急物流政策标准落实、重大应急物流项目建设、应急资金物资使用等审计监督，确保各项任务落地。

二、各部门协同社会组织做好应急期间物流管理工作

建立全市统一的应急物流组织体系领导小组和工作办公室，确立明确统一的应急物

流体系主管部门来主导全市应急物流体系建设与常规运行中的相关工作，建立健全分类管理、分级负责、条块结合、属地为主的指挥调度工作机制，强化部门间信息互通，对全市应急物流体系的相关资源进行整合、优化及建设，建立系统的应急物流体系常规运行、常规演练及战时指挥等机制。一方面，事件处置主责部门会同应急管理部门，做好应急期间人员安置和生活保障工作。另一方面，由民政部门、事件处置主责部门牵头，会同相关部门和社会组织，做好应急捐赠相关工作；红十字会、慈善协会等人民团体、社会公益性团体或组织，应依据相关法律法规和各自工作条例，积极开展互助互济、经常性救灾捐赠活动和专项募捐活动。加强与国际红十字会等国际组织的交流与合作，积极吸纳国际捐赠的救助款物。此外，司法行政部门组织法律援助机构和有关社会力量为突发公共卫生事件涉及人员提供法律援助，维护其合法权益。工会、共青团、妇联、红十字会等人民团体，协助卫生等有关部门提供心理危机干预服务等。

三、在应急委统一领导下做好应急善后处置工作

第一，在市委、市政府及市应急委的统一领导下，由相关部门、有关单位和重点地区管委会负责善后处置工作，及时制订恢复重建计划和善后处置措施，并组织实施。第二，市卫生健康委牵头组织相关部门和专业技术力量，按照有关规定，负责对公共卫生事件造成的损失进行统计、核实和上报。第三，事发地区政府组织做好受灾地区的社会管理工作，并配合应急管理等部门做好救助款物的管理、调拨、发放等工作。审计、监察等部门应当对补偿物资和资金的安排、拨付和使用进行监督，必要时实施跟踪审计。第四，突发公共卫生事件应急工作结束后，市、区政府应当组织有关部门对应急处置期间紧急调集、征用有关单位、企业以及个人的物资和劳务进行合理评估，并给予补偿。第五，突发公共卫生事件发生后，保险监管部门负责督促保险机构及时开展保险受理、赔付工作。有关部门将损失情况及时向保险监管部门和保险机构通报，协助做好保险理赔和纠纷处理工作；各区应急委、市相关部门、有关单位要为应急救援人员购买人身意外伤害保险，减少应急救援人员的人身风险。

第二节　推进应急物流基础设施建设

一、优化应急物资保障基础设施布局

一是优化应急物资储备库布局。充分利用现有国家储备仓储资源，优化市生活类救灾物资、市防汛抗旱物资储备库的空间布局。重点保障人口密集区域、灾害事故高风险区域和交通不便区域，适当向中西部和经济欠发达地区倾斜，建设区域应急救援平台和

区域保障中心，提高应急物资生产、储备和调配能力。推动地方各级政府结合本地区灾害事故特点，优化所属行政区域内的应急物资储备库空间布局，重点推进区级应急物资储备库建设。在有条件的地区，依托相关专业应急物资储备库，建设综合应急物资储备库。

二是建立健全应急物资储备库建设和改造制度规范，积极利用现有存量设施条件，通过新建、改（扩）建等方式，有序做好各级各类粗放型、小型、微型应急物资储备库（点）改造升级，提升应急物资仓库规范化、专业化水平。加强仓储配套设施智能化建设，通过设施改造提高物资管理效能，有序实现仓储物资库容动态监测、智能提醒，以及出入库物资全生命周期过程管理和溯源管理。同时，加强新建储备库配套功能拓展，配建储备库专用附属用房用于物资日常调运等。新建物资保障基地作为市级综合型应急物资储备骨干库，仓储容量能够满足未来五至十年新增的市级应急物资实物储备需求，同时分担现有的应急物资储备库部分物资储备任务，并预留一定的冗余仓储容量。新建的物资保障基地与现有市级物资储备库在功能和空间上互补，为北京市以及京津冀地区重特大灾害事故应急处置提供强有力的应急物资支撑，为战时国防动员物资调拨和中转提供必要的服务保障。

二、加快推进"平急两用"的物流基础设施建设

以平时服务、急时应急、快速转换为导向，补齐城郊大仓基地设施短板和能力缺口，健全应急服务功能，强化平台调度能力，打造外集内配、平急结合、数智共享的城市消费物流组织平台和生活物资应急调配中心。

一是增强基本服务功能。加强常温储存、冷藏冷冻、临时中转等仓储能力建设，实现生鲜、冻品、干货等食品和其他生活物资分区域储存。鼓励高标准仓库、自动化立体库、自动分拣等设施建设，配套完善流通加工、统仓共配等功能，加大循环包装等节能环保新技术、新材料应用。畅通城郊大仓基地集疏运网络，加强对接公路、铁路、航空、水运等干线运力的转运设施建设，补齐城市配送设施短板，增强甩挂运输分拣配送等快速中转能力。结合实际配备必要的生活服务设施，满足物流作业人员需要。二是提升应急保供能力。结合北京消费特点制定城郊大仓基地重要生活物资储备目录清单，按照重要生活物资保障天数要求，动态保持一定数量的生鲜农产品、粮油和其他生活物资库存，有效应对紧急情况对城市生活物资供应的第一波冲击。加强物资储存、流通数据跟踪监测，确保重要生活物资安全库存水平。建立城郊大仓基地仓储、商贸、配送、运输等重点保供企业名单，建立健全应急调度和指挥系统，开展应急演练，确保紧急状态下城市生活物资流通不断不乱和运行可靠。三是夯实"平急两用"功能。开展基地内仓储、分拣、配送等设施"平急两用"改造提升，合理划分基地功能区域，优化场内动线通道设

计，满足紧急状态下仓储、运力等资源快速调度，以及开通"绿色通道"、实施闭环管理等需要，保障应急物流通道畅通，为外部应急物资调运接驳、分拣配送等提供有力支撑。完善生活物资中转作业、统计、信息发布等工作机制，提高"平急转换"水平。四是加强平台化组织能力。充分发挥信息平台数据联通、资源配置、供需匹配等作用，支持物流企业、生活物资经营主体间信息交互与业务整合，提高仓配一体化能力，实现货源组织、投放及销售环节无缝衔接，畅通生活物资供应链。通过拓展现有信息平台功能或适当新建方式，强化平台应急功能，使平台有机嵌入城市生活物资应急保供工作中。

第三节　提升应急物资保障协同能力

一、提升军地协同联动能力

主动适应应急应战物资保障需求，探索军地通用应急物资协同储备体系，推进应急物资保障军民融合发展。建立军地日常联系对接渠道，加强突发事件应对军地应急联动合作，完善军地协同物资保障工作制度，明确军地职责任务，制定军地应急物资协同储运措施。

一是建立军地物流战略合作机制。把握应急物流的特殊要求，在国家应对突发事件机制的统筹下，遴选适合、优质的地方应急物流战略供应商，通过多种途径寻找和发掘潜在服务商。根据应急物流特点，规范对地方物流企业服务质量开展评价的方法、程序、结果运用等内容，军地双方应签订正式物流服务合同，厘清军地职能界面，建立一个比较稳定的战略合作关系。军队战储应纳入国家物资储备布局一体考虑，相对而言，军队也应借助地方优质物流仓储企业，为军队提供便捷支援，统筹调度军地物资，联合组织物资供应，尤其是提升管理层级，管控好特殊应急物资的专项供应。军队应积极利用地方运力资源，关键时期派出运输部队援助地方，统筹组织救援力量进行运输和投送。

二是建立权威高效的指挥协调体制。要建立权威高效的指挥协调机构，军队依托军委和战区两级联指、地方依托应急突发事件应对组织建立军地联合应急物流指挥部，立足全局、统筹安排、合理配置，构建一个横向到边、纵向到底的指挥中枢，通过指挥中枢实现军队和地方物流力量的沟通、联系，协调处理双方存在的问题与矛盾。在应急突发情况下，由此机构负责对军地物流力量进行统一指挥与调度，并进行合理配置。可以参照国家"一案三制"模式，以法规形式规定军队应急响应和平转战机制，建立军队战备等级转换与应急响应等级之间的关系，建立分级、分域、分类转换机制，提出保证转换运行的措施建议，明确转换类型与时机、固化转换流程。例如，国家发布全国应急响应时，军委联合作战指挥中心启动军队应急预案，命令战区联合作战指挥中心指挥部队启动应急响应，部队接令后启动应急预案进入等级战备。

三是建立军地信息共享共用机制。定期召开军地联席会议，共同研判形势，合力攻坚克难。密切军队和地方物流业的横向联系，建立情况通报、要情会商、归口协调等制度，明确职责要求、任务分工及相关保障事项。建立军地统一的应急指挥平台，实现军队和地方物流力量互联互通，形成上下贯通、左右衔接的调度指挥网络，纵向连通军地各管理层级，横向连通军地各相关业务部门。建设军地统一的应急物流数据中心，统一数据服务，对应急物流业务进行全面梳理，厘清应急物流数据资源，确定科学合理的业务模型、功能模型和数据模型，建设应急物流数据资源目录，定期采集所有物流力量包括人员、装备物资等基础数据并更新维护，实现军地双方应急物流数据资源的全面集成融合，支持数据挖掘等技术的利用，推进应急物流快速决策。

四是健全协调配合的预案制定机制。完善的应急预案是科学实施应急救援行动的基本依据。在执行应急突发任务中，军队和地方物流企业应当在联合指挥机构统一协调下，以总体筹划、各有侧重互为补充为原则，整合各部门、各力量单元的预案。特别要把应急救援行动中，跨军地、跨行业、跨部门协调配合的具体举措作为预案的重点要素，避免出现主次不清、衔接不畅、任务交叉的情况，减少军地双方在人员、物资、装备等资源调度上存在的矛盾和冲突。

五是建立需求提报与对接机制。按照军地有关部门的职责和任务需求，明确需求提报主体，畅通需求提报渠道，加强军地需求对接，把遂行任务的需求搞清搞准。优化应急物资储备布局，加强跨军地、跨部门、跨地区、跨行业的应急物资协同保障，完善铁路、航空、公路、水路等各类紧急运输能力储备和紧急运输协调机制，根据所需物资应急生产的时限特点，建立集实物储备、市场储备和生产能力储备于一体的动态储备管理体系。畅通军地对接渠道，研发并利用先进信息技术，加强物流信息共享，实现物流需求统一提报、形势有变动态调整、过时需求及时退出。

六是建立军地应急协同演练机制。军队要定期与政府、物流企业开展协同演练，着眼应急物流保障需要，规定军队物流力量和地方物流力量进行演训的内容，包括演训周期、保障场景、任务受领模块编成、力量征用、储备动用、物资前送等重点演练内容，设置好相应科目。组织物流企业学习应急物流相关知识，加强开展紧急状况下物流运输的相关培训，提高应急处理能力。开展模拟演练、专项演练和综合联演，磨合工作机制，检验行动方案，使各级各类人员熟悉任务职责、指挥关系和行动程序，提升快速反应能力和协同作战能力，确保一旦遇有突发情况，能够协调一致地展开行动。

二、提升社会协同保障能力

一方面，加强应急物资储备社会协同。积极调动社会力量共同参与物资储备，完善应急物资储备模式。建立社会化应急物资协同储备政策，制定以社区、企事业单位、社会组织、家庭等为主体的应急物资储备建议清单，引导各类社会主体储备必要的应急物资。针对市场保有量充足、保质期短、养护成本高的应急物资，提高协议储备比例，优化协议储备结构。大力倡导家庭应急物资储备，并将企事业单位、社会组织等储备信息纳入国家应急资源管理平台。

另一方面，加大对社会力量和市场机制参与应急物资保障工作的支持力度。建立健全应急物资紧急采购、紧急征用和灾后补偿机制。鼓励、引导企事业单位、社会组织和家庭储备必要应急物资。发挥重点国有企业和行业龙头企业在信息技术、供应链服务、物流配送、仓储管理等方面的专业优势，鼓励其承接应急物资储备保障工作，提高应急物资日常管理、分发和快速配送能力。加强救灾捐赠社会动员，引导捐赠物资供需匹配，发挥好社会捐赠物资对突发事件应对工作的支撑保障作用。

三、提升区域协同保障能力

一方面，完善区域应急物资联防联保机制。完善京津冀地区在重大疫情、重大自然灾害等突发事件方面的联防联控工作机制，建立突发事件信息通报、协调联动等机制，实现信息、技术、人员、物资等资源共享，提升区域突发事件防控能力。要贯彻京津冀协同发展战略，落实《京津冀救灾物资协同保障协议》，加强与天津市、河北省在应急物资保障领域进行协作，探索区域应急物资协同储备保障体系，建立跨省应急物资援助机制，深化毗邻区县协同保障对接，研究制定应急物资协同保障方案，规划就近保障运输路线，确保三地应急物资协同保障规范化运作。加强京津冀地区应急物资产能保障和区域布局，建立京津冀区域协同高效的应急物资生产联保机制。

另一方面，加强区域应急物资统筹调配。强化应急响应期间的统一指挥，深入落实防灾减灾救灾体制机制改革意见，建立健全政府、企业、社会组织共同参与的应急物资调配联动机制，完善调运经费结算方式。运用"区块链＋大数据"优化应急物资调拨方案，打通从应急物资生产、储备到接收、使用之间的快速传递通道，减少应急物资转运环节，有效发挥各类运输力量效能，提高应急物资调配精确性，建成政府主导、社会共建、多元互补、调度灵活、配送快捷的应急物资快速调配体系，使应急物资送达救援救灾一线更加迅速。

此外，建立健全以政府为主导的多元化补偿机制。政府出台政策进行引导，使基金与保险成为应急物流补偿的主要模式，充分发挥市场机制调配社会资源作用，提高资本市场的参与水平。采取行政机制与市场相结合的形式，实现政府储备与社会储备、集中储备与分散储备、生产技术储备与实物储备相结合。同时提高市场储备企业的准入门槛，对相关企业尤其是药品生产厂家等重点领域企业进行定期审查，保证物资质量。

第四节　实施应急物资平战结合管理

一、完善应急物资储备保障统筹机制

推动建立全市应急物资保障联席会议制度。应急物资综合管理部门依托联席会议制度组织协调应急物资储备保障责任主体，做好相关行业、领域日常性应急物资保障工作，提高应急物资统筹管理能力。推动建立紧急状态下应急物资统筹调拨机制。发生重特大突发事件，需要跨部门、跨区域保障应急物资时，启动应急物资统筹调拨机制，发挥应急办突发事件应对协调作用，视情组织协调应急物资协同保障，实现多灾、巨灾情况下重要应急物资统一调度、集中保障，提升紧急状态下指挥调度效能。

加强应急物资资产管理，建立健全使用和管理情况的报告制度。建立跨部门应急物资保障联动机制，健全跨区域应急物资协同保障机制。依法完善应急处置期间政府紧急采购制度，优化流程、简化手续。完善各类应急物资政府采购需求标准，细化技术规格和参数，加强应急物资分类编码及信息化管理。完善应急物资分类、生产、储备、装卸运输、回收、报废、补充等相关管理规范。完善应急捐赠物资管理分配机制，规范进口捐赠物资审批流程。

提升应急物资多渠道筹措能力。建立健全应急物资采购、捐赠、征用等管理制度和工作机制。制定应急物资紧急采购管理办法，健全应急采购机制。完善救灾捐赠物资管理制度，建立健全应急物资社会捐赠动员导向和对口捐赠、援助机制，引导捐赠物资点对点供需匹配，建立健全国际援助提供和接收工作机制。研究完善社会应急物资征用补偿标准。

推进应急物资保障数据整合。按照防灾减灾救灾体制机制改革意见，加强政府企业、社会组织等各类主体的应急物资信息共享，明确数据共享内容和规则。开展应急物资保障数据资源建设，统一应急物资需求、调拨、运输和发放等信息的表达形式，促进多主体、多层级、全流程的信息互联互通，并为医疗卫生等其他类型应急物资信息预留信息扩充空间和接口。

二、明确应急物资分级储备保障责任

一方面提升应急物资产能保障能力。制定应急物资产能储备目录清单，合理确定储备品类、规模和结构并进行动态调整。加强生产能力动态监控，掌握重要物资企业供应链分布。支持政企共建或委托企业代建应急物资储备库。实施应急产品生产能力储备工程，建设区域性应急物资生产保障基地。选择符合条件的企业纳入产能储备企业范围，建立动态更新调整机制。完善鼓励、引导重点应急物资产能储备企业扩能政策，持续完善应急物资产业链。加强对重大自然灾害应急物资需求的预判研判，完善应急物资储备和集中生产调度机制。

另一方面，按照分级负责、相互协同的原则，推动市、区、街道（乡镇）形成与本级突发事件处置需求相匹配的应急物资保障能力。市级储备物资立足保障全市性重特大突发事件处置需要，支持各区处置区域性重大或较大突发事件。区级储备物资立足保障本区范围内较大和一般性突发事件处置需要，同时作为市级应急物资的补充，在必要时统筹调配使用。街道（乡镇）储备物资立足保障辖区易发多发的一般性突发事件处置需要，为突发事件前期处置提供必要的支持。

第五节　健全应急物资保障政策法律法规

一、完善应急物资储备和保障工作的法律依据

系统梳理评估应急物资保障领域政策法规需求，加强应急物资保障综合管理工作制度建设和相关行业、领域、区域应急物资保障专项工作制度建设，形成具有首都特色的应急物资保障政策体系，提高应急物资采储、管理、调拨、使用等环节的规范化、制度化水平。健全应急物资保障法律法规、预案和标准体系。加快推动应急物资保障法律法规的制修订，推进应急物资保障领域的专项立法。建立完善各级各类应急物资保障预案和紧急调运预案，编制重特大灾害事故应急物资保障专项预案，优化工作流程，建立预案演练和考评机制。研究制定应急物资资产管理制度，明确规范和加强对应急物资资产管理相关要求。建立应急物资保障标准体系，制定完善物资保障相关标准，完善应急物资分类、生产、采购、储备、装卸、运输、回收、报废和补充等相关管理规范。

二、加强应急物资保障标准的研究制定

优先在应急物资储备、应急物资管理等应急物资保障重点领域制定一批符合北京市实际的地方标准。加强地方标准的应用推广，建立应急物资标准实施推进机制，积极应用标准开展应急物资收储采购、质量监管、日常管理、物流调配和产业推进工作。

第六节　融合发展应急物流与新技术

一、深化应急物资管理新技术应用

一是加大应急物资储备保障的科研投入，深入开展应急物资技术前瞻性研究，推动

科技创新成果在应急物资保障领域的转化应用。聚焦应急物资保障必备功能和关键环节，推动大数据、云计算、人工智能、5G、物联网等新技术广泛应用于应急物资保障工作。统一规范储备物资编码及信息标准，建立全市统一的应急物资管理信息平台，协调完成应急物资储备、管理、调度、指挥任务，将应急资源调度融入应急指挥决策环节，形成市、区、街道（乡镇）三级互联互通、高效便捷的应急物资调度指挥系统。全面采集和监测各级各类应急物资信息和应急物资储备库信息，实现全市应急物资资源互联互通和"一张图"管理。

二是广泛吸引各方力量共同参与应急管理信息化建设，集约建设信息基础设施和信息系统。推动跨部门、跨层级、跨区域的互联互通、信息共享和业务协同。强化数字技术在自然灾害应急物流方面的应用，全面提升应急物流救援效率。系统推进"智慧应急"建设，建立符合大数据发展规律的应急物流数据治理体系，完善监督管理、监测预警、指挥救援、灾情管理、统计分析、信息发布、灾后评估和社会动员等功能。使用人工智能、大数据分析等手段，提升应急物资需求分析精确性，优化应急物资供应路径，提高供需匹配度，为应急物资保障决策提供快速、科学、精确和可视化技术服务。提升应急物资保障信息化水平。继续加强各类信息资源的汇总加工，运用大数据的深度学习算法构建模型，为各类自然灾害的指挥调度提供更坚实的技术支撑。依托国家应急资源管理平台，搭建应急装备物资数据库和信息管理系统，围绕应急装备制造、配置、推广和应急物资生产、采购、储备、调拨、运输、发放、回收等各环节开展全生命周期信息化管理，构建应急装备物资供需匹配、适用分析、智能调配和物流优化等关键模型算法，实现业务系统的推广应用。组织应急避难场所管理信息化建设，开展全国应急避难场所建设管理情况调查，完善应急避难场所信息管理系统，实现应急避难场所信息化、账册化、动态化管理，提供平时管理、灾时指挥和公众查询功能。

二、打造应急物资综合信息管理平台

一是加强应急管理和应急物资保障科研创新基地建设。持续做好应急物资保障技术开发，做好科技型、创新型、实用型应急物资产品研发工作，发挥科技在应急物资保障中的战略支撑作用。用规范化、数据化的思路，全面系统采集应急物资储备、场所分布、生产能力储备等数据，切实摸清可协调、可动用的应急物资资源底数，形成全市应急物资数据库并持续更新。以应急物资数据库为基础，聚焦应急物资物流管理工作必备功能和关键环节，打造能够应对重特大灾害事故的应急物资协同保障调度指挥综合信息管理平台。推动救灾现场、物资调拨现场的图像、声音、信息实时采集，纵向与指挥调度中心、应急资源单元进行对接连通，实现应急资源管理可视化，指挥调度智能化。

二是建立和完善应急物流信息系统。规范协调调度程序，优化信息流程、业务流程和管理流程，推进应急生产、流通、储备、运输环节的信息化建设和应急信息交换、数据共享。充分利用物流信息平台和互联网、大数据等技术，提高应急物流调控能力，建设政企联通的应急物流紧急运输调度指挥平台，提高供需匹配效率，减少物资转运环节，提高救灾物资运输、配送、分发和使用的调度管控水平。推广运用智能机器人、无人机等高技术配送装备，推动应急物资储运设备集装单元化发展，提升应急物流运输调度效率。利用物联网、大数据和云计算等技术手段，实现应急物资管理的全程留痕、监督追溯和动态掌控。使用人工智能、大数据分析等手段，提升应急物资需求分析精确性，优化应急物资供应路径，提高供需匹配度，为应急物资保障决策提供快速科学、精确和可视化技术服务。

三是开展应急物资保障数据资源平台建设。统一应急物资需求、调拨、运输和发放等信息的表达形式，促进多主体、多层级、全流程的信息互联互通，预留信息扩充空间和接口。推进应急物资储备库、配送中心等物流设施的机械化、自动化、网络化、信息化建设，提升应急物资储存管理效率和智能化监控水平。着眼智慧化物联网建设，为储备应急物资配备信息化标签，为运输工具配备定位装置，为分发站点配备应急物资识别设备。

第七节　加强应急物流专业人才支撑

一、加大应急物流专业人才培养力度

加强应急物流专业人才培养。建立应急物流专业人才目录清单，拓展急需紧缺人才培育供给渠道，完善人才评价体系。实施应急物流管理科技领军人才和技术带头人培养工程。加强应急物流管理智库建设，探索建立应急物流管理专家咨询委员会和首席专家制度。将应急物流管理纳入各类职业培训内容，强化现场实操实训。鼓励依托现有资源建设一批应急物流管理专业本科院校和职业学院。加强应急物流管理学科专业体系建设，鼓励高校开设应急物流管理相关专业。加强综合型、复合型、创新型、应用型、技能型应急物流管理人才培养。统筹建设自然灾害防治领军人才队伍，组建自然灾害防治高端智库，发挥决策咨询作用。推动自然灾害综合风险防范、应急物流管理相关学科和专业建设，鼓励支持有条件的高等院校开设防灾减灾相关专业以培养专业人才。通过定期培训、实战演练等方式提升专业技能和应对突发事件的能力。同时，应注重跨领域合作，依托北京应急管理学会等交流平台，加强领域科技人才培养工作，探索人才培养模式，着力培育首都应急管理领域青年科技人才队伍，促进不同行业间的交流与学习，实现应急物流的多学科联合发展和多领域合作交流，以形成更加全面高效的应急管理体系。

二、充实应急物流人力资源后备力量

要建立社会力量共同参与的长效机制，将应急物流人才队伍分为专职和兼职队伍。从民营、国有企业、军队中遴选素质过硬的人员，组建应急物流后备力量，平时干好本职工作，定期进行应急物流场景下的协同演练。制定出台加强社会应急力量建设的意见，对队伍建设、登记管理、参与方式、保障手段、激励机制、征用补偿等作出制度性安排，对社会应急力量参与应急救援行动进行规范引导。开展社会应急力量应急理论和救援技能培训，加强与国家综合性消防救援队伍等的联合演练，定期举办全国性和区域性社会应急力量技能竞赛，组织实施分级分类测评。鼓励社会应急力量深入基层社区排查风险隐患、普及应急知识、就近就便参与应急处置等。推动将社会应急力量参与防灾减灾救灾、应急处置等纳入政府购买服务和保险范围，在道路通行、后勤保障等方面提供必要支持。

参考文献

［1］阮智杰，张尔薇，梁大庆，等．北京马驹桥物流基地：响应减量发展的物流基地详细规划编制探索［J］．北京规划建设，2024（5）：63-68.

［2］耿立艳，张占福，陆辰枚．物流业与金融业协同集聚对城市群经济高质量发展的影响：基于京津冀城市群的实证分析［J］．物流技术，2024，43（9）：1-11.

［3］王林，谭燕，索玮岚，等．城市洪涝灾害应急物资储备与调配机制研究：以北京、深圳为例［J］．中国减灾，2024（13）：38-39.

［4］李静宇．降低全社会物流成本的社会视角思考：专访北京智瑞云供应链科技有限公司总经理尚尔斌［J］．中国储运，2024（9）：16-18.

［5］王梦琦，刘凤．航空物流运输网络对旅游业发展的影响［J］．物流科技，2024，47（16）：133-135，141.

［6］汤齐，鲁梦楠．港口物流与区域经济协同发展研究：以京津冀地区为例［J］．物流经济，2024，43（6）：1-14.

［7］董建伟．蓝擎新能源赋能北京绿色城配发展［J］．中国物流与采购，2024（9）：31-32.

［8］朱淼鑫，赵皎云．"定制化"整体解决方案助力制造企业物流数字化升级：访北京伍强智能科技有限公司工程中心项目管理部副部长陈涛［J］．物流技术与应用，2024，29（4）：92-95.

［9］王言，周凌云，李进，等．铁路冷链物流高质量发展制约因素及实施路径研究［J］．铁道货运，2024，42（3）：48-53.

［10］温卫娟，郭圣丽．北京市物流业景气指数测度研究［J］．中国储运，2024

（3）：127.

［11］郭茜，韩嵩，李倩."公转铁"政策对京津冀绿色物流效率的影响［J］．中国流通经济，2024，38（3）：45－55.

［12］黄雨薇．电子商务与地铁物流融合发展研究［J］．城市轨道交通研究，2024，27（9）：359－362.

［13］《中国流通经济》编辑部．"有效降低全社会物流成本"研讨会专家观点综述［J］．中国流通经济，2024，38（5）：3－17.

［14］董坤．北京局货源波动分析与对策［J］．铁路采购与物流，2023，18（9）：24－26.

［15］姜旭，赵凯，吴懿迪，等．日本七次《综合物流施策大纲》连续演变及启示［J］．供应链管理，2023，4（6）：14－28.

［16］冉静，蒋晓慧，赫磊，等．城市平急两用公共基础设施的类型及空间体系与规划建设要点［J］．城市规划学刊，2024（5）：98－105.

［17］高增福，阮婷婷，李尚武．浅谈北京"23·7"极端强降雨过程对极端天气下灾害应急管理的借鉴意义［J］．中国工程咨询，2024（11）：113－116.

［18］吴伟胜．北京东城：扎实推进"三防一减一救"应急保障体系建设［J］．中国减灾，2024（21）：22－23.

［19］郑得坤，赵雨萱．中国应急产业竞争优势系统评价：基于主成分分析与DEA－DA法［J］．商业观察，2024，10（29）：34－39.

［20］尤笛，王世新，王福涛，等．基于AHP－EWM多目标决策模型的北京应急避难场所承载力评价［J］．遥感学报，2024，28（9）：2276－2292.

［21］温志强，陶慧芳，张小兵，等．京津冀协同发展十周年·区域协同应急研究（笔谈）［J］．天津师范大学学报（社会科学版），2024（5）：40－55.

［22］郭遐晖，刘友强，周圆．北京市社区应急科普宣教工作思考：基于北京市综合减灾示范社区创建工作［J］．防灾博览，2024（3）：16－19.

［23］朴新宇，曾庆正，高令军，等．北京门头沟：探索"平急两用"应急避难场所规划建设新模式［J］．中国减灾，2024（11）：40－41.

［24］孔锋，米胤瑜，王一飞．透视北京城市老旧社区洪涝灾害韧性与优化对策［J］．灾害学，2024（4）：68－75.

［25］程丽娟．突发公共卫生事件应急管理能力评价［J］．中国药物经济学，2024，19（4）：29－33，42.

［26］YOU D, WANG S, WANG F, et al. Monitoring and Analyzing the Effectiveness of the Effective Refuge Area of Emergency Shelters by Using Remote Sensing: A Case Study of

Beijing's Fifth Ring Road［J］. Remote Sensing, 2023, 15（14）：36 – 46.

［27］YUE Z, HANPING H, TING H, et al. Research on Optimization of Power Emergency Material Dispatching for Beijing Winter Olympics［J］. Mathematical Problems in Engineering, 2021, 2021（47）：1 – 11.

［28］杨霖，杨斌，任青山，等. 中国智慧冷链发展水平评价及对策建议［J］. 智慧农业（中英文），2023, 5（1）：22 – 33.

［29］郭武斌. 应急物流配送车辆路网路径实时生成方法研究［M］. 北京：社会科学文献出版社，2017.

［30］李颖，陆润泽，张丽杰，等. 中国大陆进口冷链食品关联新型冠状病毒疫情调查［J］. 中国食品卫生杂志，2024, 36（4）：496 – 506.

［31］姚钟华，冯冬焕，赵业成. 消费者对生鲜农产品无接触配送的态度影响因素分析：评《生鲜农产品营销与物流》［J］. 中国农业气象，2023, 44（9）：861.

［32］马颖，王诗颖，隽雯露，等. 新质生产力视角下食品冷链无接触配送风险研究［J］. 中国安全科学学报，2024, 34（S1）：253 – 259.

［33］原锌蕾. 疫情常态化下生鲜电商物流服务质量评价研究［D］. 太原：山西财经大学，2023.

［34］李昕. 消费者参与生鲜农产品无接触配送方式的意愿及行为研究［D］. 长春：吉林大学，2022.

［35］肖静怡. 物流企业应急物流能力评价及提升路径研究［D］. 北京：首都经济贸易大学，2022.

［36］李珍萍，周文峰. 物流配送中心选址与路径优化问题［M］. 北京：机械工业出版社，2014.

［37］邵润统. 疫情常态化下无接触物流配送服务的顾客满意度研究［D］. 郑州：河南财经政法大学，2022.

［38］韦慧. 农产品冷链物流能力评价及地区差异研究［J］. 乡村科技，2020, 11（27）：10 – 13.

［39］李昊. 应急物流保障效能评估及其应用研究［D］. 兰州：兰州交通大学，2013.

［40］周敏. 地震灾害下应急物资需求预测与供应策略仿真研究［D］. 北京：北京交通大学，2019.

［41］高丹萍. 新冠疫情背景下地方政府应急保障能力研究：以 W 市生活必需品供应为例［D］. 武汉：华中师范大学，2021.

［42］赵嘉祥. 国家应急物资储备布局及协议企业储备模式研究［D］. 成都：西南

交通大学，2015.

［43］辛卓雅．新时期我国应急物资储备体系建构及优化研究［D］．北京：首都经济贸易大学，2020.

［44］北京市粮食和物资储备局：扛稳粮食安全责任 提高应急保障能力 全力做好疫情期间粮油保供稳价工作［J］．中国粮食经济，2023（1）：21-22.

［45］北京推进京津冀协同发展任务发布，涉及173条重点事项：引导北京适宜产业在环京地区发展［J］．中国产经，2022（11）：62-64.

［46］魏思佳．筑牢常态化应急准备防线：家庭应急物资清单引关注［J］．中国应急管理，2021（11）：74-75.

［47］万鹏飞，刘雪萌．东京都防灾应急物资管理体系研究［J］．行政管理改革，2021（1）：70-78.

［48］岳斯玮．中国省域应急生活必需品储备需求度评价与空间分异：基于熵权需求指数模型［J］．佛山科学技术学院学报（自然科学版），2021，39（1）：60-65.

［49］张浩，唐孟娇，许慎思，等．生活必需品市场供应风险管理研究［J］．物流科技，2017，40（3）：105-109，112.

［50］李静，余岭，郭亮．生活必需品应急市场预警方法研究：以北京市为例［J］．科技展望，2015（5）：202.

［51］苏宏杰，赵亚光．生活必需品应急保障标准体系的构建探讨［J］．中国安全生产科学技术，2013（12）：160-164.

［52］秦树泽．应急征用补偿的制度检视与优化进路：以突发公共卫生事件为视角［J］．西北民族大学学报（哲学社会科学版），2022，（1）：78-86.

［53］张雨田．疫情防控中的应急征用补偿制度及其完善进路［J］．行政法学研究，2021（5）：148-163.

［54］YU H Y, ZHANG R, LI S Y. Simulation Modeling of Post-Earthquake Vaccine Cold-Chain Emergency Transportation Based on ExtendSim［C］//International Conference on Frontiers of Manufacturing Science and Measuring Technology, 2014.

［55］WANG B C, LIU K, WEI G F, et al. A Review of Advanced Sensor Technologies for Aquatic Products Freshness Assessment in Cold Chain Logistics［J］. Biosensors, 2024, 14（10）：468-468.

［56］LU S Z, ZHANG M, XU B G, et al. Intelligent Quality Control of Gelatinous Polysaccharide-based Fresh Products During Cold Chain Logistics：A Review［J］. Food Bioscience, 2024.

［57］许蕾．重大突发事件下国内外应急物流研究综述［J］．中国储运，2024（3）：103-104.

［58］尹耀杰，张迪．供需关系视角下的国内外应急物流分析［J］．中国航务周刊，2022（42）：57－59.

［59］戢晓峰，杨春丽，郝京京，等．国内外应急物流研究热点对比与展望［J］．中国安全科学学报，2021，31（12）：144－152.

［60］徐许晨，郭跃，邓豪瀛，等．突发公共卫生事件下的应急物流与应急物资管控及其相关关系［J］．物流技术，2021，40（11）：71－75，125.

［61］丁芳草．浅析重大疫情下应急物流的现状及对策［J］．中国物流与采购，2021（13）：70－71.

［62］赵江利．"互联网＋"时代应急物流技术系统研究：评《应急物流技术概论》［J］．中国科技论文，2021，16（3）：350.

［63］初凌宇．基于供需关系视角下的国内外应急物流研究综述［J］．现代农业研究，2021，27（2）：144－148.

［64］夏清华，李勤．中国应急物流建设的研究［J］．中国物流与采购，2021（1）：40.

［65］万玉龙，顾峰，柏小颖，等．基于新一代信息技术应急物流发展存在的问题与对策研究［J］．科技创新与应用，2020（21）：27－29.

［66］刘莉娟．中国应急物流现状与对策分析［J］．中国物流与采购，2020（7）：65－67.

［67］赵建有，韩万里，郑文捷，等．重大突发公共卫生事件下城市应急医疗物资配送［J］．交通运输工程学报，2020，20（3）：168－177.

［68］曹继霞，梁长坤，张静．军民融合应急物流协同机制文献综述［J］．军事交通学院学报，2018，20（6）：42－45.

［69］徐欣欣．应急物流配送网络理论研究文献综述［J］．智库时代，2018（37）：163，172.

［70］邹安全，罗杏玲．突发事件下应急冷链物流配送模型［J］．长沙大学学报，2015，29（1）：36－40.

［71］郭涛．我国震后应急物流体系的现状简析［J］．商场现代化，2014（22）：60－61.

［72］杨祯妮，程广燕．加快推动乳制品向生活必需品转型的做法与经验［J］．中国乳业，2023（12）：2－5.

［73］冯其予．"小"文章也有大能量：以快评《不要过度解读甚至误读储存一定生活必需品》为例［J］．新闻战线，2023（3）：45－47.

［74］王光．北京市通州区持续加强对米面粮油等群众生活必需品价格执法检查［J］．

中国价格监管与反垄断，2022（12）：51.

［75］赵莉，韩久根，邱倩. 有效提升首都"菜篮子"自给率［J］. 前线，2022（3）：70 – 73.

［76］李宝聚. 让北京的"菜篮子"保供稳价［J］. 北京观察，2022（2）：62 – 63.

［77］王盼盼. 拎稳首都"菜篮子"：首农食品集团倾力打造北京鲜活农产品流通中心［J］. 中国农垦，2022（2）：10 – 12.

［78］陈香玉，陈俊红，张慧智. 京津冀协同发展视阈下北京"菜篮子"外埠基地建设研究［J］. 中国瓜菜，2021，34（10）：119 – 124.

［79］陈香玉，陈俊红，张慧智. 北京市"菜篮子"外埠基地建设现状、问题与对策分析［J］. 北方园艺，2021（2）：159 – 164.

［80］秦朗，阴姿琦，杨入一，等. 北京市居民"菜篮子"产品可获性分析［J］. 农业展望，2020，16（11）：112 – 116.

［81］郑文婷，王浩，徐凯峰，等. 新冠疫情期间某三级甲等医院北京冬奥会医疗保障模式案例分析［J］. 中国初级卫生保健，2024，38（7）：70 – 72.

［82］王梦莹，计虹，贾末，等. 冬奥会应急救援信息平台的构建与应用［J］. 中国卫生信息管理杂志，2023，20（3）：465 – 470.

［83］田振彪，刘海洋，吕娜，等. 疫情下的北京冬奥会医疗急救保障［J］. 中国急救复苏与灾害医学杂志，2023，18（1）：18 – 22.

［84］胡彬，钟睿，刘道德. 新冠疫情下大型体育赛事防疫与医疗保障：基于2020东京奥运会、2022北京冬奥会经验总结［J］. 国外医药（抗生素分册），2022，43（3）：169 – 172.

［85］王勇在调研应急管理值班值守工作时强调全面扎实做好应急值守和安全防范全力保障春节冬奥会期间安全平稳［J］. 劳动保护，2022（3）：10 – 11.